"十四五"职业教育国家规划教材

浙江省普通高校"十三五"新形态教材

微课版

# 会计信息化（第七版）

## （用友U8V10.1版本）

新世纪高职高专教材编审委员会 组编

主　编　王忠孝　刘　鹏

副主编　隋　冰

大连理工大学出版社

## 图书在版编目(CIP)数据

会计信息化／王忠孝，刘鹏主编． -- 7版． -- 大连：大连理工大学出版社，2021.8(2025.8重印)

新世纪高职高专大数据与会计专业系列规划教材

ISBN 978-7-5685-3124-5

Ⅰ．①会… Ⅱ．①王… ②刘… Ⅲ．①会计信息－财务管理系统－高等职业教育－教材 Ⅳ．①F232

中国版本图书馆CIP数据核字(2021)第148231号

大连理工大学出版社出版

地址：大连市软件园路80号　邮政编码：116023
营销中心：0411-84707410　84708842　邮购及零售：0411-84706041
E-mail:dutp@dutp.cn　URL:https://www.dutp.cn
大连朕鑫印刷物资有限公司印刷　　大连理工大学出版社发行

幅面尺寸：185mm×260mm　印张：17.75　字数：432千字
2003年7月第1版　　　　　　　　　　2021年8月第7版
2025年8月第10次印刷

责任编辑：赵　部　　　　　　　　　　责任校对：刘俊如
　　　　　　　　　封面设计：对岸书影

ISBN 978-7-5685-3124-5　　　　　　　　　　定　价：55.00元

本书如有印装质量问题，请与我社营销中心联系更换。

# 前言

《会计信息化》(第七版)是"十四五"职业教育国家规划教材、"十三五"职业教育国家规划教材、"十二五"职业教育国家规划教材和浙江省普通高校"十三五"新形态教材,也是新世纪高职高专教材编审委员会组编的大数据与会计专业系列规划教材之一。本教材与《会计信息化实训》(第五版)配套使用。

本版教材的编写团队在上一版编写内容的基础上,结合大数据与会计专业教学要求和相关法律法规、会计准则变化,对内容进行了相应的调整和改进。

本版教材按照工作过程系统化思路,对会计信息化各岗位典型工作任务进行了梳理和必要的整合,将其转化为学习任务。同时,编者对具体工作任务采取了新的编写方式,按照工作手册式教材要求和范式,结合现行企业会计准则和增值税等税收政策变化,详细介绍了会计信息化各岗位的具体操作流程和方法,并按照业务、财务一体化的思路,在描述业务内容的基础上,详细介绍了财务处理方法,明确了业务和财务之间的关系。

修订后的教材特色及创新点如下:

**1.全面贯彻党的二十大精神,落实立德树人根本任务,注重课程思政育人**

本版教材结合会计信息化知识和技能讲解,突出课程思政育人,把爱岗敬业、诚实守信等社会主义核心价值观,以及参与管理、提供服务等会计职业道德与专业知识和技能进行有机融合。同时,借助课程实践性强的特点,加强培养学生的劳动态度、劳动观念和劳动价值观,提升学生数字化、智能化意识。

**2.遵循增值税和会计准则的变化,校企合作共同开发**

本版教材依据增值税变化及时调整内容,教材在讲解商品、材料和服务处理过程中,严格遵照现行增值税法以及会计准则。编写团队除了教学一线的教师参与外,还邀

请了用友网络科技股份有限公司高级技术人员参与编写,对教材涉及的企业业务进行了全面梳理,使教材内容更贴近企业实际,提升了教材的职业性。

### 3. 结合管理软件升级改进,调整教材相应内容

本版教材以用友 U8V10.1 为蓝本编写,随着该软件升级,各高职院校教学的软件也进行了升级。为了更好地服务于院校教学,本教材在修订过程中做到了与软件和院校同步升级,对于软件中新增的各项常用功能,利用配套数据进行了讲解,具有较强的实用性和代表性。

### 4. 以职业能力为培养目标,实现教、学、做一体化

本版教材系统地讲述了会计信息化的产生和发展,以及单位开展会计信息化的实施过程。在此基础上,结合企业实际数据详细讲解了企业会计信息化工作的具体操作。在向学生传授知识的同时,更注重对学生实际职业能力的培养,使学生的学习和实际操作相结合。本版教材对会计信息化工作中常见的问题给出"应用提示",进一步提高学生分析问题、解决问题的能力。

### 5. 设计大规模综合性训练,注重学生综合应用能力的培养

本版教材每一部分内容给出了"任务资料",依据给定的资料内容展开讲述,与企业实际工作任务相同。项目十二针对企业财务信息化技能进行综合处理能力的训练,内容较为全面,系统地对教材前面的内容进行了完整训练,资料翔实,有助于进一步提高学生实践能力和综合应用能力。

本版教材由浙江金融职业学院王忠孝、黑龙江职业学院刘鹏任主编,浙江金融职业学院隋冰任副主编,浙江金融职业学院桑滨、用友网络科技股份有限公司林斌参与了编写工作。全书共分为十二个项目,具体编写分工如下:项目一、项目二、项目三、项目十二由王忠孝编写;项目四、项目五、项目九由刘鹏编写;项目六、项目七由隋冰编写;项目十一由桑滨编写;项目八、项目十由林斌编写。全书由王忠孝、刘鹏负责总体构架设计、修改、补充、定稿。

在编写本教材的过程中,编者参考、引用和改编了国内外出版物中的相关资料以及网络资源,在此表示深深的谢意!相关著作权人看到本教材后,请与出版社联系,出版社将按照相关法律的规定支付稿酬。

本教材是各相关院校、企业倾力合作与集体智慧的结晶。尽管我们在教材的特色建设方面做出了许多努力,但由于编写的经验和水平有限,书中难免存在疏漏之处。恳请各相关教学单位和读者在使用过程中给予关注并提出改进意见,以便我们进一步修订和完善。

编 者

所有意见和建议请发往:dutpgz@163.com
欢迎访问职教数字化服务平台:https://www.dutp.cn/sve/
联系电话:0411-84707492　84706104

# 目录

**项目一　会计信息化基础知识** ......... 1
- 任务一　会计信息化基本知识认知 ......... 2
- 任务二　会计信息化发展概况认知 ......... 4
- 任务三　会计信息系统认知 ......... 9

**项目二　单位会计信息化的开展** ......... 15
- 任务一　会计信息化的总体规划及岗位分工 ......... 16
- 任务二　商品化会计软件的选择与系统转换 ......... 18
- 任务三　会计信息化的日常管理与维护 ......... 23

**项目三　系统管理** ......... 25
- 任务一　用户管理 ......... 26
- 任务二　建立账套 ......... 29
- 任务三　财务分工与账套的输出与引入 ......... 34

**项目四　企业应用平台** ......... 37
- 任务一　系统启用设置 ......... 38
- 任务二　基础档案设置 ......... 41
- 任务三　数据权限设置 ......... 61

**项目五　总账系统** ......... 64
- 任务一　总账系统选项设置 ......... 65
- 任务二　期初余额录入 ......... 68
- 任务三　凭证处理 ......... 74
- 任务四　账簿管理 ......... 97

| 任务五　出纳管理 | 106 |
| 任务六　期末处理 | 114 |

## 项目六　报表管理系统 … 121
| 任务一　自定义报表 | 122 |
| 任务二　利用报表模板生成报表 | 130 |

## 项目七　薪资管理系统 … 134
| 任务一　初始设置 | 135 |
| 任务二　日常业务处理 | 149 |
| 任务三　工资分摊及月末处理 | 157 |

## 项目八　固定资产管理系统 … 164
| 任务一　固定资产管理系统初始化 | 165 |
| 任务二　日常业务处理 | 175 |
| 任务三　期末处理 | 179 |

## 项目九　应收款管理系统 … 184
| 任务一　应收款管理系统初始化 | 185 |
| 任务二　单据处理 | 198 |
| 任务三　票据管理 | 213 |

## 项目十　应付款管理系统 … 221
| 任务一　应付款管理系统初始化 | 222 |
| 任务二　单据处理 | 229 |
| 任务三　票据管理 | 244 |

## 项目十一　供应链管理系统 … 250
| 任务一　供应链管理系统的基础设置 | 251 |
| 任务二　供应链管理系统的期初余额录入 | 253 |
| 任务三　供应链管理系统的日常业务处理 | 257 |
| 任务四　供应链管理系统的期末处理 | 267 |

## 项目十二　综合实训 … 269

# 项目一
# 会计信息化基础知识

**知识目标**
1. 理解会计信息化的含义;
2. 了解会计信息化的作用;
3. 了解国内外会计信息化的发展趋势;
4. 了解会计信息系统的概念及其组成;
5. 熟悉会计信息系统的开发方法。

**技能目标**
1. 能明确会计信息化未来发展方向;
2. 能明确会计信息系统开发方法的应用范围。

**素养目标**
1. 熟悉会计信息化的发展历史;
2. 熟悉会计相关法律和国家会计信息化发展规划。

# 任务一　会计信息化基本知识认知

## 一、会计信息化的含义

电子计算机于1946年在美国诞生,到真正应用于会计领域用了将近10年的时间。而在我国计算机最早应用于会计工作的试点单位是长春第一汽车制造厂。"会计电算化"一词是1981年中国会计学会在总结长春第一汽车制造厂的应用经验基础上,在长春市召开的"财务、会计、成本应用电子计算机专题讨论会"上正式提出来的。会计电算化是将以电子计算机为主的当代电子信息处理技术应用到会计工作中的简称。会计信息化是会计电算化发展到一定阶段的产物,是会计与信息技术的结合,是顺应信息社会对企业财务信息管理提出的新要求而产生的。

会计信息化是指将会计信息作为管理信息资源,全面通过以网络通信为主的信息技术来获取经济信息,并进一步加工、传输、应用,为企业经营管理提供实时、准确、完整的信息。

会计信息化的含义可以从以下四个方面理解:

### 1.普遍性

随着信息社会的发展,会计领域信息化日益普及,现代信息技术不仅仅在会计核算上,在会计理论、会计管理、会计教育等各个领域也得到广泛应用,逐渐形成一个完整的应用体系。从会计信息化的要求来看,在上述领域中,后三个方面有不同程度的运用,而且可以说是起步晚、发展快、成效大,只是还不能真正达到会计信息化的水平。准确地讲,现阶段会计信息化赖以存在的还是传统的会计理论,既没有修正传统的会计理论体系,更没有构建起适应现代信息技术发展的完善的会计理论体系。

### 2.渐进性

现代信息技术对会计模式重构具有渐进性。首先,以信息技术去适应传统会计模式,建立核算型会计信息系统,实现会计核算的信息化。其次,传统会计模式为适应现代信息技术而对会计理论、方法进行局部的修改,扩大所用技术的范围,实现会计管理的信息化。最后,以现代信息技术去重构传统会计模式,以形成现代会计信息系统,实现包括会计核算信息化、会计管理信息化和会计决策支持信息化在内的会计信息化。

### 3.动态性

首先,会计数据的采集是动态的。无论是企业的发票、订单,还是入库单、产量记录,也无论是局域数据,还是广域数据,都将存入相应的服务器,并及时送到会计信息系统中等待处理。其次,会计数据的处理是实时的。在会计信息系统中,会计数据一经输入系统,就会立即触发相应的处理模块。对数据进行分类、计算、汇总、更新、分析等一系列操作,以保证信息动态地反映企业组织的财务状况和经营成果。最后,会计数据采集和处理的实时化、动态化,使得会计信息的发布、传输和利用能够实时化、动态化,会计信息的使用者也就能够及时地作出管理决策。

**4. 集成性**

会计信息化将对传统会计组织和业务处理流程进行重整,以支持"虚拟企业""数据银行"等新的组织形式和管理模式。这一过程的出发点和终结点就是实现信息的集成化。信息集成包括三个层面:一是在会计领域实现信息集成,即实现财务会计和管理会计之间的信息集成,协调和解决会计信息真实性和相关性的矛盾;二是在企业组织内部实现财务和业务的一体化,即集成财务信息和业务信息,在两者之间实现无缝联结;三是建立企业组织与外部客户、供应商、银行、税务、财政、审计等关系人的信息网络,实现企业组织内外信息系统的集成。信息集成的结果是信息共享。企业组织内外与企业组织有关的所有原始数据只要输入一次,就能做到分次利用或多次利用,既减少了数据输入的工作量,又实现了数据的一致性,还保证了数据的共享性。

## 二 会计信息化的作用

当今社会正在向"知识经济"时代迈进,在今天这样一个充满竞争的大环境中,会计人员不仅要深谙会计学的基本原理、掌握会计信息化技术,而且还要学习一些组织观念、行为因素、决策过程和通信技术等方面的基本理论。会计信息化代表了一种全新的会计思想与观念,是传统的会计理论与现代信息技术、网络技术等相结合的产物,是现代会计发展的必然趋势。随着信息社会发展,会计信息化对当前的会计来说,无论在理论上还是在实践上,都会产生很大的影响。

**(一)会计信息化的发展,促进会计职能的转变**

在手工条件下,会计人员整天忙于记账、算账及报账。实施会计信息化后,由计算机替代会计人员的手工记账、算账和报账。会计人员可以腾出更多的时间和精力参与经营管理,从而促进了会计职能的转变。

**(二)减轻会计人员的工作强度,提高会计工作效率**

实现会计信息化后,只要将记账凭证输入计算机,大量数据的计算、分类、汇总、存储和传输等工作,都可由计算机自动完成。这不仅可以把广大会计人员从繁杂的记账、算账和报账中解脱出来,而且由于计算机极高的运算速度和精确度,大大提高了会计工作效率,同时也为管理提供全面、及时和准确的会计信息。

**(三)促进会计工作规范化,提高会计工作质量**

由于在计算机应用中,对会计数据来源提出了一系列规范化的要求,在很大程度上解决了手工操作中的不规范、易出错及易疏漏等问题,使会计工作标准化、制度化和规范化,会计工作的质量得到了进一步的提高。

**(四)促进会计队伍素质的提高**

会计信息化不仅要求会计人员具有会计专业知识,还必须具有计算机专业知识,这就迫使广大会计人员必须进一步学习业务知识,开拓知识面。而计算机在会计工作中的应用,又为会计人员进一步学习和发展提供了时间和机会,使会计人员有更多的精力学习和交流新知识,其结果必然会改变会计人员的知识结构,提高自身素质和管理水平。

### （五）为整个管理工作现代化奠定了基础

会计信息化是网络环境下企业领导者获取信息的主要渠道,有助于增强企业的竞争力,解决会计电算化存在的"孤岛"现象。实施会计信息化后,利用计算机高速度、大容量等功能,不仅可以对过去的经营活动进行详细记录,而且可以及时获得当前经济活动的最新数据,还可以预测未来各种经营活动,反映市场变化趋势,从而为整个管理信息系统开展分析、预测和决策提供可靠的依据。在行业、地区实现会计信息化后,大量的经济信息资源可以得到共享,通过计算机网络可以迅速了解各种经济技术指标,极大地提高了经济信息的使用价值,提高会计管理决策能力和企业管理水平,为整个管理工作现代化奠定了基础。

### （六）促进会计理论的研究和会计实务的不断发展

会计信息化不仅是会计核算手段和会计信息处理技术的变革,而且必将对会计核算的内容、方式、程序和对象等会计理论和实务产生影响,从而促进会计自身的不断发展,使其进入新的发展阶段。

会计信息化已成为一门融电子计算机科学、管理学、信息学和会计学为一体的边缘学科。其研究对象是如何利用电子计算机信息处理技术进行会计核算、会计管理、会计辅助决策及其他相关工作。其主要任务是研究如何在会计中应用电子计算机及其对会计理论的影响。它的目的是通过核算手段的现代化,更好地发挥会计参与管理、参与决策的职能,为提高现代化管理水平和提高经济效益服务。从会计信息化的研究对象和开展会计信息化的任务来看,会计信息化不仅研究如何通过电子计算机及相关技术获取会计信息的全过程,而且也研究如何按管理的需要对现行会计工作进行改革。

## 任务二　会计信息化发展概况认知

### 一、国外会计信息化的发展

从1946年电子计算机在美国诞生,到1954年10月美国通用电气公司第一次在计算机上计算职工工资,才标志着电子计算机真正应用到了会计领域,引起了会计处理技术的真正变革。最初的处理内容仅限于工资计算、库存材料的收发核算等一些数据处理量大、计算简单且重复次数多的经济业务。它以模拟手工会计核算形式代替了部分手工劳动,提高这些劳动强度较高的工作的效率。

20世纪50年代中期到20世纪60年代,随着人们利用电子计算机对会计数据进行综合处理,系统地提供经济分析、决策所需要的会计信息,手工簿记系统被电子信息系统取而代之。这个时期会计信息化的特点是电子计算机几乎完成了手工簿记系统的全部业务,打破了手工方式下的一些常规结构,更重视数据的综合加工处理,并加强了内部管理。这一时期所开发的系统具有一定的反馈功能,能为基层和中层管理提供信息,但各种功能之间还未实现共享。

20世纪70年代,计算机技术迅猛发展,计算机网络的出现和数据库管理系统的应用,形成了应用电子计算机的管理信息系统。企业管理中全面地应用了电子计算机,各个功能系统可以共享储存在计算机上的整个企业生产经营成果的数据库。会计信息系统成为管理信息系统中的一个部分,企业的最高决策也会借助于计算机系统提供的信息,提高工作效率和管理水平。

20世纪80年代,微电子技术蓬勃发展,微型计算机大批涌现,进入了社会各个领域,包括家庭在内。信息革命逐渐成为新技术革命的主要标志和核心内容,人类进入了信息社会,微型电子计算机不仅受到大、中型企业的欢迎,也得到了小型企业的青睐。它促使各部门把小型机、微型机的通信线路相互联结,形成计算机网络,提高了计算和数据处理的能力,取代了大型电子计算机。国际会计师联合会1987年10月在日本东京召开的以"计算机在会计中的应用"为中心议题的"第13届世界会计师"大会,成为计算机会计信息系统广泛普及的重要标志。

20世纪90年代,随着计算机技术的飞速发展,计算机会计信息系统在国际上也呈现出广泛普及之势。美国在这一领域已步入较高的发展阶段,始终处于国际最高水平。美国会计软件的应用也非常普及。据有关资料显示,美国有几百种商品化会计信息化软件在市场上流通。会计软件产业已成为美国计算机软件产业的一个重要分支。

从会计信息化开发技术与运行平台来看,20世纪90年代中期推出的商品化会计信息化软件与早期的会计信息化软件相比上了一个台阶,这是20世纪90年代计算机信息处理技术飞速发展的结果。20世纪90年代中期的商品化会计信息化软件主要使用WINDOWS环境下的开发工具,并在WINDOWS操作系统上运行。这些开发工具大大缩短了软件开发周期,并大大增强了软件的运行稳定性,与此同时,图形化界面使得软件功能更直观和易于操作使用。部分软件使用了服务器数据库,如SYBASE、ORACLE、INFORMIX、SQL SERVER、DB2和ACCESS等,提高了数据的安全性。

20世纪90年代中期的商品化会计信息系统基本上都具有网络功能,网络结构体系主要有F/S(文件/服务器)和C/S(客户/服务器)两种。网络操作系统除了NetWare之外,还有WINDOWS NT和UNIX等。

## 二、我国会计信息化的发展

我国会计信息化工作始于1979年,其主要标志为1979年财政部支持并参与了长春第一汽车制造厂的会计信息化试点工作。1981年8月,在财政部、一机部和中国会计学会的支持下,在长春召开了"财务、会计、成本应用电子计算机专题讨论会",这次会议成为我国会计信息化理论研究的一个里程碑,在这次会上提出计算机在会计上的应用统称为"会计电算化"。从此,随着20世纪80年代计算机在全国各个领域的应用、推广和普及,计算机在会计领域的应用也得以迅速发展起来。概括起来,可以分为以下几个阶段:

### 1.缓慢发展阶段(1983年以前)

这个阶段起始于20世纪70年代少数企事业单位单项会计业务的电算化,计算机技术应用会计领域的范围十分狭窄,涉及的业务十分单一,最普遍的是工资核算的电算化。在这个阶段,由于会计电算化人员缺乏,计算机硬件比较昂贵,软件汉化不理想,会计电算化没有得到高度重视。因此,会计电算化的发展比较缓慢。

### 2.自我发展阶段(1983年—1987年)

1983年下半年起,在全国掀起了一个应用计算机的热潮,微型计算机在国民经济各个领域得到了广泛的应用。然而,由于应用电子计算机的经验不足,理论准备与人才培训不够,管理水平跟不上,造成在会计电算化过程中出现许多盲目且低水平重复开发的现象,浪费了许多人力、物力和财力。

这一阶段的主要表现为:

(1)没有经过认真调查研究就匆匆上马的会计软件开发项目占大多数,而且许多单位先买了计算机,然后才确定上什么项目,没有全盘考虑如何一步一步地实现会计电算化。还有单位为了评先进、上等级等,买一台计算机来摆样子。

(2)开展会计电算化的单位之间缺乏必要的交流,闭门造车,低水平、重复开发的现象严重。

(3)会计软件的开发多为专用定点开发,通用会计软件开发的研究不够,会计软件的规范化、标准化程度低,商品化受到很大的限制。

(4)会计电算化的管理落后于客观形势发展的需要,全国只有少数地方财政部门开展了会计电算化组织管理工作,配备了管理会计电算化的专职人员,制定了相应的管理制度,多数地区还没有着手开展管理工作。

(5)既懂会计又懂计算机的人才正在培养之中,从1984年开始,各大、中专院校、研究院所纷纷开始培养会计电算化的专门人才。

(6)会计电算化的理论研究开始得以重视,许多高等院校、研究院所及企业组织了专门的班子研究会计电算化理论。1987年11月,中国会计学会成立了会计电算化研究组,为有组织地开展理论研究做好了准备。

### 3.普及与提高阶段(1987年—1999年)

这一阶段相继出现了以开发经营会计核算软件为主的专业公司,而且业务发展很快,逐步形成了会计软件产业。由于我国经济发展水平的影响和计算机技术发展的限制,会计电算化的演进具有多态性。

这一阶段的主要表现为:

(1)从单项数据处理,发展到全面应用计算机、建立会计信息系统的过程。

(2)从计算机处理和手工操作并行,发展到甩掉手工账本,靠计算机独立运行完成记账、算账及报账等任务的过程。

(3)从计算机应用于企业内部会计信息处理,发展到用计算机汇总并报送会计报表,为国家宏观经济提供可靠的会计信息的过程。

(4)从最初采用原始的软件开发方法,发展到运用现代软件工程学方法开发会计软件的过程。

(5)从单家独户开发会计软件,发展到设置专门机构,集中专门人才,开发通用化、商品化的会计软件的过程。

这一发展阶段有如下几个主要标志:一是会计软件的开发向通用化、规范化、专业化和商品化方向开展;二是各级行政部门和业务主管部门加强了对会计电算化的管理,许多地区和部门制定了相应的发展规划、管理制度和会计软件开发标准;三是急于求成的思想逐渐被克服,失败和成功的经验给人们以启示。

### 4.向企业管理全面信息化发展(1999年至今)

随着我国市场体系的不断完善,以及政府对国有大中型企业改革的不断深入,绝大多数企业已清楚地意识到自己已被置身于市场竞争的环境中,怎样实现良好的经济效益已成为企业追求在激烈竞争环境中生存与发展的目标。为此，企业必须要探索新的管理模式和不断改善管理模式，以期适应市场需求的变化、强化成本管理和效益意识。此外，完善的信息是企业决策的基础，只有建立面向企业全面管理的一体化管理信息系统，才能及时、准确地收集企业运营信息，对管理绩效进行反馈监控，以便及时调整管理策略，实现信息的使用价值并起到决策支持作用。为了适应企业规模化发展需要以及对市场需求的响应速度，愈来愈多的有识之士相继提出了开发"管理型"会计信息系统的想法与思路。20世纪90年代中期，中国会计学会中青年会计信息化分会召开研讨会，正式提出了开发以财务管理为核心的全面企业管理信息系统这一战略转变，全面吹响了进军企业管理信息系统的号角。用友、金蝶等几家大型会计软件公司都在开发研制大型企业管理信息系统，并于20世纪90年代末推向企业应用。

与20世纪90年代中期推出的商品化会计信息系统相比，20世纪90年代末推出的大型企业管理信息系统更多地借鉴国外企业管理软件的发展道路，同时又发挥了我国会计软件公司在会计软件领域上的优势，即以财务为中心的ERP（Enterprise Resource Planning）系统，它不仅限于解决企业财务管理问题，而是要对企业的资金流、物流和信息流进行一体化、集成化管理。从软件结构上看，企业管理信息系统各模块将不仅能独立运行，而且还能集成一体化运行。从软件功能上看，不仅包括账务处理、薪资管理、固定资产管理、采购与应付账款管理、销售与应收账款管理、库存管理，还要包括对物料需求计划的管理、对生产流程的管理、对成本的管理以及对人力资源的管理。

从软件开发平台与开发技术来看，大型企业管理信息系统主要采用32位的开发工具，在WINDOWS 98以上的平台上运行，数据库将不再使用桌面数据库，而必须使用服务器数据库。网络体系结构主要采用三层（数据库服务器/应用服务器/客户端）或多层结构，以克服传统的C/S结构易于造成网络瓶颈现象的缺陷。此外，在大型管理信息系统中，还要采用Internet/Intranet技术中的浏览器与Web服务器技术，以实现软件系统数据结构的标准化、跨地区和跨平台运行。同时还要考虑电子商务（E-Business）在软件功能中的应用。

从企业应用的角度来看，并非所有企业都要应用大型企业管理信息系统，只有规范化管理的企业或具有一定规模的企业才会考虑应用大型企业管理信息系统，而大部分企业一般都是先解决会计信息化的应用，等到规模化发展时才开始应用面向企业全面管理的大型企业管理信息系统。因此，会计信息系统开发公司在制定自己的发展策略时，一般要根据自己的资金实力与技术实力，对自己开发的产品进行定位。其中，部分会计信息系统开发公司将致力于开发中、小型会计信息系统产品，而只有少数具有一定规模和实力的会计信息系统公司才能致力于开发大型企业管理信息系统。

## 三 会计信息化的发展趋势

### （一）会计软件由核算型向管理型发展

1996年第二届全国会计信息化会议上提出了财务会计软件从核算型向管理型发展的口号，为我国会计信息化发展指明了方向。会计信息系统是企业管理信息系统的中心，企业的所有管理活动与会计信息系统都存在着直接或间接的关系。在企业管理中，会计信息是最普及和最大的信息系统,它的"触角"延伸到其他各个子系统中。因此,会计信息系统是企业管理信息的加工中心,在管理信息系统中具有举足轻重的地位。管理型会计软件所依赖的信息主要来自会计核算系统。正因为如此,发展管理型会计软件首先是整合现有的各核算软件,如销售核算、工资核算、改造成本、销售管理和工资人事管理等财务管理软件,并加强各系统之间的联系和数据共享。目前,我国的会计信息系统主要应用于各种核算的编制账表,或者说主要应用于财务会计方面。功能较强的会计信息系统包括分析、预测、决策、规划、控制和责任评价等方面的功能,并向管理会计方面延伸。会计信息系统要提高管理层次,就要和企业管理信息系统的其他系统进行有机结合,并且这种结合应是密切的,而不是松散的,各系统之间数据充分共享和互换。会计信息系统不能只包括会计信息而独立存在,而应从会计管理信息系统出发,包括市场、生产等管理信息,建立"大财务信息系统"。只有将现有的会计信息系统逐步发展成全面的管理信息系统,才能适应现代企业管理的需要。

### (二)向网络化方向发展

随着计算机网络技术的大规模应用和发展,以及会计核算业务量的增大、业务种类的繁多,对会计信息资料的分析与研究的深入,计算机单机处理的方式难以完成现有会计核算工作。同时,网络技术的迅速发展及应用领域的不断拓宽,也使会计信息系统出现许多新的特征。这些既推动了现有会计信息系统的发展,同时也阻碍了现有会计信息系统的发展。为此就提出了一个具有挑战性的课题,即会计信息系统必然向网络财务方向发展。网络财务,是指基于 Web 技术,以财务管理为核心,以实现企业物流、资金流、信息流高度一致为目标,支持企业电子商务,并最终实现互联网环境下全新的财务管理模式。

网络的发展对企业会计环境的影响是显而易见的。就广域环境而言,一方面,国际互联网(Internet)使企业在全球范围内实现信息交流和共享;另一方面,企业内部网(Intranet)技术在企业管理中的应用,使企业走出封闭的"局域"系统,实现企业内部信息实时对外开放。网络环境为会计信息系统提供了最大限度的全方位信息支持。由于 Intranet 是根植于以 Internet 为主的一系列技术之上的一种企业内部网络结构,它将企业管理信息系统以网络的衔接方式进行重新组合,其结果是会计所需处理的各种数据越来越多地以电子形式直接存储于计算机网络之中。一方面 Intranet 技术使企业对所发生的经济活动进行实时报告成为可能,另一方面借助于 Intranet 网络及 Internet 网络,企业外部信息需求者同样可以实时获取所需信息进行分析,以便作出有效决策。

在实时报告系统下,信息提供具有以下新特点:

(1)实时性(在线反馈)。网络技术可以动态跟踪企业的每一项变动,予以必要提示。

(2)全面性。通过在线访问,企业内外部信息需求者可动态得到企业实时财务及非财务信息。

(3)实时分析比较。网络环境下在线数据库涵盖了网上所有企业信息,财务人员依次可得到同行业其他企业的有关财务指标,进行比较分析,正确预测企业今后的趋势。可以说,未来会计信息的发布和传播,将由书面形式转向电子媒介形式,企业内部网与国际互联网、证交所、会计师事务所和税务部门等各网络互联,公众投资者可上网访问企业的主页,浏览查询所需的最新的和历史的财务信息。

### (三)会计信息的报告向实时化、模式向多样化方向发展

随着计算机技术的发展和会计软件开发与应用的网络化、智能化的实现,将能够做到以不同的形式、不同的方法实时为各类信息使用者提供最新最快的信息,使其迅速了解单位的生产经营活动情况。有利于单位的管理者审时度势,抓住机遇,把握未来。研究如何在会计信息系统中应用电子计算机,建立完善的信息化会计信息系统,从而提高会计核算和管理水平,这是会计信息化的根本任务。可以预见,在不久的将来,随着计算机技术的迅速发展、我国经济体制的改革及社会主义市场经济的发展,会计信息系统的开发与应用必然渗透到整个企业的管理信息系统的开发与应用中,形成"管理型""网络化"的会计信息系统。将会计信息系统与企业的生产经营管理信息系统、市场营销管理信息系统等其他系统有机地结合在一起,组成企业的管理信息系统网,使会计信息化向综合应用和高层次管理等方面发展。

### (四)会计软件由"手工型"向"智能型"发展

#### 1.操作过程智能化

在凭证输入过程中就有许多智能化的问题。例如,当用户选择了现收凭证,那么借方科目自动显示现金,或者借方科目输入"库存现金",凭证类型自动显示"现收"。又例如,借方已输入"材料采购"科目,那么借方一般还有"应交税费——应交增值税(进项税额)"科目,而且其金额已根据本行业的税率与"材料采购"的金额自动计算。这类智能化工作还有很多,目前的会计软件还有待完善。

#### 2.业务分析智能化

业务分析的前提是业务分类,会计核算中的一级科目有几十个,明细科目有几百个,目的之一就是分析。目前的会计软件根据经验一般还增设了按"部门""项目""客户"等几种分类,也是为了便于分析。国际上流行业务流程重组理论。所谓业务流程重组,是指会计业务除了传统的流程之外,还可以随时根据需要,进行若干次的重新组合。这就要求一方面把业务重组(分类)的权限交给用户,而不是由软件开发商进行限定;另一方面要解决标识的多重性问题。所谓标识的多重性问题,是指当一笔业务或一个会计账户需要进行若干次重组(分类)时,可以给予多个不同的标识。

#### 3.决策支持智能化

决策支持智能化也就是将人类的知识、经验、创造性思维和直觉判断等能力,用计算机语言来表达,模拟人脑进行决策。决策支持智能化主要解决非程序化决策和半程序化决策中无法用常规方法处理的问题。

## 任务三　会计信息系统认知

### 一　会计信息系统概况

#### (一)会计信息系统

##### 1.会计数据和会计信息

在会计工作中,从不同的来源和渠道取得的各种原始会计资料称为会计数据,如某

日仓库的进货量、金额,某日某产品的产量、费用等。按一定的要求通过加工处理的会计数据,称为会计信息。只有将会计数据进行加工生成会计信息后才能满足管理的需要,为管理者所用。会计信息主要包括资产、负债信息,生产费用和成本信息以及利润实现和分配等信息。

### 2.会计信息系统

会计的各项活动都体现为对会计信息的某种作用:取得原始凭证,是对信息的获取;原始凭证的审核,是对信息的特征提取和确认;设置会计账户,是对信息的分类;填制记账凭证和登记账簿,是变数据为信息,并进行传递和存储;成本计算,是对成本信息的进一步变换和处理;账务检查和核对,是会计内部信息的反馈,对企业经济活动过程进行调节和控制;会计预测、决策和管理,是对会计信息的进一步应用。

会计工作过程是一个有序的信息输入、信息处理和信息输出的过程,这一过程可分为若干部分,每一部分都有各自的信息处理任务,所有部分互相联系、互相配合,服从于一个统一的目标,形成一个会计活动的有机整体,这个有机整体,就构成了会计信息系统。即会计信息系统就是以完成会计工作为目的的信息系统,也就是以输入、处理和输出会计信息为目的的系统。

作为管理信息系统一个子系统的会计信息系统,与管理信息系统的其他子系统相比,具有数据量大,数据结构复杂,数据加工处理方法要求严格,数据的真实性、准确性要求高,数据要具有可验证性等特征,而且会计信息系统兼有监督和管理的功能。

### (二)会计信息系统构成

会计信息系统要有一定的操作技术和处理手段,用来对会计的原始数据进行采集、加工、存储和输出等。

目前的会计信息系统是以电子计算机为主的、以当代电子信息处理技术为手段的会计信息系统。也就是当会计信息系统使用计算机作为主要数据处理工具后所形成的系统。会计信息系统是一个人机结合的系统,它不但需要机器的支持,而且更需要人的操作和使用,所以从系统的组成来看,会计信息系统由硬件、软件、人员、数据和规程组成。

### 1.硬件

硬件是系统中所有固定装置的总称。它是系统工作的物质基础,硬件设备一般包括数据输入设备、数据处理设备、数据存储设备和数据输出设备,这也是计算机硬件系统的组成部分。

数据输入设备是指能够把会计数据输入到计算机中的设备。目前常见的有键盘、鼠标、光笔、扫描仪及光学阅读器等。数据处理设备是指按一定的要求对数据进行加工、计算、分类、汇总、存储、转换及检索等处理设备,这些由计算机主机的功能来实现。数据存储设备是指用于存放数据的设备,目前常见的有磁盘、磁带、光盘及驱动设备等。数据输出设备是指从存储设备中取出数据并按照一定的方式和格式进行输出的设备,如显示器、打印机及绘图机等设备。此外,还有通信设备、机房设备等。

### 2.软件

会计信息系统的软件包括系统软件和应用软件。系统软件主要包括操作系统,如DOS、Windows及网络操作系统、语言加工系统及数据库管理系统等。应用软件主要包括通用应用软件和会计软件。

### 3.人员

人员一般指直接从事系统研制开发、使用和维护的人员。这些人员一般可分为两类：一类为系统开发人员，包括系统分析员、系统设计员、系统编程及测试人员；另一类为系统的使用人员，包括系统管理人员、系统维护人员、系统操作员、数据录入人员、数据审核人员、档案管理员、专职会计人员和专职分析人员等。

### 4.数据

会计信息系统的主要任务是向内部和外部提供会计信息。这些信息都是按照一定的结构存放在计算机存储设备中，组成会计信息系统数据库，供会计信息系统处理、查询和输出。

由于会计信息涉及面广、量大，因此，其数据库系统的结构也十分复杂。会计信息系统所处理的数据主要是经济业务数据，处理经济业务数据是财会部门的传统职责。任何使企业财务状况发生变化的事件或过程都可以说是经济业务，这些经济业务是通过数据来反映的，经济业务包括外部业务、内部业务和转账业务。外部业务是企业与外部之间发生的业务，如购买原材料和销售产品。内部业务指企业资金在企业内部的转移流动，如领料、发放工资、产品入库等。转账业务指根据会计工作需要而进行的转账工作。

### 5.规程

规程指有关会计信息化的各种法令、条例及规章制度。主要包括两大类：一是政府的法令、条例；二是系统运转的各项规定，如数据准备说明书、会计信息系统操作使用说明书、机房管理制度及会计内部控制制度等。

## （三）会计信息系统的特点

计算机方式下的会计信息系统，不仅具有电子数据处理系统的共性，而且还具有以下几个自身特征：

### 1.及时性与准确性

计算机方式下的会计信息系统，数据处理更加及时、准确。计算机运算速度决定了对会计数据的分类、汇总、计算、传递及报告等的处理几乎是在瞬间完成的，并且计算机运用正确的处理程序可以避免手工处理出现的错误。计算机可以采用手工条件下不易采用或无法采用的复杂的、精确的计算方法，如材料收发的移动加权平均法等，从而使会计核算工作更细、更深，能更好地发挥其参与管理的职能。

### 2.集中化与自动化

计算机方式下的会计信息系统，各种核算工作都由计算机集中处理。在网络环境中，信息可以被不同的用户共享，数据处理更具有集中化的特点。对于大的系统，如大型集团或企业，规模越大，数据越复杂，就越要求数据处理集中。由于网络中每台计算机只能由一个用户完成特定的任务，使数据处理又具有相对分散的特点。计算机方式下的会计信息系统在对会计信息的处理过程中，人工干预较少，由程序按照指令进行管理，具有自动化的特点。

### 3.人机结合的系统

会计工作人员是会计信息系统的组成部分，不仅要进行日常的业务处理，还要进行计算机软硬件故障的排除。会计数据的输入、处理及输出是手工处理和计算机处理两方面的结合。有关原始资料的收集是计算机化的关键性环节，原始数据必须经过手工收集、处理后才能输入计算机，由计算机按照一定的指令进行数据的加工和处理，将处理的

信息通过一定的方式存入磁盘、打印在纸张上或通过显示器显示出来。

### 4.内部控制更加严格

计算机方式下会计信息系统的内部控制制度有了明显的变化,新的内部控制制度更强调手工与计算机结合的控制形式,控制要求更严,控制内容更广泛。

## (四)手工会计与会计信息化的比较

### 1.会计数据的采集

手工会计由财会人员收集、填制及审核各种原始凭证,根据有关会计制度将反映经济业务的会计数据集中在记账凭证中。

在会计信息化中,会计数据的采集有多种方式:

(1)直接输入。财务人员根据原始凭证或记账凭证,通过输入设备将数据直接送入计算机,存入凭证文件中。

(2)间接输入。财务人员首先将会计数据存放在存储介质上,然后再将其转换成计算机所能接受的凭证,并保存在凭证文件中。

(3)自动输入。计算机自动编制凭证,如固定资产系统的计提折旧业务。

### 2.会计数据的处理

在手工条件下,会计核算要由许多会计人员共同协作完成。出纳根据记账凭证登记现金日记账和银行存款日记账,由多个会计人员分别登记各自有关的明细账,总账会计负责登记总账并编制财务报表等。由于登记账簿的工作由多个会计人员完成,不可避免地会出现各种错误,所以要进行总账和明细账的核对、总账和日记账的核对。

在会计信息系统中,只要与人工输入有关的记账凭证经审核无误后,计算机可自动完成记账、算账、编制财务报表的一系列工作。而像材料核算和成本计算等既复杂又受时间限制的核算内容,可由计算机按照一定的程序不厌其烦地计算,并可随时抽取所需相关数据。相应的会计核算程序与变动主要在计算机上完成。

### 3.会计信息的存储

在手工会计信息系统中,会计数据的收集、加工处理及会计报表的编制等都由手工完成,会计信息都是以纸制介质形式保存,对会计资料的查询,也是以调阅纸制档案为基础。

在信息化下的会计信息系统中,无论是记账凭证、账簿,还是财务报表,都是以磁制介质为主、纸制介质为辅的形式保存,但与手工会计信息系统相比,对信息存储所要求的环境和技术等都提出了新的要求。

### 4.会计信息的输出方式

在手工会计信息系统中期末会计人员从账簿或其他资料中取得数据,并对其进行加工,以规定的格式编制成各种报表,并将报表发送给企业管理者、投资人及税务部门等信息的使用者。

在信息化会计信息系统中,会计数据保存在存储介质中,只要从存储介质中提取信息,即可输出。目前最常见的方式有:

(1)屏幕显示输出。将存储介质中的会计数据,按照会计人员的需要,输出到显示器上,如在计算机中查询有关的明细账。

(2)打印输出。将存储介质中的会计数据,按照会计人员的需要,通过打印机将有关信息打印在打印纸上,如会计人员打印输出各种报表。

(3)软盘输出。将产生的有关信息输出到软盘中,如将报表数据保存在软盘上,向相关部门报送。

(4)网络输出。通过计算机网络直接将信息从信息的提供者传送给信息的使用者。

### 5.数据处理流程

手工会计的数据处理流程一般有"记账凭证处理程序""科目汇总表账务处理程序""汇总记账凭证账务处理程序""多栏式日记账账务处理程序"等。在组织会计核算时,可根据会计业务的繁简和管理的需要,选用其中一种,但无论采用哪种处理流程,其共同特点是"平行登记",即来源于记账凭证的会计信息总是同向、等量和平行地记录于总分类账和明细分类账中。因此,一方面各有侧重地反映会计信息,另一方面发挥总分类账对明细分类账的统辖作用,通过二者之间的对账发现可能出现的人工记账错误,并及时加以纠正。

在会计信息化数据处理流程中,所考虑的是会计数据处理的目标,即获得管理所需的各种会计信息。它的中间数据处理都可以认为是源于原始会计数据的加工处理,因此,从输入会计凭证到输出财务报表,所有的中间加工过程都由计算机控制,上一过程数据的结果作为下一过程数据处理的来源,整个处理过程都在程序的安排下完成,具有数据处理的"集中化"和"自动化"的特点。

### 6.会计内部控制制度

在手工操作下,有岗位责任制和各种内部牵制制度,保证了手工核算下会计信息的正确性、企业资产的完整性和安全性。计算机的引入使得内部控制制度的形式、内容及重点都发生了一定的变化。

(1)内部控制制度形式的变化。由于计算机具有高速、稳定的特点,有很强的逻辑判断和逻辑分析能力,使内部控制形式主要有两方面变化:一方面,手工会计下的一些内部控制措施在实现会计信息化后没有存在的必要,如编制科目汇总表、凭证汇总表等试算平衡的检查;另一方面,手工会计下的一些内部控制措施,在实现会计信息化后转移到计算机内部,如凭证的借贷平衡校验、余额和发生额的平衡检查。

(2)内部控制制度内容的变化。计算机技术的引入,给会计工作增加了新的内容,同时也增加了新的控制措施,如计算机硬件及软件分析、编程,维护人员与计算机操作人员的内部牵制,计算机机内以及存储介质内会计信息的安全,计算机病毒的防治,计算机操作管理,系统管理员、维护人员等的岗位责任等。

(3)内部控制重点的变化。会计信息化后的内部控制重点将放在原始数据输入的控制、会计信息输出的控制、人机交互处理的控制和系统模块之间的连接控制等方面。

### 7.会计职能

在手工会计下,会计的基本职能是反映和监督经济活动的过程。实现会计信息化后,会计在完善传统的会计职能的基础上更加侧重发展管理职能,进行事中控制、事前预测并参与经营决策。

## 二 会计信息系统的开发

信息化下的会计信息系统的开发是一项庞大而复杂的过程,需要会计人员、计算机技术人员和用户等各方面人员花费几年甚至几十年的时间才能完成,所以必须选择行之有效的系统开发方法。目前应用较多的系统开发方法有生命周期法和原型法。

### 1.生命周期法

生命周期法把一个信息系统从其提出、分析、设计和使用,直到停止使用的整个生存期视为一个生命周期。整个生命周期划分为五个主要工作阶段:可行性分析阶段、系统分析阶段、系统设计阶段、系统实施阶段和系统运行、维护与评价阶段。每一个阶段都有明确的任务,都要将工作结果形成文档资料,并移交下一阶段继续处理。

第一阶段:系统准备,也称为可行性分析。主要任务是对现行系统进行认真的初步调查,分析新系统开发在经济上、技术上和组织上等方面的必要性和可能性,并编写可行性分析报告。

第二阶段:系统分析。主要任务是对现行系统进行全面的分析研究,找出现行系统存在的问题,在充分理解用户需求的基础上,确定新系统的目标,建立新系统的逻辑模型,将现行系统模型转换成能实现系统目标的新系统的逻辑模型,解决新系统"做什么"的问题,并编写系统分析说明书。

第三阶段:系统设计。主要任务是在系统分析基础上,根据新系统的逻辑模型,设计出系统的具体实现方案,解决新系统"怎么做"的问题,并编写系统设计说明书。

第四阶段:系统实施。主要任务是根据系统详细设计说明书编制出可在计算机上运行的源程序,进行程序的调试和测试,并编写程序说明书和测试报告。

第五阶段:系统运行、维护与评价。主要任务是完成新旧系统的转换,在系统运行过程中进行调整和维护,分析新系统是否达到预期目标,并编写开发总结报告、运行及维护手册等。生命周期法通常采用结构化系统分析和系统设计方法,自上而下分析、设计,强调开发过程的整体性和全局性;开发过程在时间上基本按阶段进行,任务明确;结合用户需求进行开发;开发周期长,维护不方便;适用于开发较大型信息系统。

### 2.原型法

原型法是系统开发者在初步了解用户需求的基础上,开发出能实现系统最基本功能的一个原型,再根据用户对原型使用与评价的意见,提出修改方案,修改完善原型,如此反复多次,直到得到用户满意的最终系统为止。原型法分为四个阶段:确定用户需求;设计系统原型;使用、评价原型;修改和完善系统原型。

第一阶段:确定用户需求。主要任务是通过调查表、讨论会、现场调研等形式,在几天或几个星期内确定用户最基本、最迫切的要求。

第二阶段:设计系统原型。主要任务是根据用户的要求在短时间内设计出能实现用户最基本要求的系统原型。

第三阶段:试用、评价原型。主要任务是先由用户试用原型,找出原型存在的不足,提出修改原型的具体意见。

第四阶段:修改和完善系统原型。主要任务是由系统开发人员根据用户提出的改进意见,对原型进行修改完善,修改后再交由用户使用、评价。

以上的第三阶段和第四阶段是重复进行的,直到用户和开发人员都满意为止。

原型法没有进行系统全面的分析与设计,新系统是在初始原型基础上随着用户和开发者对系统认识的加深而不断地进行补充和细化而形成的。开发过程以用户为中心,开发周期短,开发过程中存在大量的重复,适用于开发小型应用软件或需求不够明确或不断变化的软件。

# 项目二
# 单位会计信息化的开展

**知识目标**
1. 明确商品化会计软件的选择与系统转换要求;
2. 熟悉会计信息化岗位分工及其职责;
3. 掌握会计信息化的日常管理及内部控制制度。

**技能目标**
1. 能对单位会计信息系统的建设进行有效规划;
2. 能对会计信息化各岗位进行职责分工;
3. 能选择适合单位会计信息化发展的软件。

**素养目标**
1. 具有成本意识,能合理降低单位会计信息系统建设支出;
2. 具有安全意识,能对单位会计信息系统建设提出风险防范措施。

# 任务一　会计信息化的总体规划及岗位分工

## 一、会计信息化的总体规划

会计信息化的总体规划,主要是确定单位会计信息化工作在一定时期内所要达到的目标,以及对怎样合理、有效、分阶段地实现这个目标进行规划。它是单位建设会计信息系统成败的关键。为保证建立的总体规划具有客观性、科学性,而且切实可行,制定总体规划时应从全局着手,应该与企业的信息化战略目标结合起来,建立适应现代企业管理要求的信息化系统。目前,以 ERP(Enterprise Resource Planning)为理念的企业管理信息系统正逐步在大、中型企业中得到应用,并且国内的各大软件公司也在大力开发和推广 ERP 产品。

因此,企业在制定会计信息化的发展规划中要时刻意识到会计信息系统是管理信息系统的一个重要子系统,会计信息系统的建立和发展必须遵从企业信息化的总体目标。而且在制定规划时一定要根据企业的实际情况,明确单位需要什么样的会计信息系统,以及目前单位能提供什么样的条件。还要对会计信息系统的建立划分阶段,明确每一阶段的具体目标,使会计信息系统的建立和开展能够有序、顺利地进行。会计信息化总体规划的主要内容有:

### (一)明确会计信息化工作的目标

会计信息化工作的目标一般可以分为两类:一类是近期所要达到的目标;一类是远期所要达到的目标。目前,单位会计信息化的建立和开展一般是以实现模块的数量来进行的。例如,有的单位当前只希望建立工资核算模块,有的单位则希望建立账务核算和报表核算两个模块,也有的单位希望工资核算、固定资产核算、账务核算、报表核算、应收核算、应付核算和进销存核算等模块全部建立起来。近期的目标建立以后,单位还应该制定长远目标,因为伴随着会计信息化的发展,单位会计信息化的开展是一项长期工作。目前,我国会计信息化正以核算为主向管理信息化的方向发展,从而发挥管理和决策支持作用。会计信息化不仅是将会计人员从繁重的手工劳动中解放出来,更重要的目的还是通过核算手段和管理手段的现代化,提高会计信息处理的准确性和时效性,提高会计的分析和辅助决策能力,从而为提高管理水平和经济效益服务。因此,应从单位长期发展计划入手来确定会计信息系统的目标。当前以用友和金蝶等大型软件公司为代表的普及 ERP 商业行动,为企业应用会计信息系统提供了良好机遇。

### (二)明确会计信息系统建立的途径

建立会计信息系统有多种途径,两种基本的途径是开发和购买商品化会计软件。开发一般分为自行开发、联合开发和委托开发等形式,每种方式各有自己的优缺点。具体采用何种途径,主要是根据单位管理的需要和经济、技术、组织上的可行性来进行选择。

### （三）明确会计信息系统的总体结构

总体结构指的是系统的总体规模、业务核算的范围、系统由哪些子系统构成、子系统间的联系和系统间的界面划分。系统结构应从分析现有手工会计的实际情况入手，了解会计信息系统的任务、业务处理的内容和范围，再结合会计信息系统的目标来确定。

### （四）明确会计信息化建设工作的管理体制和组织机构

一方面，单位会计信息化工作的开展涉及人、财、物多个方面及供、产、销多个环节，需要明确管理体制，统一协调。因此，应在规划中明确规定建设过程中的管理体制和组织机构，以利于统一领导、专人负责、高效率地完成系统的建设工作。另一方面，会计信息系统的建立不仅改变了会计工作的操作方式，而且还引发会计业务工作流程、人员的组织方式等多方面的一系列变革。因此，在建立会计信息化管理体制和组织机构时，还应组织专门人员根据本单位的实际情况制定一套新的工作流程、工作管理制度和组织形式以及各类人员上岗标准等，以便系统投入运行后平稳、安全而有序。

此外，还要明确工作步骤，明确会计信息系统的硬件体系结构和资源配置，制定专业人员的培训与分工计划，明确资金的来源及预算，只有这样，才能做好会计信息系统的规划分工。

## 二 会计信息化的岗位分工

会计信息化以后的工作岗位可以分为基本工作岗位和信息化会计岗位。

### （一）基本工作岗位

基本工作岗位包括会计主管、出纳、会计核算、稽核和会计档案管理等，基本会计岗位与手工会计的各岗位相对应。

### （二）信息化会计岗位

信息化会计岗位是指直接管理、操作和进行系统维护的岗位。岗位设置参考如下：

#### 1. 信息化主管

信息化主管负责协调计算机及会计软件系统的运行工作，要求具备会计和计算机知识，以及相关的会计信息化组织管理经验。信息化主管可由会计主管兼任。

#### 2. 软件操作员

软件操作员负责记账凭证和原始凭证等会计数据的输入，各种记账凭证、账簿、会计报表的输出及部分会计数据处理工作。要求具备会计软件操作知识，达到会计信息化初级知识的培训水平。

#### 3. 审核记账员

审核记账员负责对输入计算机的会计数据进行审核，操作会计软件登记机内账簿，对打印输出的账簿、报表进行确认。该岗位要求具备会计和计算机知识，达到会计信息化初级知识水平，可以由会计主管兼任。

#### 4.系统维护员

系统维护员负责保证计算机硬件、软件的正常运行,管理机内数据。该岗位要求具备计算机和会计知识,达到会计信息化中级知识水平,采用大型计算机和计算机网络会计软件的单位,应设立这一岗位。

#### 5.电算审查员

电算审查员负责监督计算机及会计软件系统的运行,防止利用计算机进行舞弊。该岗位要求具备计算机和会计知识,达到会计信息化中级知识水平,该岗位可以由会计稽核人员兼任。

#### 6.数据分析员

数据分析员负责对计算机内的会计数据进行分析。该岗位要求具备计算机和会计知识,达到会计信息化中级知识水平,采用大型计算机和计算机网络会计软件的单位,可设立这一岗位,可由会计主管兼任。

#### 7.档案管理员

档案管理员负责对数据软盘、程序软盘、打印输出的凭证、账簿、报表以及系统开发的各种档案资料的保管和保密工作。

## 任务二 商品化会计软件的选择与系统转换

### 一 商品化会计软件的选择

随着我国会计信息化的逐步成熟和发展,我国已经形成了一个规模很大的会计软件市场,并涌现出一批质量较高的会计软件。如市场占有率较高的用友、金蝶、新中大软件等。这些软件公司开发的软件也正由原来的单一会计核算发展到以会计核算为中心的ERP(Enterprise Resource Planning)系统,并向全面管理信息系统发展的趋势。例如,用友公司的ERP/NC、ERP/U8系列产品和金蝶公司的EAS、K/3产品都是以企业绩效管理为核心,涵盖了企业内部资源管理、供应链管理、客户关系管理、知识管理等,并能实现企业间的协作和电子商务的应用集成软件。企业会计信息系统是包含多种模块的会计信息系统,如图2-1所示。

另外,经信息产业部批准为国家电子行业标准的《企业信息化技术规范 第1部分:企业资源规划系统(ERP)规范》已经于2003年10月1日开始实施。ERP标准的制定耗时两年,中国生产力促进中心协会共调查了2000多家企业和几十家IT厂商,在100多家企业中试点应用,用友、神州数码、工大科软、和佳、利玛、新中大、博通、富士通等近20家IT厂商参加了本标准的制定工作。此标准的制定也为企业和事业单位通过购买商品化会计软件来实现会计信息化提供了选择和评价的依据。

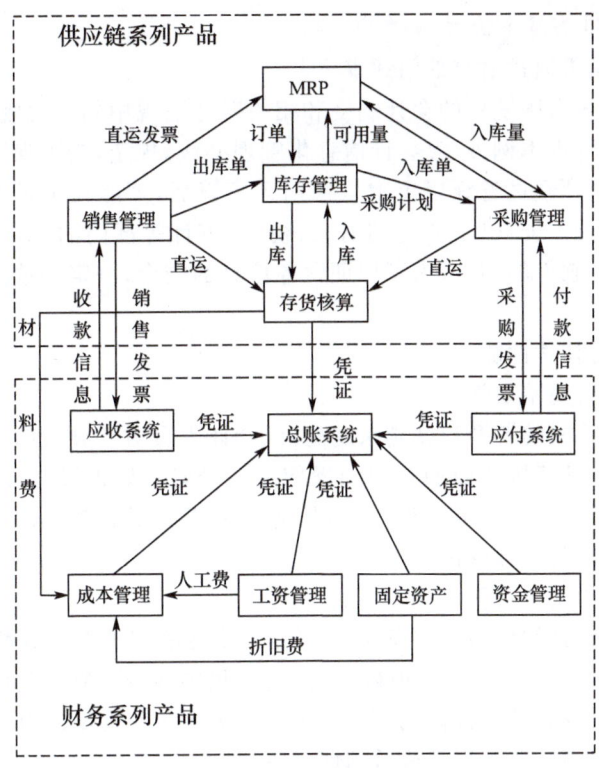

图 2-1 企业会计信息系统图

无论是哪家公司的产品一般都包括图 2-2 所示的功能模块。

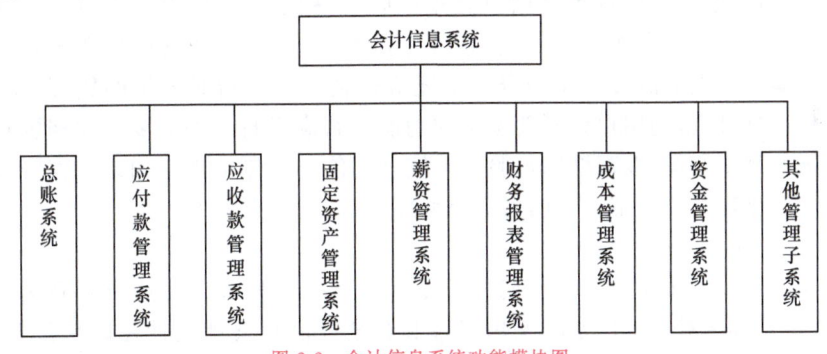

图 2-2 会计信息系统功能模块图

在选购会计软件时,应注意以下几个方面:

**1.明确会计软件的运行环境**

与单位的实际情况相结合,明确会计软件运行的硬件环境和软件环境。

(1)硬件环境

硬件环境主要应了解软件运行所要求的硬件应达到的标准,如计算机的硬件型号、硬盘的容量、显示器的型号、内存的大小以及对打印机的要求等。

(2)软件环境

会计软件属于一种应用软件,需要在系统软件的基础上来运行。所以应明确会计软件需要什么样的操作系统来支持,会计软件使用的数据库管理系统有哪些等。

### 2.了解会计软件的基本情况

(1)会计软件是否通过财政部门评审

会计工作要遵循全国统一的会计制度和相关财经法规中的有关规定,对执行会计工作的商品化会计软件也不例外。《会计信息化管理办法》规定,为了保证商品化会计软件的质量,财务软件必须经过省级以上财政部门评审以后,才能在市场上销售。不经评审的软件在质量上不能保证,也不能得到财政、税务、审计等部门的承认,不能代替手工记账。所以,对于会计软件的用户,为了保证财务信息的安全,一定要选用已经通过评审的财务软件。

(2)会计软件的技术性能

①操作使用是否简单易学

虽然在我国计算机的普及程度越来越高,但会计人员对计算机的熟悉程度仍然不是很高,仍缺乏系统的计算机方面的知识和操作上的经验。如果操作过于复杂,学习起来仍很困难,很容易引起会计人员的误操作,从而带来不必要的麻烦。这样就要求尽可能选择简单易学的商品化会计软件。

②软件运行是否安全可靠

安全可靠是对会计软件最重要的要求。会计软件的安全可靠是指会计软件处理信息的准确性、防止会计信息被泄露和破坏的能力。集中体现在软件的防错、纠错能力上,包括对操作权限的控制、操作错误的提示处理、计算机发生故障或由于强行关机等引起数据破坏的恢复、程序及数据被篡改后的恢复等。

③文档资料是否齐全

最基本、最重要的文档资料是用户操作手册,又称使用说明书。它应尽量详细地介绍系统的功能和用户的操作步骤,以及系统对操作的反应,以帮助用户熟悉软件的使用并排除某些操作产生的故障。文档资料中还应包括系统运行时产生的凭证、账簿、报表等样本资料,它可以帮助用户判断新系统的功能是否满足自己的需要。文档资料中最好能有对系统的测试方案,以帮助用户验证系统的功能与控制能力。如果文档资料中有系统的业务处理流程及数据结构说明书甚至程序清单,就更完善了。

(3)会计软件实用性与先进性

会计软件并非只要通过财政部门的评审就一定是好软件。在选择商品化会计软件时,还应考察该软件对本单位是否实用以及和其他商品化会计软件相比是否更加先进。不同种类的会计软件,其性能、水平也各不相同,都在某些方面有自己的优点或缺点。如有的在商品流通行业使用起来比较方便,而有的在工业企业中使用效果会更突出。因此,选择时应认真考察软件的优点和缺点,并根据本行业、本单位的特点提出一些关键性的问题,看看软件能否满足自身要求,对于单位来说是否具有很强的实用性。

先进性是指该软件在同类产品中的先进程度,它包括安全性、可靠性、功能的完备性及运行效率等。各单位财务制度、核算方法并非一成不变,而且使用软件后对信息处理的及时性和准确性有很高的要求,因此,先进性是单位选择商品化会计软件时重点考虑的因素之一。

### 3.了解软件公司的信誉和售后服务情况

随着我国会计信息化事业的发展,软件用户和软件公司都越来越重视售后服务的好坏。一方面,对于软件公司来说,售后服务在公司的业务中占的比例越来越大,可以说售后服务的质量是它的第二生命;另一方面,对于使用单位来说,售后服务的质量是单位会计信息系统正常运行的一个保证。目前,在我国购买会计软件的众多用户很难自己去排除会计软件在运行中发生的故障,主要还是依靠软件公司进行日常的维护工作。所以,单位在选择会计软件时,必须对软件的开发和经销单位的信誉及售后服务进行考察。考察软件公司是否重信誉、守合同,售后服务质量如何。售后服务主要包括对用户的操作培训和应用指导、会计软件的日常维护与维修、软件版本的更新等。除此之外,使用单位也可以针对自身的特点与软件经销单位商定售后服务方式,明确售后服务项目,明确哪些是无偿提供,哪些需要交纳服务费。

#### 4.软件的价格是否合理

目前,在我国各软件公司推出的会计软件的价格各不相同。因此,单位在购买软件时,应与其他同档次的会计软件进行价格比较,选择能满足单位需要且价格便宜的软件。而且,在购买会计软件时,还要看软件价格中是否包括系统软件,如操作系统等。如果单位已经有了这些系统软件,便可将这部分费用扣除。

#### 5.考虑单位会计信息化工作的发展

随着单位的逐步发展,单位的会计工作将发生很大变化,如经济业务的变化、组织机构的变化以及企业管理需要的变化,这些都会对会计软件提出新的要求,这就要求软件能满足单位未来发展的需要。

## 二 试运行

### (一)试运行的目的

会计软件与其他应用软件比较起来,有自己的特殊性,对数据的准确性、时效性有较高的要求,而且它要严格按照财务准则、会计制度来执行。所以不仅要保证软件的合法、安全、可靠,按照新系统的要求建立组织机构、进行人员分工,而且对如何安全、准确、可靠地把手工会计系统下的数据转换到新系统中也有严格的要求,这就需要对新系统经过一定时间的运行进行验证和确认。这个阶段就是试运行。只有试运行成功,新系统才能正式投入使用。会计软件的试运行也是会计软件使用的最初阶段,一般是人工与计算机同时进行会计业务处理的过程,因而又称人机并行。它是从手工会计系统转换到会计信息系统必不可少的一个阶段,其目的如下:检验核算结果和核算方法的正确性;检验人员分工的合理性;提高软件操作的熟练性。

### (二)试运行的主要内容

#### 1.购买计算机硬件与系统软件

计算机硬件的购买和安装是试运行的物质前提,单位按照会计信息化总体规划及需要创建的会计信息系统的要求建设机房及购买计算机、打印机、空调等,并应该在试运行之前建设和安装完毕。在此基础上在计算机中安装好系统软件,为会计软件的使用创造良好的运行环境。这一过程耗费的时间较长,而且资金耗费较大,所以在进行总体规划时,一定要进行具体、有效的规划,如期地实施,以免影响会计信息系统的实现进程。

### 2.会计业务的规范化

这项工作主要是对会计业务工作进行一次全面清理,彻底解决遗留问题,为设计会计信息化方式下的核算方案做好准备。这项工作的进行,应当按会计工作达标升级的标准进行,并特别注意与会计信息化关系比较密切的几项内容:

(1)会计核算程序的规范化。会计信息化以后,由于按照计算机数据处理的要求来开展工作,所以应避免手工方式下的多人处理、各自记账等情况,要使财务工作的组织形式科学化,核算次序要明确,哪些先做、哪些后做,必须有统一的安排。

(2)凭证的规范化。应该按照会计软件所给出的凭证编号方式、凭证摘要和凭证内容的格式进行输入,会计信息化以后记账凭证的格式应该是统一的。

(3)需要编码的科目、部门、人员等内容的编码应规范化。

(4)完成各项对账工作,保证各种数据进入会计信息系统前账账相符、账实相符。

(5)成本核算方法的规范化。根据本企业的实际情况明确规定成本核算方法。

### 3.使用信息化会计信息系统进行试运行时,应检查和调整以下各项工作:

(1)检查和调整各种核算方法的实践性、科学性和准确性。

(2)检查会计科目体系,看其能否适应核算要求、报表要求、管理要求和会计制度要求,科目体系是否完整,各种勾稽关系是否正常。

(3)检查各种方案、工作程序和各项管理制度是否完善,各个核算方案之间的组织安排、财务核算工作的程序是否在执行。

(4)检查会计软件的完善程度,应对该软件的各种功能进行全面测试,充分暴露存在的问题,向软件经销单位提出完善的要求,并与经销单位广泛接触,努力使财会工作思想与软件设计思想融为一体。

(5)检查是否按会计信息化正常的人员配置进行分工,明确不相容的工作不允许由一个人完成。

(6)检查是否按日常会计核算的要求每日处理数据,是否有在月底集中输入、集中审核、集中记账的情况。

(7)检查错账的处理是否按规定的程序和方法进行处理,是否有凭证审核人员直接修改输入内容的现象。

## 三 替代手工记账

### (一)替代手工记账的条件

实现计算机替代手工记账是会计信息化的目标之一。根据规定,用计算机替代手工记账的单位,应具备以下条件:

(1)配备了适用的会计软件和相应的计算机硬件设备。

(2)配备了相应的会计信息化工作人员。

(3)建立了严格的内部管理制度。

根据规定,计算机与手工并行3个月以上,一般不超过6个月,且计算机与手工核算的数据相一致,并接受有关部门的监督审查,才可以用计算机替代手工记账。

### (二)替代手工记账的审批程序

#### 1.提出申请

根据《会计信息化管理办法》的规定,各省、自治区、直辖市及国务院业务主管部门对用计算机替代手工记账都制定了具体管理办法。一般分为两种管理形式:一种形式是由财政部门直接负责对申请替代手工记账的单位进行审查;另一种形式是财政部门间接管理,由申请替代手工记账的单位委托会计师事务所等中介机构进行审核,并出具计算机替代手工记账审批报告,抄送财政、税务、审计、业务主管部门等,财政部门进行审批。

#### 2.检查

负责替代手工记账验收的单位在收到甩账申请后,制定甩账验收计划,并通知被审单位。审查的内容主要有:使用的会计软件是否达到了财政部颁布的《会计核算软件功能规范》的要求;计算机硬件、设备配置和运行环境情况;会计信息化岗位的设置;人机并行三个月以上的账、证、表;各种制度是否健全、是否得到贯彻落实等。

#### 3.审批

对已经通过替代手工记账验收的单位,审查部门应及时向该单位和有关部门提供甩账验收报告。报告的内容包括:验收的日期,会计软件名称及版本,验收方法、内容,以及存在的不足和改进建议等。单位接到报告后,应对不足部分加以改进,再甩掉手工账。

## 任务三　会计信息化的日常管理与维护

### 一、会计信息化的日常管理

#### (一)建立岗位分工制度

在会计信息化条件下,根据会计数据处理和财务管理工作的需要,进行了新的工作岗位分工,同样需要对不同的工作岗位和人员进行重新划分工作职责和权限,从而明确各自的权利与责任,这样可以保证会计信息系统的有序运行。根据实际情况可以建立会计信息化主管责任制、软件操作责任制、审核记账员责任制、系统管理员责任制、电算审查人员责任制、数据分析员责任制、会计档案保管员责任制等。

#### (二)建立操作管理制度

操作管理是指对系统操作过程的控制和管理。建立健全的操作管理制度并严格实施,是系统安全、有效运行的保证。

#### (三)建立硬件管理制度

硬件管理制度主要是为保证计算机系统和机房设备的正常运转实施的控制,这是系统安全运行的基本前提和物质保证。

#### (四)建立会计软件和会计数据的管理制度

对会计软件和会计数据进行安全保密控制,目的是防止软件被他人篡改、更换或破坏。

### （五）制定会计档案的管理制度

会计档案管理是指会计信息系统内各类文档资料的存档、安全保管和保密工作。这里的文档资料主要是指打印输出的各种账簿、凭证、报表，存储会计数据和程序的软盘及其他存储介质，系统开发运行中编制的各种文档以及其他会计资料。

## 二 会计信息化的维护

### （一）系统维护的类型

系统维护主要包括：
(1)正确性维护。目的是改正软件中存在的错误。
(2)适应性维护。目的是使软件能随环境的变化而变化，使软件能够继续使用，从而提高软件的使用寿命。
(3)完善性维护。目的是提高系统的工作效率和性能。

上述三种维护的类型，完善性维护是最主要的。因为从系统的整个生命周期分析，用于完善性维护上的时间和投资甚至会超过正确性维护和适应性维护的总和。特别是高质量的软件，一般具有良好的准确性和适应性，其用于正确性维护和适应性维护的时间和投资一般不会很多。

### （二）系统维护的内容

对于一个系统而言，进行维护的工作量与系统投入使用的时间长短和质量好坏有关。在系统试用期间维护的工作量较大，系统维护一般包括下列几个方面：

#### 1.硬件设备维护

硬件设备维护是指对计算机主机、外部设备及机房各种辅助设备进行的检修、保养工作，以保证硬件系统处于良好的运行状态。

#### 2.数据文件维护

系统的业务处理对数据的需求是不断变化的，所以需要经常对数据进行维护。数据文件维护是指对数据文件的结构及内容进行的扩充、修改等工作，以保证数据文件能满足会计数据处理的需要。

#### 3.代码系统维护

随着系统环境的变化，旧的代码已经不能适应系统的需求，则必须对代码进行维护。代码系统维护是指对代码系统的结构及内容进行的扩充、修改等处理，以满足会计数据处理的需要。

#### 4.软件维护

软件维护是指根据实际需要对软件系统进行的修正或补充工作。由于会计信息系统的业务处理以计算机处理为主，而计算机又是在程序的控制下运行的。因此，如果日常会计业务的处理或数据发生变化时，就可能需要修改某些程序，一般来说，软件维护通常都是在原有的程序基础之上进行修改完成的。

# 项目三
# 系统管理

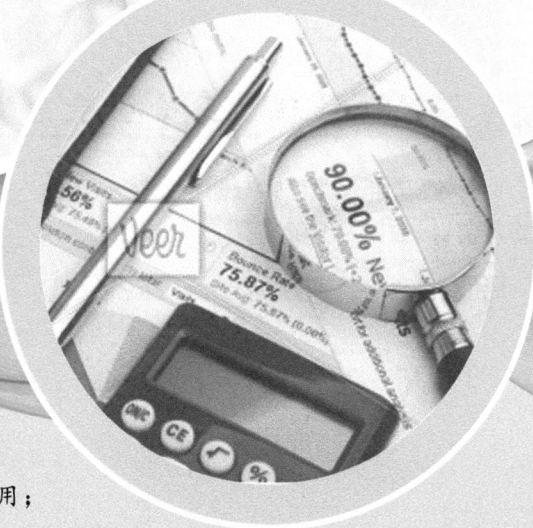

**知识目标**
1. 理解系统管理在整个系统中的作用；
2. 掌握系统管理各菜单的功能。

**技能目标**
1. 能正确安装用友 U8V10.1 系统；
2. 能正确完成企业账套的建立；
3. 能正确对各个岗位分工授权进行操作；
4. 能正确进行账套的引入和输出。

**素养目标**
1. 具有安全意识，重视实务中对用户口令的设置和保密。
2. 具有爱岗敬业精神，明确各岗位职责。

# 任务一 用户管理

## 任务资料

系统用户的基本信息见表3-1。

表 3-1　　　　　　　　用户基本信息

| 编码 | 用户姓名 | 密码 | 编码 | 用户姓名 | 密码 |
|---|---|---|---|---|---|
| 201 | 张川 | 1 | 204 | 王明雨 | 4 |
| 202 | 于方 | 2 | 205 | 李志诚 | 5 |
| 203 | 李民 | 3 | | | |

要求：
1.掌握系统登录的步骤；
2.掌握用户的增加和减少的方法。

## 任务指导

### 一 以系统管理员身份登录系统管理

1.执行"开始"→"程序"→"用友U8V10.1"→"系统服务"→"系统管理"命令，进入系统管理窗口，如图3-1所示。

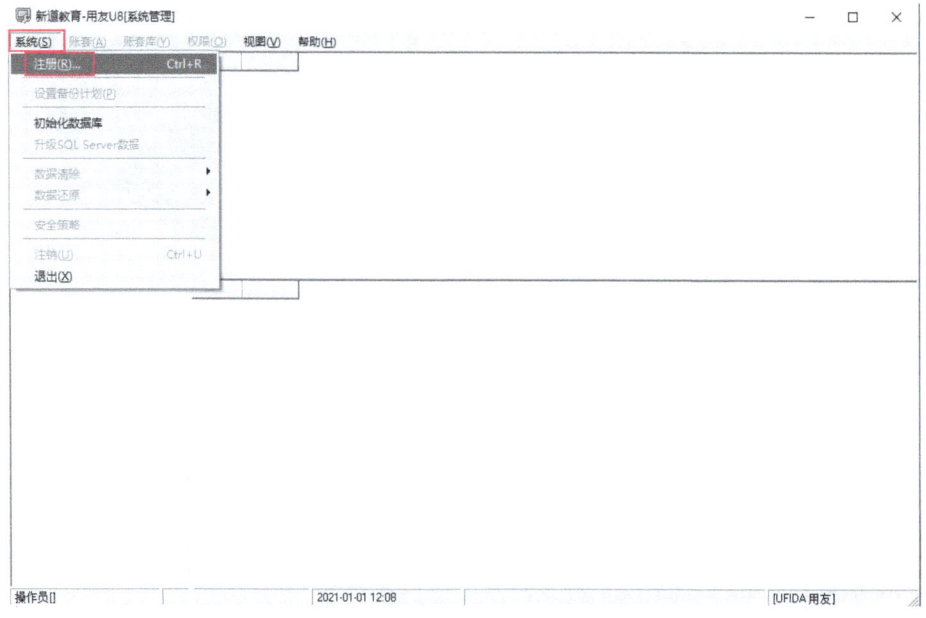

图 3-1　系统管理窗口

2.执行"系统"→"注册"命令,打开"登录"对话框,单击"登录"按钮,如图 3-2 所示。

图 3-2 "登录"对话框

**应用提示**

系统中预先设定了一个系统管理员"admin",第一次运行时,系统管理员密码为空。

为了保证系统的安全性,在"登录"对话框中,可以设置或更改系统管理员的密码。如设置系统管理员密码为"1234"的操作步骤如下:

(1)选中"修改密码"复选框,单击"登录"按钮。

(2)打开"设置操作员密码"对话框,在"新密码"和"确认新密码"后面的输入区中均输入"1234",如图 3-3 所示。

(3)单击"确定"按钮,返回系统管理窗口。

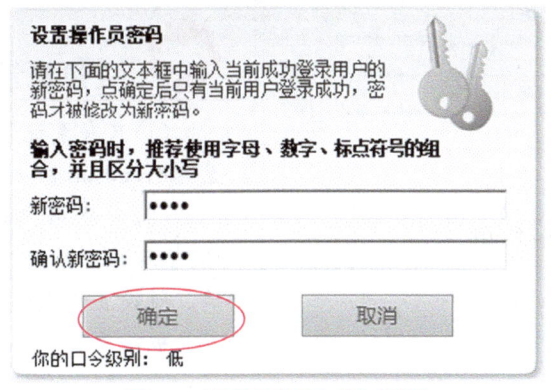

图 3-3 "设置操作员密码"对话框

**应用提示**

(1)一定要牢记设置的系统管理员密码,否则无法以系统管理员的身份进入系统管理,也就不能执行账套数据的引入和输出。

(2)考虑实际教学环境,建议不要设置系统管理员密码。

(3)如果在实训室的学生机安装了还原卡,则可以让学生设置密码。

## 二 增加用户

1.执行"权限"→"用户"命令,进入"用户管理"窗口,如图 3-4 所示。

27

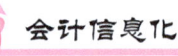

图3-4 "用户管理"窗口

2.单击工具栏上的"增加"按钮,打开"操作员详细情况"对话框,按任务资料填写"张川"的信息,如图3-5所示。单击"确定"按钮,继续单击"增加"按钮,分别输入"于方""李民""王明雨""李志诚"的信息。

### 应用提示

(1)只有系统管理员才有权限设置角色及其用户。

(2)设置用户口令时,为保密起见,输入的口令以"＊"号在屏幕上显示。所设置的操作员一旦被引用,便不能被修改和删除。

图3-5 "操作员详细情况"对话框

3.输入结束后,单击"取消"按钮,返回"用户管理"窗口,所有操作员以列表方式显示。最后单击工具栏上的"退出"按钮,返回系统管理窗口。

## 三 减少用户

执行"权限"→"用户"命令,进入"用户管理"窗口。选中要删除的操作员后,单击工具栏上的"删除"按钮。用户启用后,不能删除,只能注销该用户。

# 任务二　建立账套

## 任务资料

1.账套号:008。

2.账套名称:北京市维达股份有限公司(简称:北京维达);启用日期:2021年01月01日。

3.会计期间设置:01月01日—12月31日。

4.地址:北京复兴门内大街32号;法定代表人:王靖;邮政编码:100031;联系电话及传真:010-60456789。本币名称:人民币(代码:RMB);企业类型:工业;行业性质:2007年新会计制度科目(建账时按行业性质预置会计科目)。

5.分类编码方案如下:存货、客户、供应商均分类,无外币核算。科目编码级次:42222;存货分类编码级次:223;客户和供应商分类编码级次:223;部门编码级次:22;其余采用系统默认值。存货数量、存货单价及换算率的小数位数均为2。

要求:

1.掌握账套的建立过程;

2.正确设置编码方案和数据精度。

## 任务指导

### 一　建立账套

#### 1.创建账套

执行"账套"→"建立"命令,打开"创建账套—建账方式"对话框,选择"新建空白账套",如图3-6所示,单击"下一步"按钮。

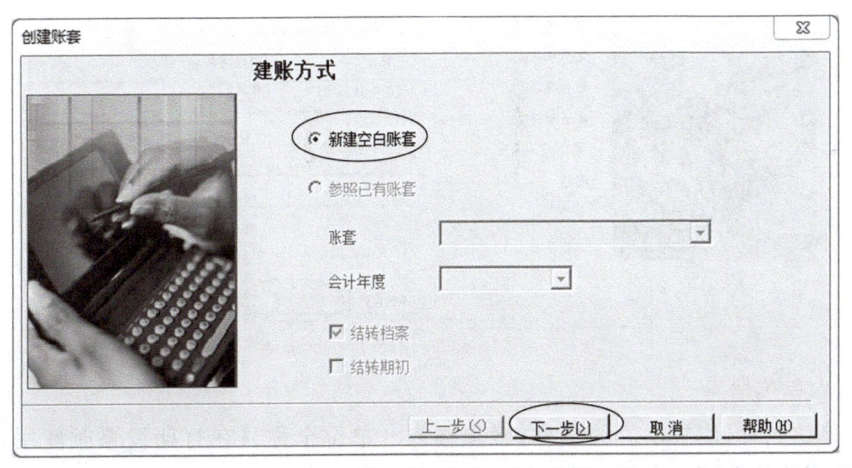

图3-6　"创建账套—建账方式"对话框

### 2.输入账套信息

(1)已存账套:系统将已存在的账套以下拉列表框的形式显示,用户只能查看,不能输入或修改。

(2)输入账套号"008"、账套名称"北京市维达股份有限公司"。

(3)账套路径:用来确定新建账套将要被放置的位置,系统默认的账套路径为 C:\U8SOFT\Admin,用户可以人工更改,也可以利用" … "按钮进行参照输入。

(4)启用会计期:必须输入。系统默认为计算机的系统日期,本例为"2021 年 1 月"。输入完成后,如图 3-7 所示。单击"下一步"按钮,接着进行单位信息设置,如图 3-8 所示。

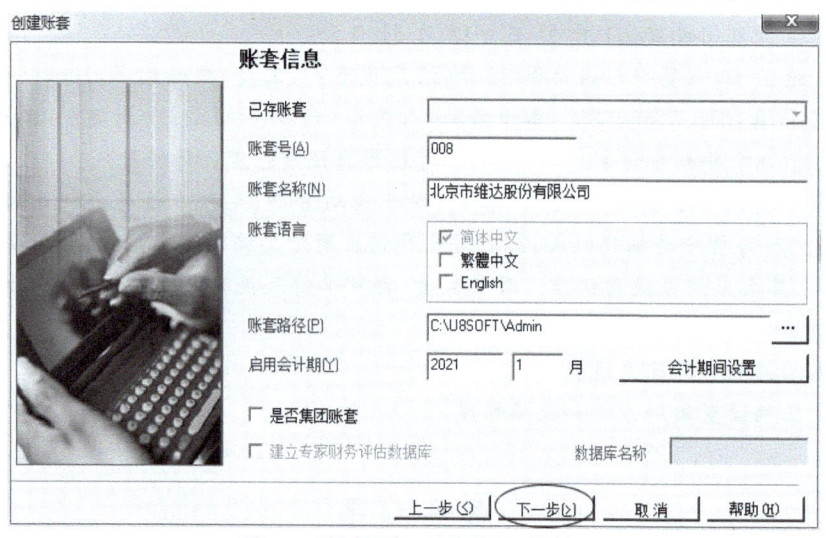

图 3-7 "创建账套—账套信息"对话框

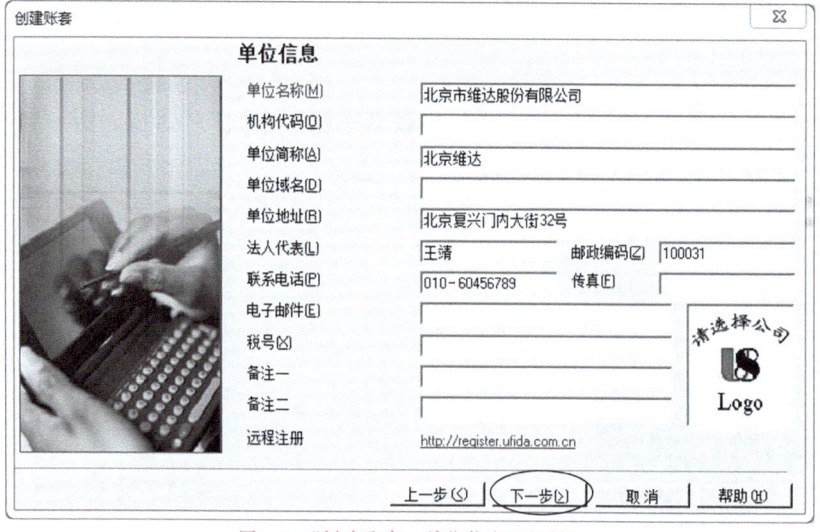

图 3-8 "创建账套—单位信息"对话框

### 3.输入单位信息

(1)单位名称:用户单位的全称,必须输入。单位全称只在打印发票时使用,其余情况全部使用单位简称。本例输入"北京市维达股份有限公司"。

(2)单位简称:用户单位的简称,建议输入。本例输入"北京维达"。其他栏目都属于任选项,参照任务资料输入其他信息即可。

(3)输入完成后,单击"下一步"按钮,打开"创建账套—核算类型"对话框,进行核算类型设置,如图3-9所示。

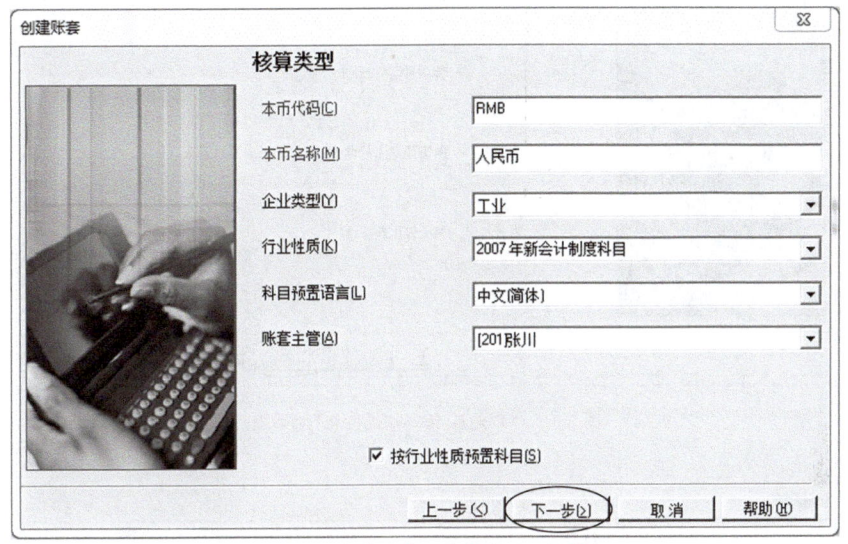

图3-9 "创建账套—核算类型"对话框

### 4.输入核算类型

(1)本币代码:必须输入。本例采用系统默认值"RMB"。

(2)本币名称:必须输入。本例采用系统默认值"人民币"。

(3)企业类型:用户必须从下拉列表框中选择输入。系统提供了工业、商业两种类型。如果选择工业模式,则系统不能处理受托代销业务;如果选择商业模式,则委托代销和受托代销业务都能处理。本例选择"工业"模式。

(4)行业性质:用户必须从下拉列表框中选择输入,系统按照所选择的行业性质预置科目。本例选择行业性质为"2007年新会计制度科目"。

(5)账套主管:必须从下拉列表框中选择输入。本例选择"[201]张川"。

(6)按行业性质预置科目:如果用户希望预置所属行业的标准一级科目,则选中该复选框。本例选择"按行业性质预置科目"。

(7)单击"下一步"按钮,打开"创建账套—基础信息"对话框,如图3-10所示,进行基础信息设置。

### 5.确定基础信息

如果单位的存货、客户、供应商相对较多,可以对他们进行分类核算。如果此时不能确定是否进行分类核算,也可以在建账完成后,由账套主管在"修改账套"功能中设置分类核算。

按照本例要求,选中"存货是否分类""客户是否分类""供应商是否分类"3个复选框,单击"下一步"按钮,打开"创建账套—开始"对话框,如图3-11所示,单击"完成"按钮。系统提示"可以创建账套了么?",如图3-12所示,单击"是"按钮。然后,打开"编码方案"对话框。

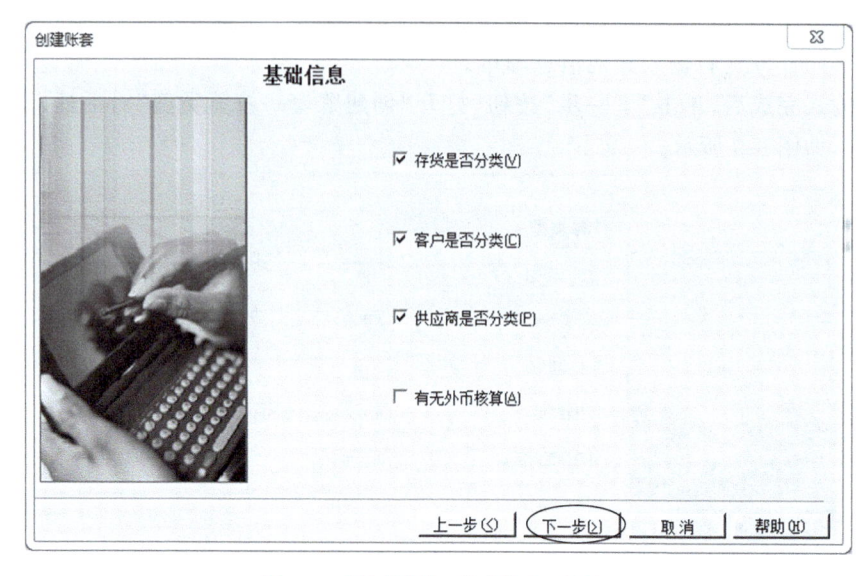

图 3-10 "创建账套—基础信息"对话框

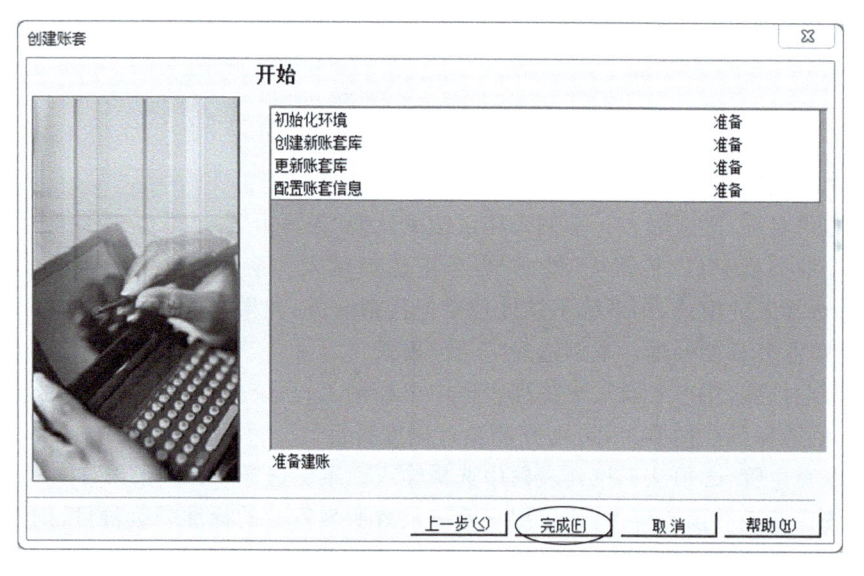

图 3-11 "创建账套—开始"对话框

### 6.确定分类编码方案

为了便于对经济业务数据进行分级核算、统计和管理，系统要求预先设置某些基础栏的编码规则，即规定各种编码的级次及各级的长度。按任务资料所给内容修改系统默认值，科目编码级次：42222，客户分类编码级次：223，供应商分类编码级次：223，存货分类编码级次：223，部门编码级次：22，其他为默认值，如图 3-13 所示。单击"确

图 3-12 创建账套提示

定"按钮保存设置后,再单击"取消"按钮,打开"数据精度"对话框。

### 7.定义数据精度

数据精度是指定义数据的小数位数,如果需要进行数量核算,必须认真填写该项。本例中,存货数量、存货单价、开票单价、件数、换算率及税率等的小数位数均为2,如图3-14所示。单击"确定"按钮,系统弹出"创建账套"信息提示对话框,如图3-15所示。单击"是"按钮,打开"系统启用"对话框。

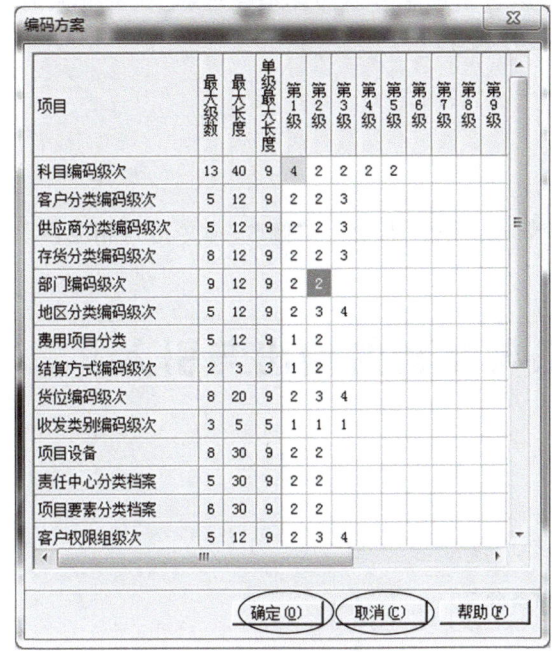

图3-13 "编码方案"对话框

图3-14 "数据精度"对话框

### 8.启用系统

在"系统启用"对话框中,单击选中"GL 总账"系统,弹出"日历"对话框,选择系统启用日期为2021-01-01,如图3-16所示。单击"确定"按钮,系统提示"确实要启用当前系统吗?",单击"是"按钮。

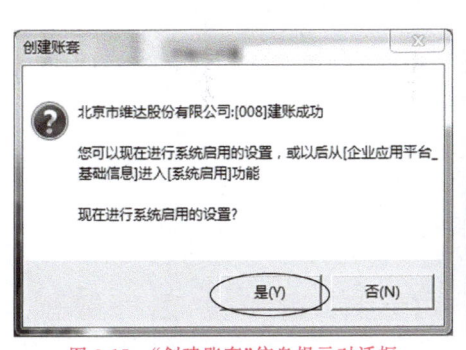

图3-15 "创建账套"信息提示对话框

图3-16 "系统启用"对话框

**9. 退出系统**

单击工具栏上的"退出"按钮,系统提示"请进入企业应用平台进行业务操作",确定后返回系统管理窗口。

### 应用提示

确定分类编码方案、定义数据精度、启用系统也可以由账套主管执行"企业应用平台"→"基础信息"→"基本信息"命令进行操作。

## 二、修改账套

以账套主管"201 张川"身份登录系统管理,执行"账套"→"修改"命令进行相应修改。

# 任务三　财务分工与账套的输出与引入

### 任务资料

系统用户的财务分工情况见表 3-2。

表 3-2　　　　　　　　　　财务分工

| 编码 | 姓名 | 权限 |
| --- | --- | --- |
| 201 | 张川 | 账套主管,拥有软件操作和管理的所有权限 |
| 202 | 于方 | 拥有总账系统、薪资管理和固定资产的所有操作权限 |
| 203 | 李民 | 拥有总账系统中凭证处理——联查辅助明细、出纳签字和出纳的全部权限 |
| 204 | 王明雨 | 负责核算采购业务,具有公共单据、公共目录设置、应付款管理、总账、采购管理、库存管理和存货核算的全部权限 |
| 205 | 李志诚 | 负责核算销售业务,具有公共单据、公共目录设置、应收款管理、总账、销售管理、库存管理和存货核算的全部权限 |

要求:

1. 熟练进行财务分工,合理划分权限;
2. 正确进行账套的输出与引入。

# 任务指导

## 一 财务分工

1.在系统管理窗口中执行"权限"→"权限"命令,进入"操作员权限"窗口,如图3-17所示。

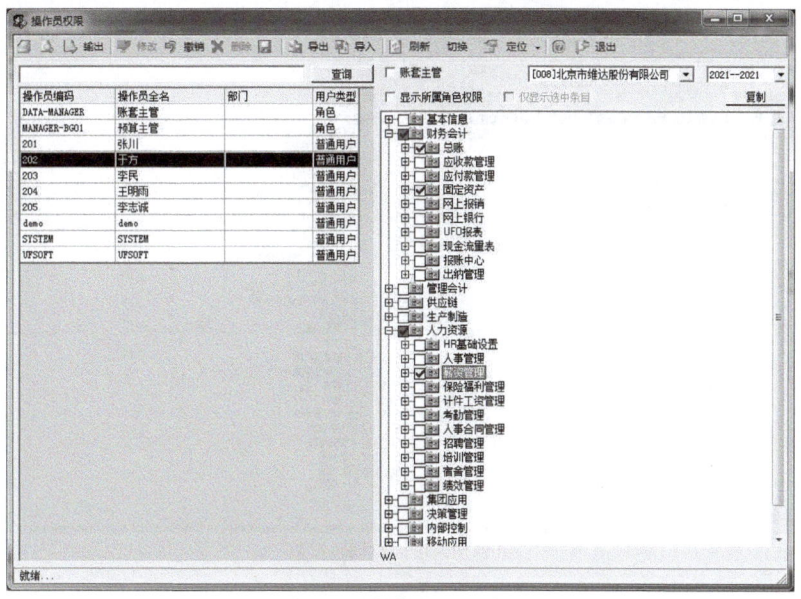

图3-17 "操作员权限"窗口

> **应用提示**
>
> 一个账套可以设定多个账套主管。账套主管自动拥有该账套的所有权限。

2.选择"202 于方",单击工具栏上的"修改"按钮,进行增加和调整权限设置,选中"财务会计—总账""人力资源—薪资管理""财务会计—固定资产",单击"保存"按钮。

3.选择"203 李民",单击工具栏上的"修改"按钮,进行增加和调整权限设置,单击"财务会计—总账"前的"+"图标,选择"凭证"下的"凭证处理"和"出纳签字"权限,选择"出纳"的全部权限,单击"保存"按钮,如图3-18所示。

4.按照上述方法设置全部操作员权限后,单击工具栏上的"退出"按钮,返回系统管理窗口。

> **应用提示**
>
> 为了保证系统运行安全、有序,适应企业精细管理的要求,权限管理必须向更细、更深的方向发展。用友U8V10.1管理系统提供了权限的集中管理功能。除了提供用户对各模块操作权限的管理之外,还相应地提供了金额的权限管理和对于数据的字

段级和记录级的控制，不同的组合方式使得权限控制灵活、有效。功能权限的分配在系统管理中执行"权限"→"权限"命令进行设置，数据级权限和金额级权限执行"企业应用平台"→"基础信息"→"数据权限"命令进行设置，且必须是在系统管理的功能权限分配之后才能进行。

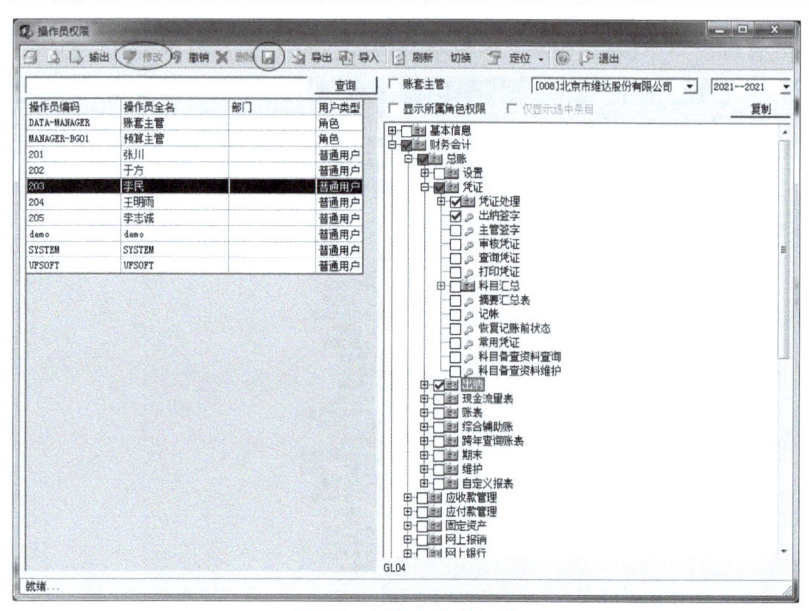

图3-18　增加和调整权限

## 二、账套的输出

1. 以系统管理员admin的身份注册进入系统管理。
2. 执行"账套"→"输出"命令，打开"账套输出"对话框，选择需要输出的账套008，单击"…"按钮，选择输出文件位置，单击"确定"按钮，如图3-19所示。
3. 几分钟后，系统弹出"输出成功"信息提示对话框，如图3-20所示。

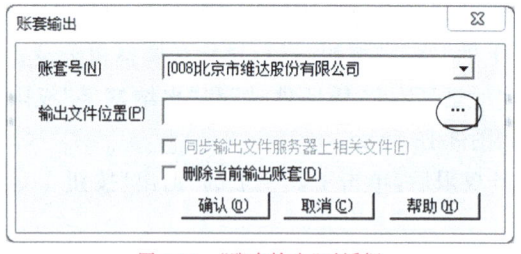

图3-19　"账套输出"对话框　　　图3-20　输出成功提示

## 三、账套的引入

1. 以系统管理员admin的身份注册进入系统管理。
2. 执行"账套"→"引入"命令，打开"账套引入"对话框，找到待引入账套的存储地址，单击"确定"按钮。引入完毕，系统会提示引入成功。

# 项目四
# 企业应用平台

**知识目标**
1. 理解基础设置在整个系统中的作用;
2. 明确各模块的功能和作用。

**技能目标**
1. 能正确地对各子系统进行启用;
2. 能正确地对基础档案各内容进行设置和操作;
3. 能正确地对数据权限进行设置。

**素养目标**
1. 具有规范意识,能严谨细致地对企业基本信息进行录入;
2. 具有安全意识,能对系统数据权限合理有效地进行设置。

# 任务一　系统启用设置

## 任务资料

1.需要启用的系统有"薪资管理""固定资产"。
2.各系统启用日期均为2021年01月01日。

**要求：**
1.掌握企业应用平台登录的步骤；
2.掌握系统启用的方法。

## 任务指导

### 一、以账套主管"201 张川"身份登录企业应用平台

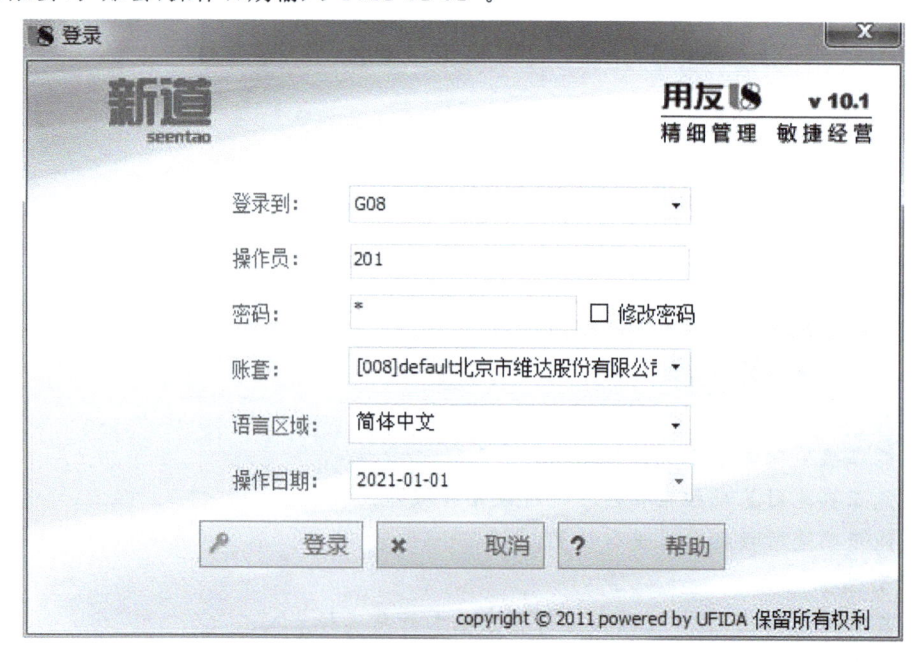

1.执行"开始"→"程序"→"用友 U8V10.1"→"企业应用平台"命令，进入企业应用平台"登录"对话框，如图4-1所示。

2.操作员输入"张川"或"201"，密码输入"1"，账套选择"[008](default)北京市维达股份有限公司"账套，操作日期输入"2021-01-01"。

图4-1　企业应用平台"登录"对话框

### 应用提示

(1)操作员的角色和权限决定了其是否有权登录系统,是否可以使用企业应用平台中的各功能。

(2)输入完操作员和密码后,如果账套显示栏为空白,单击后提示"读取数据源出错:不存在的用户或已被注销!",则表示该用户不是此账套的操作员,应返回"操作员权限"窗口检查并修改。

(3)登录进入企业应用平台的操作日期必须在企业账套启用日期之后,否则系统会提示"不存在的年度"。

3.单击"登录"按钮,登录企业应用平台,如图 4-2 所示。

图 4-2 企业应用平台

### 应用提示

(1)企业应用平台是用友 U8V10.1 管理软件的唯一入口,实现了用友 U8V10.1 管理软件各产品统一登录、统一管理的功能。通过企业应用平台,企业员工可以通过单一的访问入口访问企业的各种信息,定义自己的业务工作,并设计自己的工作流程。

(2)在企业应用平台的桌面上,系统设置了三张选项卡,即"业务工作""基础设置""系统服务"。操作员可通过选择不同的功能单元,进入有权限的相关模块进行工作。

(3)"基础设置"是为系统的日常运行做好基础工作,主要包括基本信息设置、基础档案设置和单据设置等内容。在基本信息设置中,可以对建账过程确定的编码方案和数据精度进行修改,并进行系统启用设置。

## 二 以账套主管"201 张川"身份在"基础设置"中启用各系统

1. 在"基础设置"选项卡中,执行"基本信息"→"系统启用"命令,打开"系统启用"对话框。
2. 选中"WA 薪资管理"前的复选框,弹出"日历"对话框。
3. 选择"日历"对话框中的"2021 年 1 月 1 日",如图 4-3 所示。

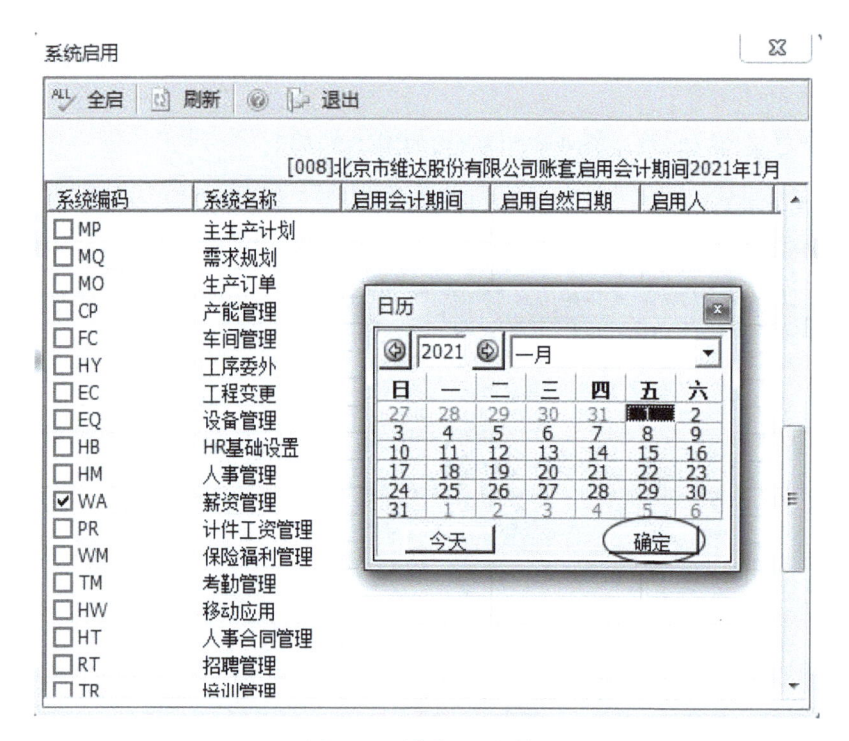

图 4-3 "系统启用"对话框

4. 单击"确定"按钮,系统弹出"确实要启用当前系统吗?"信息提示对话框,单击"是"按钮,完成总账系统的启用。
5. 以此类推,启用"固定资产"系统,启用日期亦为"2021 年 1 月 1 日"。

### 应用提示

(1)系统启用有两种方法:一种是系统管理员在建立账套时直接启用;另一种是账套主管在企业应用平台的基本信息设置中启用。

(2)只有安装过的系统才能进行启用,只有启用过的系统才可以登录。

(3)各系统的启用日期必须大于或等于账套的启用时间。

## 任务二　基础档案设置

### 任务资料

1. 机构人员档案

(1) 部门档案（表 4-1）

表 4-1　　　　部门档案

| 编号 | 名称 | 部门属性 |
|---|---|---|
| 01 | 综合部 | 管理 |
| 02 | 财务部 | 财务 |
| 03 | 生产部 | 生产 |
| 0301 | 一车间 | 生产 |
| 0302 | 二车间 | 生产 |
| 04 | 市场部 | 供应及销售 |
| 0401 | 供应处 | 供应 |
| 0402 | 销售处 | 销售 |

(2) 人员类别（表 4-2）

表 4-2　　　　人员类别

| 人员类别编码 | 人员类别名称 |
|---|---|
| 1011 | 管理人员 |
| 1012 | 生产人员 |
| 1013 | 采购人员 |
| 1014 | 销售人员 |

(3) 人员档案（表 4-3）

表 4-3　　　　　　人员档案

| 职员编号 | 职员名称 | 性别 | 所属部门 | 雇佣状态 | 是否业务员 | 人员类别 |
|---|---|---|---|---|---|---|
| 101 | 王靖 | 男 | 综合部 | 在职 | 是 | 管理人员 |
| 201 | 张川 | 男 | 财务部 | 在职 | 是 | 管理人员 |
| 202 | 于方 | 女 | 财务部 | 在职 | 是 | 管理人员 |
| 203 | 李民 | 男 | 财务部 | 在职 | 是 | 管理人员 |
| 204 | 王明雨 | 女 | 财务部 | 在职 | 是 | 管理人员 |
| 205 | 李志诚 | 男 | 财务部 | 在职 | 是 | 管理人员 |
| 301 | 何军 | 男 | 一车间 | 在职 | 是 | 生产人员 |
| 302 | 王义 | 男 | 一车间 | 在职 | 是 | 生产人员 |
| 303 | 尹杰 | 女 | 二车间 | 在职 | 是 | 生产人员 |
| 401 | 陈杰 | 男 | 供应处 | 在职 | 是 | 采购人员 |
| 402 | 李丁 | 男 | 销售处 | 在职 | 是 | 销售人员 |
| 403 | 王一 | 女 | 供应处 | 在职 | 是 | 采购人员 |

2.客商信息档案

(1)客户分类(表4-4)

表4-4　　　　　客户分类

| 客户分类编码 | 客户分类名称 |
| --- | --- |
| 01 | 长期客户 |
| 02 | 中期客户 |
| 03 | 短期客户 |

(2)客户档案(表4-5)

表4-5　　　　　客户档案

| 编号 | 名称 | 简称 | 分类 | 税号 | 开户银行 | 账号 |
| --- | --- | --- | --- | --- | --- | --- |
| 01 | 大连胜利公司 | 胜利 | 01 | 86788066444467268H | 工行大连分行 | 6282661182583469 |
| 02 | 保定金辉公司 | 金辉 | 02 | 330267775555436978 | 工行保定分行 | 6222457896334978 |
| 03 | 烟台宝乐公司 | 宝乐 | 03 | 684576536666760294 | 工行烟台分行 | 6222698643217986 |

(3)供应商分类(表4-6)

表4-6　　　　　供应商分类

| 供应商编码 | 供应商分类名称 |
| --- | --- |
| 01 | 东北地区 |
| 02 | 华北地区 |
| 03 | 华东地区 |

(4)供应商档案(表4-7)

表4-7　　　　　供应商档案

| 编号 | 名称 | 简称 | 分类 | 税号 | 开户银行 | 账号 |
| --- | --- | --- | --- | --- | --- | --- |
| 01 | 辽宁海特公司 | 海特 | 01 | 86739051111193822H | 工行沈阳分行 | 6282550092586977 |
| 02 | 河北九华公司 | 九华 | 02 | 330360672222726238 | 工行保定分行 | 6222230083469653 |
| 03 | 杭州亚龙公司 | 亚龙 | 03 | 130356793333862169 | 工行杭州分行 | 6222880059687668 |

3.财务档案

(1)会计科目档案(表4-8)

表4-8　　　　　会计科目档案

| 科目编码 | 科目名称 | 方向 | 辅助核算 |
| --- | --- | --- | --- |
| 1001 | 库存现金 | 借 | 日记账 |
| 1002 | 银行存款 | 借 | 日记账、银行账 |
| 100201 | 工行存款 | 借 | 日记账、银行账 |
| 1012 | 其他货币资金 | 借 | |
| 1121 | 应收票据 | 借 | 客户往来、应收系统受控科目 |
| 1122 | 应收账款 | 借 | 客户往来、应收系统受控科目 |

(续表)

| 科目编码 | 科目名称 | 方向 | 辅助核算 |
| --- | --- | --- | --- |
| 1123 | 预付账款 | 借 | 供应商往来、应付系统受控科目 |
| 1131 | 应收股利 | 借 | |
| 1132 | 应收利息 | 借 | |
| 1221 | 其他应收款 | 借 | 个人往来 |
| 1231 | 坏账准备 | 贷 | |
| 1401 | 材料采购 | 借 | |
| 1403 | 原材料 | 借 | 数量核算（公斤） |
| 1405 | 库存商品 | 借 | |
| 140501 | A产品 | 借 | 数量核算（件） |
| 140502 | B产品 | 借 | 数量核算（件） |
| 1411 | 周转材料 | 借 | |
| 141101 | 包装物 | 借 | |
| 141102 | 低值易耗品 | 借 | |
| 1501 | 持有至到期投资 | 借 | |
| 1503 | 可供出售金融资产 | 借 | |
| 1511 | 长期股权投资 | 借 | |
| 1601 | 固定资产 | 借 | |
| 1602 | 累计折旧 | 贷 | |
| 1604 | 在建工程 | 借 | |
| 1605 | 工程物资 | 借 | |
| 1606 | 固定资产清理 | 借 | |
| 1701 | 无形资产 | 借 | |
| 1801 | 长期待摊费用 | 借 | |
| 1901 | 待处理财产损溢 | 借 | |
| 190101 | 待处理流动资产损溢 | 借 | |
| 190102 | 待处理非流动资产损溢 | 借 | |
| 2001 | 短期借款 | 贷 | |
| 2201 | 应付票据 | 贷 | 供应商往来、应付系统受控科目 |
| 2202 | 应付账款 | 贷 | 供应商往来、应付系统受控科目 |
| 2203 | 预收账款 | 贷 | 客户往来、应收系统受控科目 |
| 2211 | 应付职工薪酬 | 贷 | |
| 221101 | 应付工资 | 贷 | |
| 221102 | 应付福利费 | 贷 | |
| 221103 | 工会经费 | 贷 | |
| 2221 | 应交税费 | 贷 | |
| 222101 | 应交增值税 | 贷 | |
| 22210101 | 进项税额 | 贷 | |
| 22210105 | 销项税额 | 贷 | |
| 22210103 | 转出未交增值税 | 贷 | |
| 22210109 | 转出多交增值税 | 贷 | |
| 222102 | 未交增值税 | 贷 | |

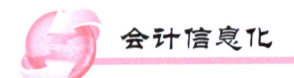

(续表)

| 科目编码 | 科目名称 | 方向 | 辅助核算 |
|---|---|---|---|
| 222106 | 应交所得税 | 贷 | |
| 2241 | 其他应付款 | 贷 | |
| 2231 | 应付利息 | 贷 | |
| 2232 | 应付股利 | 贷 | |
| 2501 | 长期借款 | 贷 | |
| 2502 | 应付债券 | 贷 | |
| 4001 | 实收资本 | 贷 | |
| 4002 | 资本公积 | 贷 | |
| 4101 | 盈余公积 | 贷 | |
| 4103 | 本年利润 | 贷 | |
| 4104 | 利润分配 | 贷 | |
| 410401 | 提取法定盈余公积 | 贷 | |
| 410402 | 提取任意盈余公积 | 贷 | |
| 410403 | 未分配利润 | 贷 | |
| 5001 | 生产成本 | 借 | |
| 500101 | 基本生产成本 | 借 | |
| 50010101 | 直接材料 | 借 | 项目核算 |
| 50010102 | 直接人工 | 借 | 项目核算 |
| 50010103 | 制造费用 | 借 | 项目核算 |
| 5105 | 制造费用 | 借 | |
| 6001 | 主营业务收入 | 贷 | |
| 6051 | 其他业务收入 | 贷 | |
| 6111 | 投资收益 | 贷 | |
| 6301 | 营业外收入 | 贷 | |
| 6401 | 主营业务成本 | 借 | |
| 6402 | 其他业务成本 | 借 | |
| 6403 | 税金及附加 | 借 | |
| 6601 | 销售费用 | 借 | |
| 6602 | 管理费用 | 借 | |
| 660201 | 工资费用 | 借 | 部门核算 |
| 660202 | 办公费用 | 借 | 部门核算 |
| 660203 | 折旧费用 | 借 | 部门核算 |
| 660204 | 其他费用 | 借 | 部门核算 |
| 6603 | 财务费用 | 借 | |
| 660301 | 利息支出 | 借 | |
| 660302 | 其他 | 借 | |

注:指定"1001 库存现金"为现金总账科目,"1002 银行存款"为银行总账科目。

(2)凭证类别(表4-9)

表4-9　　　　　　　凭证类别

| 凭证类别 | 限制类型 | 限制科目 |
|---|---|---|
| 收款凭证 | 借方必有 | 1001,100201 |
| 付款凭证 | 贷方必有 | 1001,100201 |
| 转账凭证 | 凭证必无 | 1001,100201 |

(3)项目目录档案

项目大类:生产成本

核算科目:直接材料、直接人工、制造费用

项目分类:1 自行开发项目;2 委托开发项目

项目目录(表4-10):

表4-10　　　　　　　项目目录

| 项目编号 | 项目名称 | 是否结算 | 所属分类码 |
|---|---|---|---|
| 1 | 11号项目 |  | 1 |
| 2 | 22号项目 |  | 2 |

(4)收付结算档案(表4-11)

表4-11　　　　　　　收付结算档案

| 结算方式编号 | 结算方式名称 | 是否票据管理 |
|---|---|---|
| 1 | 现金结算 | 否 |
| 2 | 支票 | 否 |
| 201 | 现金支票 | 是 |
| 202 | 转账支票 | 是 |
| 3 | 电汇 | 否 |
| 4 | 银行汇票 | 否 |
| 5 | 银行本票 | 否 |
| 6 | 委托收款 | 否 |
| 7 | 托收承付 | 否 |
| 8 | 其他 | 否 |

要求:

1.理解基础档案在软件系统中的基础作用;

2.设置机构人员—部门档案;

3.设置机构人员—人员类别;

4.设置机构人员—人员档案;

5.设置客商信息—客户分类；

6.设置客商信息—客户档案；

7.设置客商信息—供应商分类；

8.设置客商信息—供应商档案；

9.设置财务信息—会计科目；

10.设置财务信息—凭证类别；

11.设置财务信息—项目目录；

12.设置收付结算—结算方式。

# 任务指导

## 一 设置机构人员—部门档案

1.在"基础设置"选项卡中，执行"基础档案"→"机构人员"→"部门档案"命令，进入"部门档案"窗口。

2.单击"增加"按钮，输入部门编码"01"、部门名称"综合部"、部门属性"管理"，如图4-4所示。

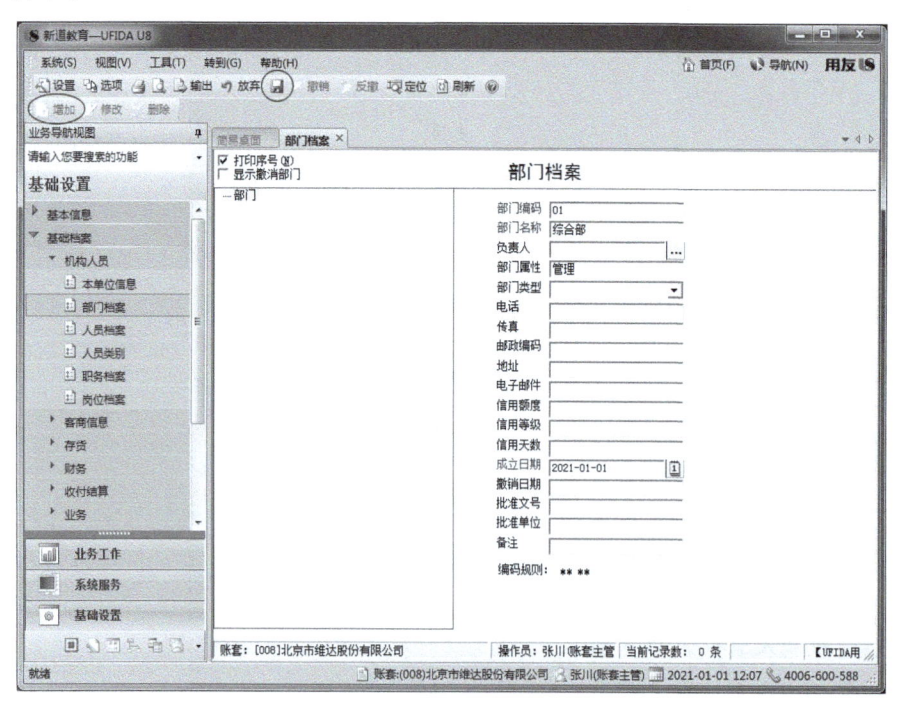

图4-4 "部门档案"窗口

3.单击"保存"按钮，窗口左侧会以树形目录显示。以此类推，录入其他的部门档案。

### 应用提示

(1)部门档案既可以在企业应用平台的基础档案中进行设置,也可以在使用部门档案的其他系统中进行设置,系统中基础档案信息是共享的。

(2)部门编码必须符合编码规则。如果在此发现编码方案不适合,可以在部门档案数据为空时修改部门编码方案。修改方法有两种:一种是由账套主管在系统管理中修改账套参数的编码方案;另一种是由账套主管在企业应用平台的基本信息设置中修改编码方案。

(3)部门编码及部门名称必须录入,其他内容可以为空。建立部门档案时,应先从上级部门开始输入,然后再建立下级部门档案。

(4)由于此时还未设置"人员档案",部门中的"负责人"暂时不能设置。如果需要设置,必须在完成"人员档案"设置后,再回到"部门档案"中以修改的方式补充设置。

## 二、设置机构人员——人员类别

1.在"基础设置"选项卡中,执行"基础档案"→"机构人员"→"人员类别"命令,进入"人员类别"窗口。

2.定位"正式工",单击"增加"按钮,打开"增加档案项"对话框,输入档案编码"1011"、档案名称"管理人员",其余可不录入,如图4-5所示。

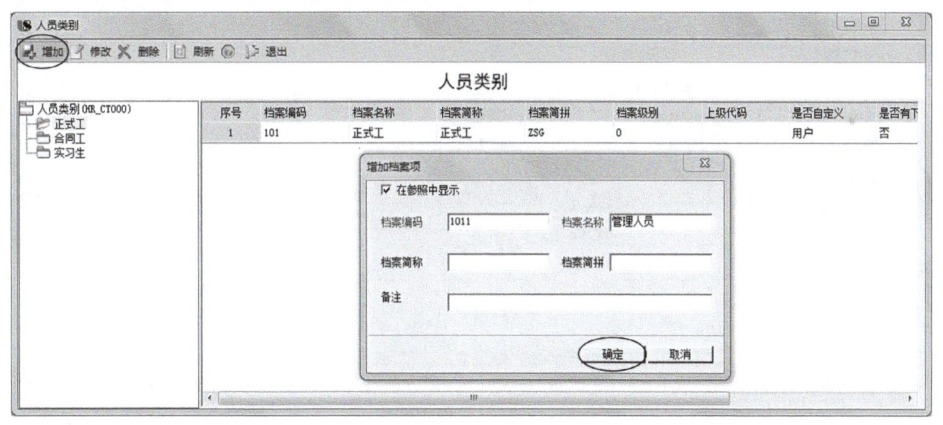

图4-5 "人员类别"窗口

3.单击"确定"按钮,加以保存。以此类推,录入其他人员类别资料。保存好的人员类别信息会在窗口左侧以树形目录显示。

### 应用提示

(1)人员类别与工资费用分摊有关,工资费用分摊是薪资管理的一项重要功能。不同类别人员的工资分摊理应记入不同的入账科目,人员类别设置是为了工资分摊生成凭证时,按不同人员类别选择不同的入账科目。

(2)人员类别是人员档案中的必录项目,需要在人员档案建立之前设置。如果未先设置人员类别,而将人员档案所属类别选为"在职人员"加以保存,则不能再在"在职人员"下增设人员类别。

## 三 设置机构人员——人员档案

1.在"基础设置"选项卡中,执行"基础档案"→"机构人员"→"人员档案"命令,进入"人员列表"窗口。

2.单击左窗口部门分类下的"综合部",单击"增加"按钮,进入"人员档案"窗口。在"基本"选项卡中,按任务资料输入人员编码"101"、人员姓名"王靖",性别选择"男",雇佣状态选择"在职",人员类别选择"管理人员",选中"是否业务员"复选框,其余可不录入,如图4-6所示。

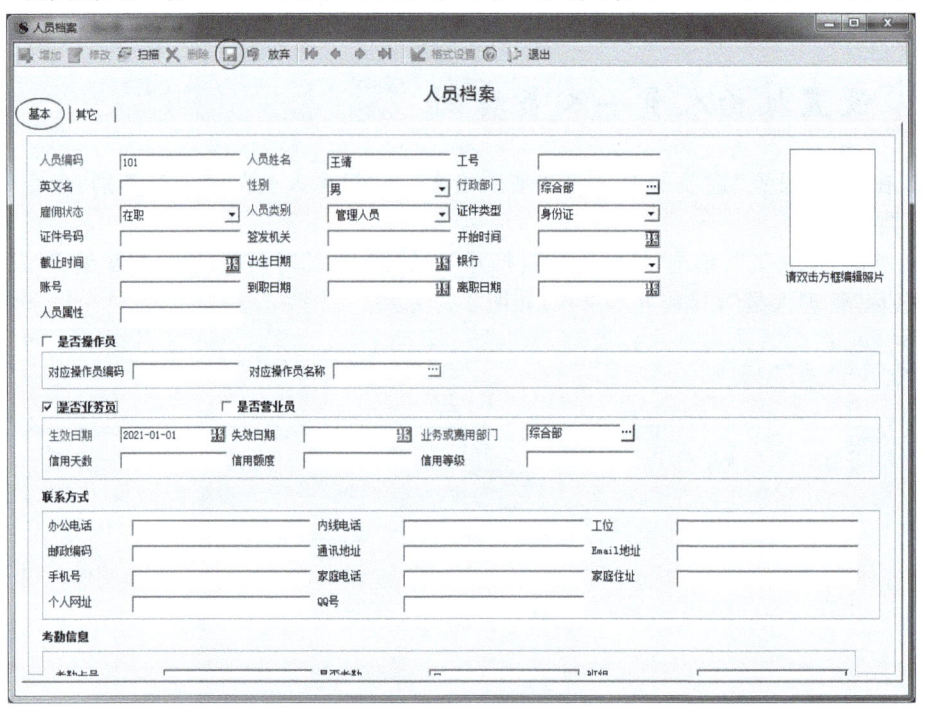

图4-6 "人员档案"窗口

3.单击"保存"按钮。同理,录入其他人员档案信息。

### 应用提示

(1)设置人员档案之前必须先设置部门档案,否则"行政部门"下拉列表框中无内容。

(2)人员编码必须唯一,行政部门只能选择末级部门。如果行政部门选错了,需要重新选择时,必须先将错误的部门删除,否则无法显示其他部门内容。

(3)如果该员工需要在其他档案或其他单据的"业务员"中被参照,需要选中"是否业务员"复选框。否则,在业务员列表中,将不显示此人的信息。

## 四 设置客商信息——客户分类

1.在"基础设置"选项卡中,执行"基础档案"→"客商信息"→"客户分类"命令,进入"客户分类"窗口。

2.单击"增加"按钮,按任务资料输入分类编码"01"、分类名称"长期客户",如图4-7所示。

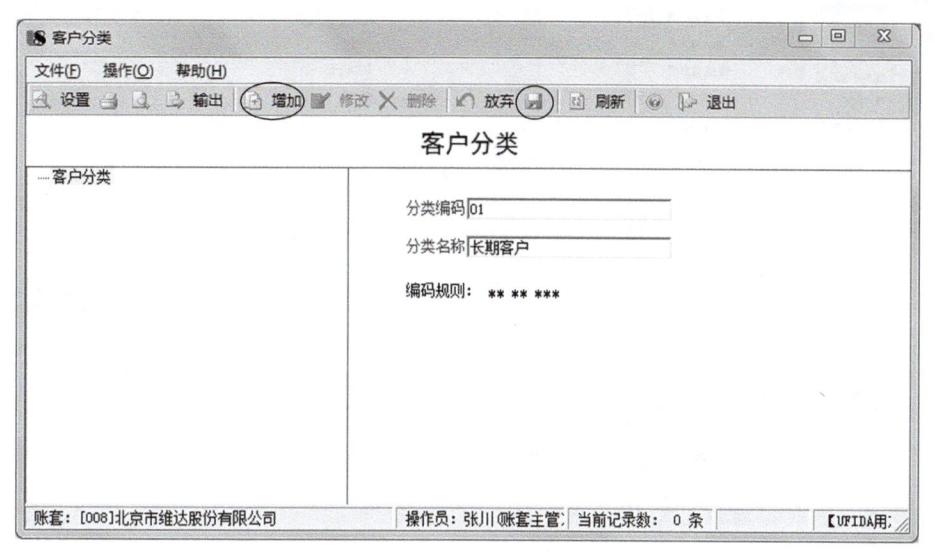

图4-7 "客户分类"窗口

3.单击"保存"按钮。同理,录入其他客户分类信息。

### 应用提示

(1)如果在建账时,没有选中"客户是否分类"复选框,则在此不能进行分类设置,可由账套主管注册"系统管理"进行账套参数修改。

(2)客户分类编码必须符合编码方案规定。

## 五 设置客商信息——客户档案

1.在"基础设置"选项卡中,执行"基础档案"→"客商信息"→"客户档案"命令,进入"客户档案"窗口。

2.单击左窗口客户分类下的"长期客户",单击"增加"按钮,进入"增加客户档案"窗口。在"基本"选项卡中,按任务资料输入客户编码"01"、客户名称"大连胜利公司"、客户简称"胜利"、税号"86788066444467268H",其余可不录,如图4-8所示。

3.单击窗口上方"银行"按钮,进行"客户银行档案"窗口。单击"增加"按钮,按任务资料选择所属银行"中国工商银行",输入开户银行"工行大连分行"、银行账号"6282661182583469",默认值选择"是",如图4-9所示。单击"保存"按钮后退出"客户银行档案"窗口。

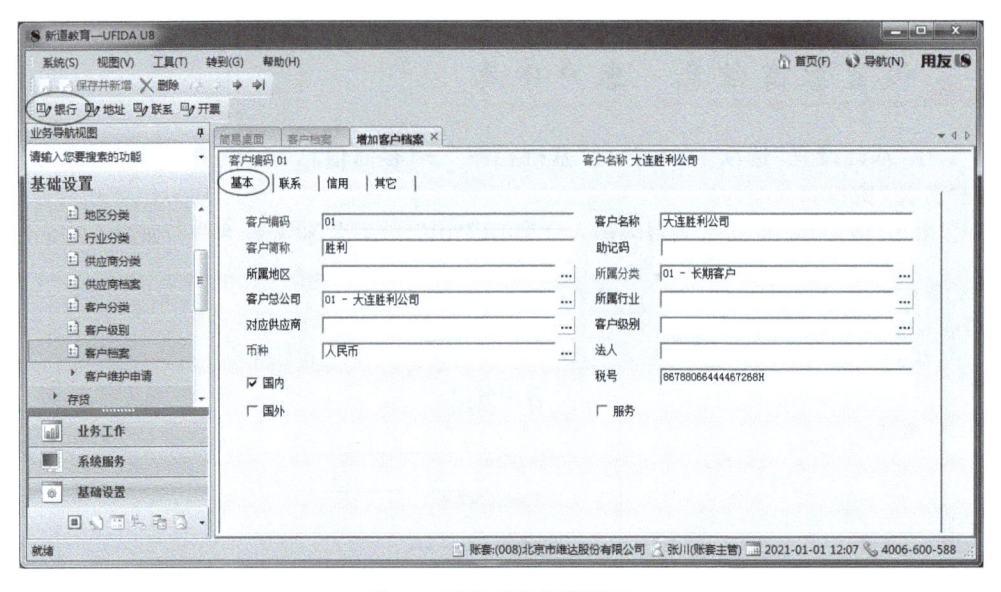

图 4-8 "增加客户档案"窗口

图 4-9 "客户银行档案"窗口

4.单击"保存"按钮,保存客户档案。同理,录入其他客户档案信息。

## 应用提示

(1)客户编码必须唯一。

(2)如果账套中并未对客户进行分类,则所属分类为"无分类"。

(3)如果在建账时选中了"客户是否分类"复选框,则必须先设置客户分类,然后才能编辑客户档案。

(4)系统在"增加客户档案"窗口设置了"基本""联系""信用"和"其它"四张选项卡,其中"联系"选项卡中设置了"分管部门"和"专管业务员",这是为了在应收应付款管理系统填制发票等原始单据时能自动根据显示信息进行。

## 六 设置客商信息——供应商分类

1.在"基础设置"选项卡中,执行"基础档案"→"客商信息"→"供应商分类"命令,进入"供应商分类"窗口。

2.单击"增加"按钮,按任务资料输入分类编码"01"、分类名称"东北地区",如图4-10所示。

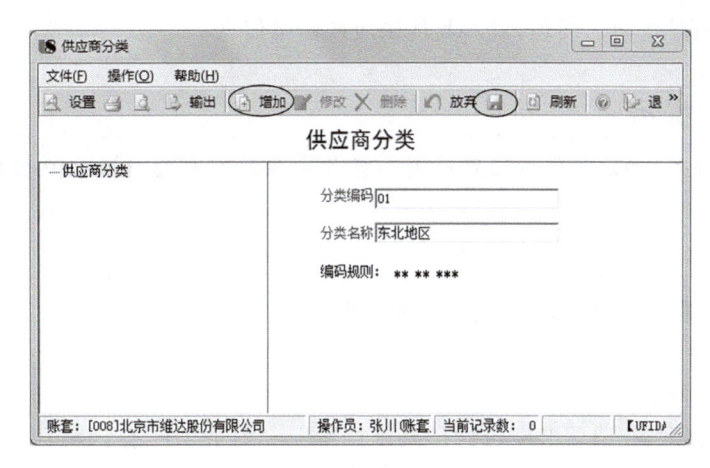

图 4-10 "供应商分类"窗口

3. 单击"保存"按钮。同理,录入其他供应商分类信息。

## 七 设置客商信息——供应商档案

1. 在"基础设置"选项卡中,执行"基础档案"→"客商信息"→"供应商档案"命令,进入"供应商档案"窗口。

2. 单击左窗口供应商分类下的"东北地区",单击"增加"按钮,进入"增加供应商档案"窗口。在"基本"选项卡中,按任务资料输入供应商编码"01"、供应商名称"辽宁海特公司"、供应商简称"海特"、税号"86739051111193822H",如图4-11所示。

3. 单击窗口上方"银行"按钮,进入"供应商银行档案"窗口。单击"增加"按钮,按任务资料选择所属银行"中国工商银行",输入开户银行"工行沈阳分行"、银行账号"6282550092586977",默认值选择"是"。单击"保存"按钮后退出"供应商银行档案"窗口。

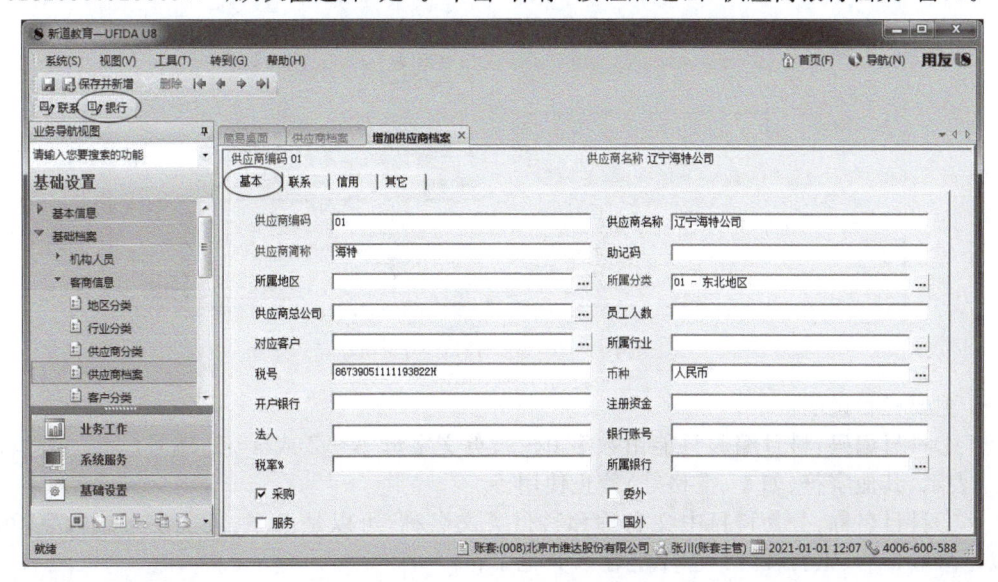

图 4-11 "增加供应商档案"窗口

4.单击"保存"按钮。同理,录入其他供应商档案信息。

### 应用提示

供应商分类、供应商档案设置原则和操作步骤同客户分类及客户档案设置基本相同。

## 八 设置财务信息——会计科目

### 1.增加会计科目

(1)在"基础设置"选项卡中,执行"基础档案"→"财务"→"会计科目"命令,进入"会计科目"窗口,显示所有2007年新会计制度科目。

(2)单击"增加"按钮,打开"新增会计科目"对话框,输入明细科目相关内容,如输入科目编码"100201"、科目名称"工行存款",选中"日记账"和"银行账"复选框,单击"确定"按钮,如图4-12所示。

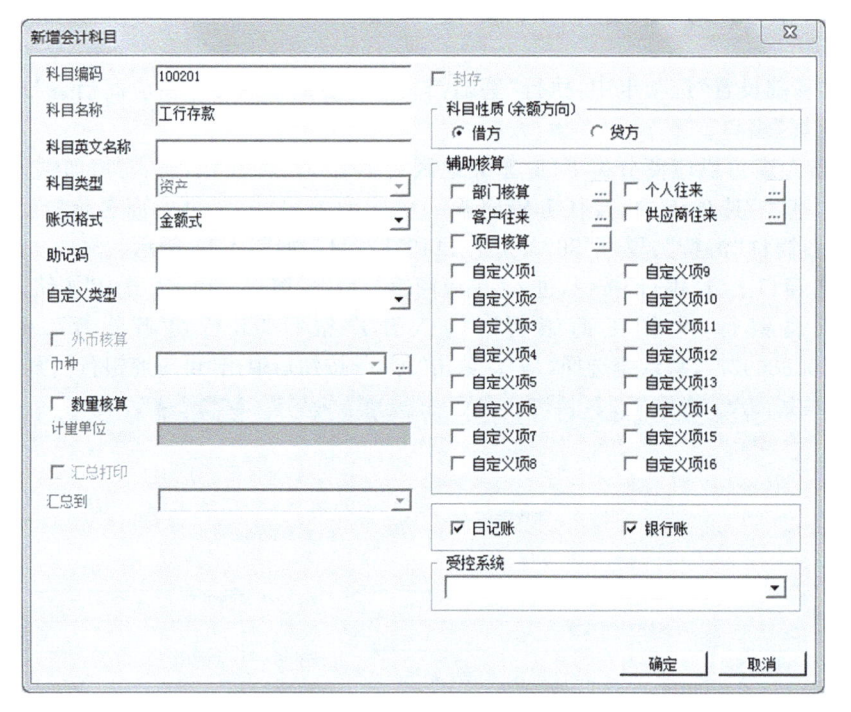

图4-12 "新增会计科目"对话框

主要栏目说明:

①科目编码:科目编码只能由数字0~9、英文字母A~Z或a~z、减号(—)、正斜杠(/)表示,其他字符(如&、空格等)禁止使用。

②科目名称:分为科目中文名称和科目英文名称,可以是汉字、英文字母或数字,可以是减号(—)、正斜杠(/),但不能输入其他字符。

③科目类型:行业性质为企业时,科目类型分为资产、负债、共同、权益、成本和损益

六类。

④账页格式：系统提供了金额式、外币金额式、数量金额式、外币数量式四种账页格式供选择，用于定义该科目在账簿打印时的默认打印格式。

⑤辅助核算：也叫辅助账类。用于说明本科目是否有其他核算要求，系统除完成一般的总账、明细账核算外，提供了部门核算、个人往来、客户往来、供应商往来和项目核算五种供企业选择。凡是设置有辅助核算内容的会计科目，在输入期初余额或填制凭证时，都需要输入相应的辅助核算内容。

⑥日记账、银行账：选择了"日记账"复选框的科目可以生成日记账数据供查询；只有选择了"银行账"复选框的科目才能执行银行对账等功能。

⑦受控系统：若设置某科目为受控科目，受控于某一系统，则使用该科目制单只能在该受控系统中进行，而不能在总账系统中进行。如"应收账款"一般可设置为受控于"应收系统"，"应付账款"可设置为受控于"应付系统"。

(3)继续单击"增加"按钮，录入任务资料中其他明细科目的相关内容。

(4)全部录入完后，单击"关闭"按钮。

## 应用提示

(1)在会计科目使用前一定先检查系统预置的会计科目是否能够满足需要，如果不能满足，则以增加或修改的方式进行调整。如果有一些会计科目是不需要的，也可以采用删除的方法删除。在上机实训时，可学会删除一两个会计科目，不必要将不需要的会计科目全部删除。

(2)增加会计科目时，必须遵循自上而下的原则，即先增加上级科目，再增加下级科目；会计科目编码要符合编码规则；编码不能重复。

(3)如果科目需要进行外币核算，则应选中"外币核算"复选框(如果在建账时没有选中"有无外币核算"复选框，则该复选框将不被激活)，并选择其核算的币种(必须在基础档案设置中事先进行过"外币设置")，否则，不能进行真正的外币核算。

(4)如果科目要进行数量核算，则应选中"数量核算"复选框，并设置相应的计量单位。这样在输入该科目的期初余额和用该科目制单时，不仅要求录入金额，还需要录入物品数量。

### 2.修改会计科目

(1)在"会计科目"窗口，双击"1122 应收账款"，或在选中"1122 应收账款"后单击"修改"按钮，打开"会计科目_修改"对话框。

(2)选中"客户往来"复选框，此时，右下角受控系统显示为"应收系统"，如图 4-13 所示。

(3)单击"确定"按钮。

(4)在"会计科目"窗口，双击"1403 原材料"，或在选中"1403 原材料"后单击"修改"按钮，打开"会计科目_修改"对话框。

(5)通过下拉列表框将账页格式由"金额式"改为"数量金额式"，再选中"数量核算"复选框，在"计量单位"栏输入"公斤"，单击"确定"按钮，如图 4-14 所示。

图4-13　修改会计科目－客户往来

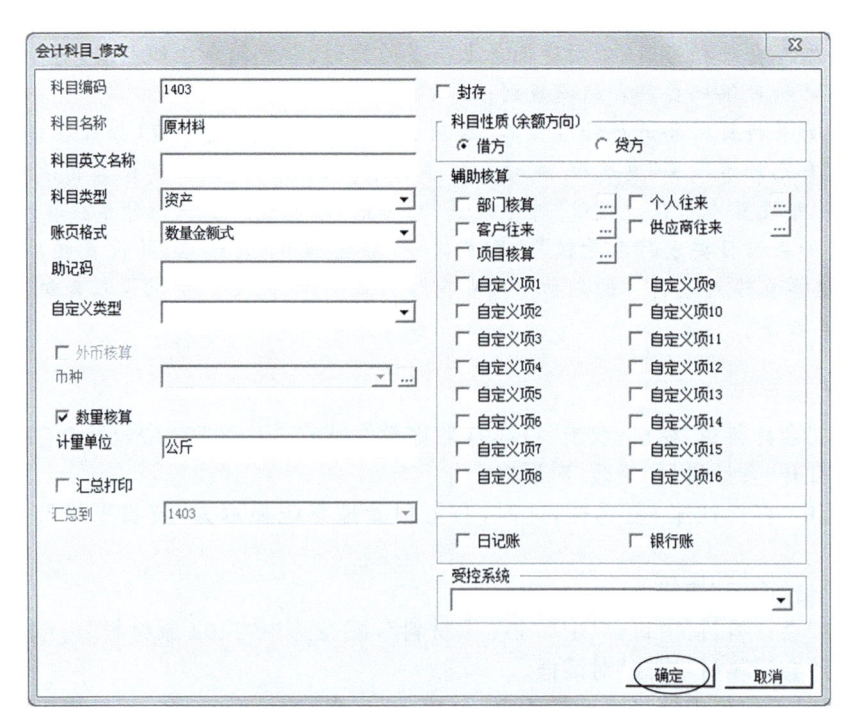

图4-14　修改会计科目－数量核算

(6)同理,修改任务资料中其他会计科目。

## 应用提示

(1)只有处于修改状态才能设置汇总打印和封存。
(2)已有数据的会计科目不能修改其科目性质。
(3)在修改"应收账款"会计科目时,如果通过下拉列表框将右下角受控系统显示为空白,则该应收往来业务可以在总账系统中进行制单。

### 3.删除会计科目

(1)在"会计科目"窗口,选择要删除的会计科目。
(2)单击"删除"按钮,系统提示"记录删除后不能修复!真的删除此记录吗?"。
(3)单击"确定"按钮,即可删除该科目。

## 应用提示

(1)如果要删除已设置有明细科目的会计科目,应自下而上操作,先删除明细科目,再删除一级科目。
(2)如果科目已输入期初余额或已制单,则不能删除,必须先删除余额或凭证后,才能进行相应操作。
(3)被指定为"现金科目""银行科目"的会计科目不能删除;若想删除,必须先取消指定。

### 4.指定会计科目

(1)在"会计科目"窗口,执行"编辑"→"指定科目"命令,打开"指定科目"对话框。
(2)选择左侧"现金科目"单选按钮,单击">"按钮,将"1001 库存现金"从"待选科目"列表选入"已选科目"列表。
(3)选择左侧"银行科目"单选按钮,单击">"按钮,将"1002 银行存款"从"待选科目"列表选入"已选科目"列表,如图4-15所示。
(4)单击"确定"按钮。

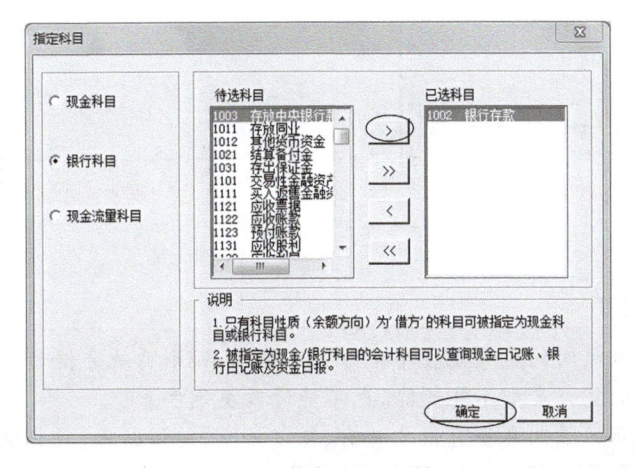

图4-15 "指定科目"对话框

## 应用提示

(1)指定会计科目是指指定出纳的专管科目。只有指定科目后,才能执行出纳签字,才能查看现金、银行存款日记账。

(2)被指定的"现金科目"和"银行科目"必须是一级科目。

(3)在指定科目之前,应在建立或修改"库存现金"和"银行存款"科目时选中"日记账"复选框。

(4)如果企业需要利用总账中的现金流量辅助核算编制现金流量表,则可以将涉及现金流量的科目进行指定。

## 九 设置财务信息—凭证类别

1.在"基础设置"选项卡中,执行"基础档案"→"财务"→"凭证类别"命令,打开"凭证类别预置"对话框。

2.选中"收款凭证 付款凭证 转账凭证"单选按钮,如图4-16所示。

3.单击"确定"按钮,打开"凭证类别"对话框。

4.单击"修改"按钮,双击"收款凭证"所在行的"限制类型"栏,出现下三角按钮,从下拉列表框中选择"借方必有",在"限制科目"栏输入"1001,100201",或单击参照按钮,分别选择"1001"及"100201"。同理,完成对付款凭证和转账凭证的设置,如图4-17所示。

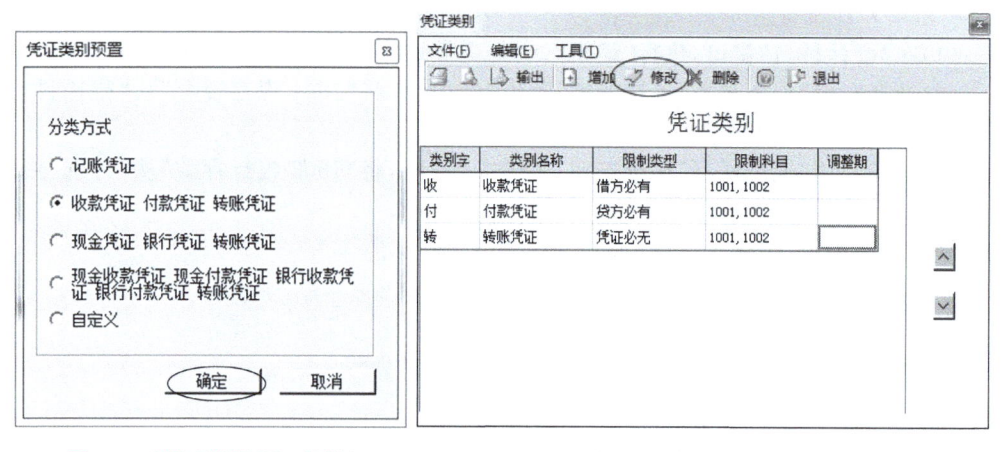

图4-16 "凭证类别预置"对话框    图4-17 "凭证类别"对话框

## 应用提示

(1)限制科目之间的逗号要在半角方式下输入,否则系统会提示科目编码有误。

(2)已使用的凭证类别不能删除,也不能修改类别字。

(3)系统提示的限制类型有借方必有、贷方必有、凭证必无、凭证必有、借方必无、贷方必无、无限制等七种。

(4)如果收款凭证的限制类型为"借方必有",限制科目为"1001,1002",则在填制凭证时,系统要求收款凭证的借方科目至少有一个是"1001"或"1002",否则,系统会判断该凭证"不满足借方必有条件",不允许保存。付款凭证及转账凭证也应满足相应要求。

(5)凭证类别的排列顺序将会影响账簿查询中凭证类别的排列顺序,可通过凭证类别表右侧的上下箭头进行调整。

## 十 设置财务信息——项目目录

### 1.定义项目大类

(1)在"基础设置"选项卡中,执行"基础档案"→"财务"→"项目目录"命令,打开"项目档案"对话框。

(2)单击"增加"按钮,打开"项目大类定义_增加(项目大类名称)"对话框。

(3)输入新项目大类名称"生产成本",如图4-18所示。

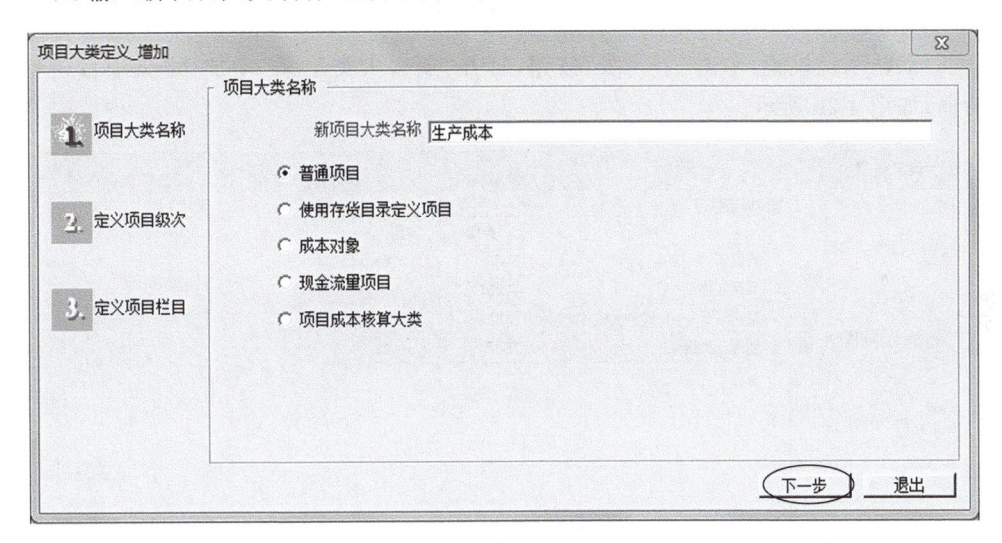

图4-18 项目大类名称

## 应用提示

(1)项目大类的名称是该项目的总称,而不是会计科目的名称。如在建工程按具体工程项目核算,其项目大类名称应为"工程项目",而不是"在建工程"。

(2)系统预设了"现金流量项目"和"项目管理"两个大类,企业可根据需要增设大类。

(4)单击"下一步"按钮,打开"项目大类定义_增加(定义项目级次)"对话框,如图4-19所示。

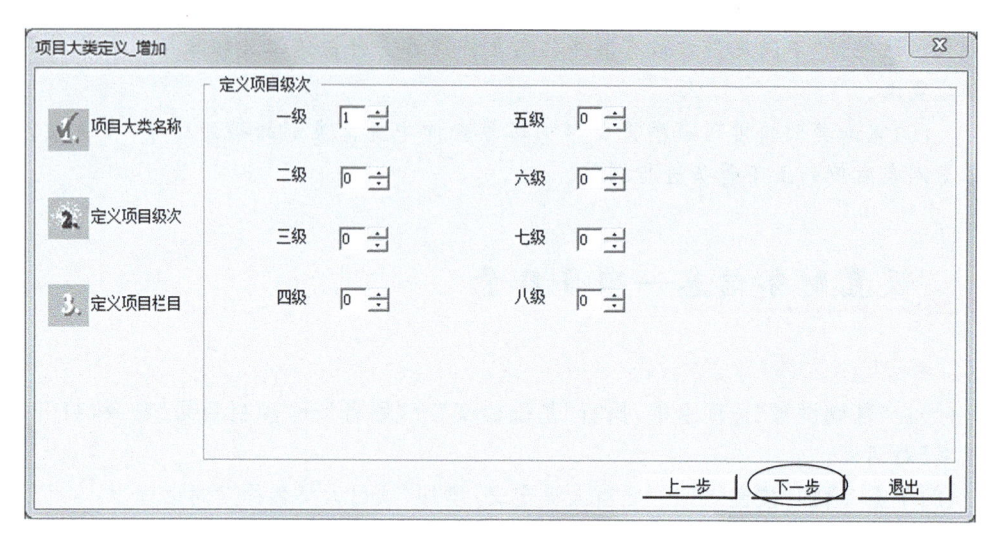

图4-19 定义项目级次

(5)默认系统设置,单击"下一步"按钮,打开"项目大类定义_增加(定义项目栏目)"对话框,如图4-20所示。

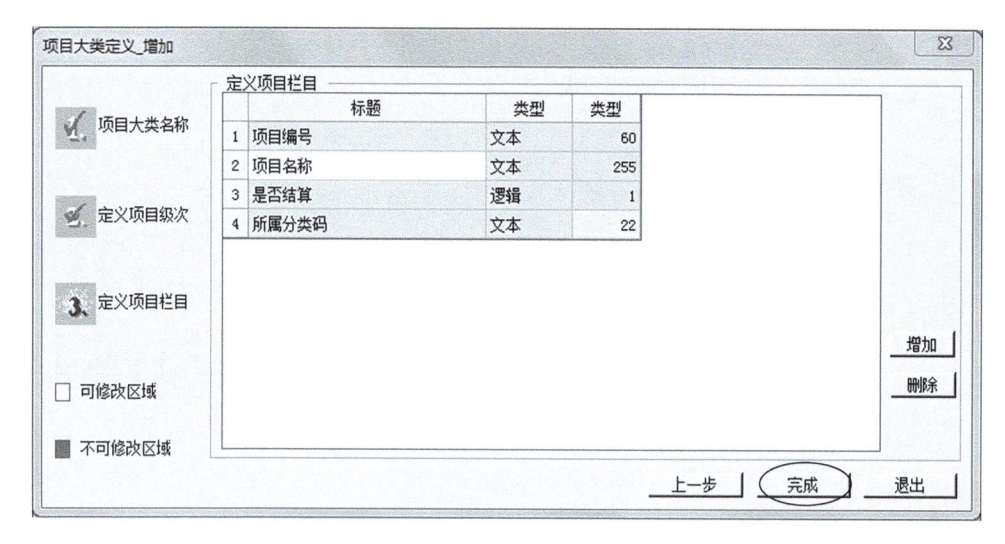

图4-20 定义项目栏目

(6)单击"完成"按钮,返回"项目档案"对话框。

**2.指定项目核算科目**

(1)在"项目档案"对话框中,单击"项目大类"栏的下三角按钮,选择"生产成本"项目大类。

(2)单击"核算科目"选项卡。

(3)单击"》"按钮,将"直接材料""直接人工"和"制造费用"科目从"待选科目"列表选入"已选科目"列表,如图 4-21 所示。

(4)单击"确定"按钮。

图 4-21　指定项目核算科目

**应用提示**

(1)在"项目档案"对话框中,"核算科目"选项卡中的"待选科目"是指设置科目时选择了辅助核算中"项目核算"功能的所有科目。

(2)一个项目大类可以指定多个科目,一个科目只能核算一个项目大类。

### 3.进行项目分类定义

(1)在"项目档案"对话框中,单击"项目分类定义"选项卡。

(2)单击"增加"按钮,输入分类编码"1"、分类名称"自行开发项目",单击"确定"按钮。同理,增加"2 委托开发项目"分类,单击"确定"按钮,如图 4-22 所示。

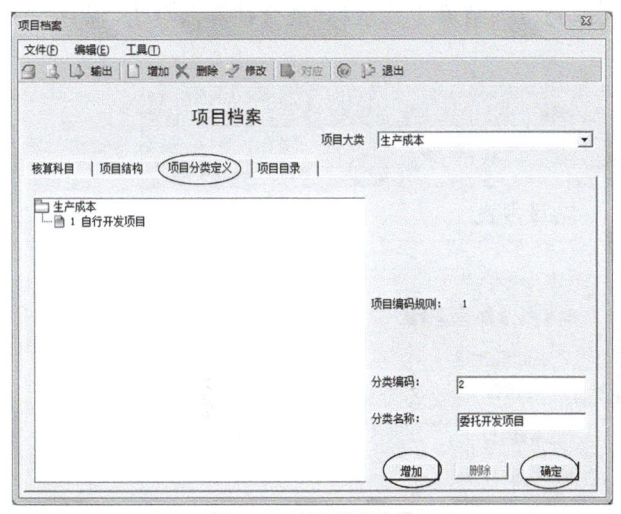

图 4-22　定义项目分类

**应用提示**

(1)为了便于统计,可对同一项目大类下的项目进一步划分,即定义项目分类。

(2)显示"已使用"标记的项目分类不能删除。

### 4.项目目录维护

(1)在"项目档案"对话框中,单击"项目目录"选项卡,单击"维护"按钮,进入"项目目录维护"窗口。

（2）单击"增加"按钮，输入项目编号"1"、项目名称"11号项目"，所属分类码选择"1"。同理，增加"22号项目"，如图4-23所示。

（3）设置完成后，单击"退出"按钮。

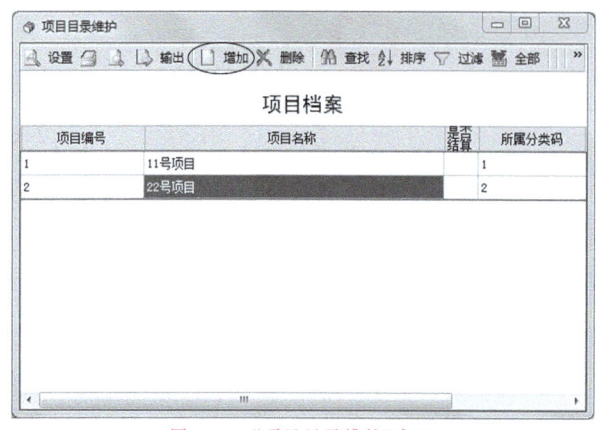

图4-23 "项目目录维护"窗口

**应用提示**

（1）如果在"项目目录维护"窗口中多拉出一行，退出时系统会提示"项目编码不能为空"，可按"Esc"键退出。

（2）标识"结算后"的项目将不能再使用。

（3）项目目录设置好之后，在录入凭证时，如果会计科目为项目辅助核算的会计科目，系统会自动提示输入项目名称。

## 十一、设置收付结算——结算方式

1．在"基础设置"选项卡中，执行"基础档案"→"收付结算"→"结算方式"命令，进入"结算方式"窗口。

2．单击"增加"按钮，输入结算方式编码"1"、结算方式名称"现金结算"，单击"保存"按钮，如图4-24所示。

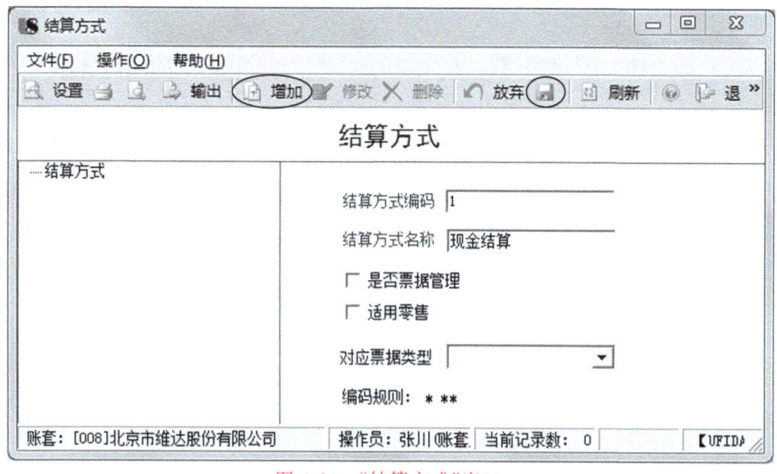

图4-24 "结算方式"窗口

3．依次输入其他结算方式资料。对于"现金支票"和"转账支票"要选中"是否票据管理"复选框，并分别选择"对应票据类型"中"现金支票"和"转账支票"。

4．设置完成后，单击"退出"按钮。

## 应用提示

(1)如选中"是否票据管理"复选框,则在执行该种结算方式时,系统会提示记录发生该笔业务的票据信息,否则不提示。

(2)在总账系统中,结算方式会在使用"银行账"类科目填制凭证时使用,并可作为银行对账的一个参数。

(3)结算方式必须符合编码规则。结算方式最多设置为两级。

(4)结算方式一旦被使用,就不能进行修改和删除。

## 任务三 数据权限设置

### 任务资料

操作员"202于方"具有全部科目的明细账的查询权限,还具有所有部门的查询和录入权限。

要求:

1. 理解数据权限设置的意义;
2. 进行数据权限控制设置。

### 任务指导

#### 一 数据权限控制设置

1. 在企业应用平台"系统服务"选项卡中,执行"权限"→"数据权限控制设置"命令,进入"数据权限控制设置"窗口。

2. 在"记录级"选项卡中选择"部门"和"科目",单击"确定"按钮,如图4-25所示。

#### 二 数据权限设置

1. 在企业应用平台"系统服务"选项卡中,执行"权限"→"数据权限分配"命令,进入"权限浏览"窗口,从"用户及角色"列表中选择"202于方",如图4-26所示。

2. 单击工具栏上的"授权"按钮,打开"记录权限设置"对话框。

3. 将全部科目通过单击"》"按钮,从"禁用"列表选入"可用"列表,并取消"制单"复选框中的"√",如图4-27所示。

4. 单击"保存"按钮,系统弹出"保存成功,重新登陆门户,此配置才能生效!"信息提示对话框。

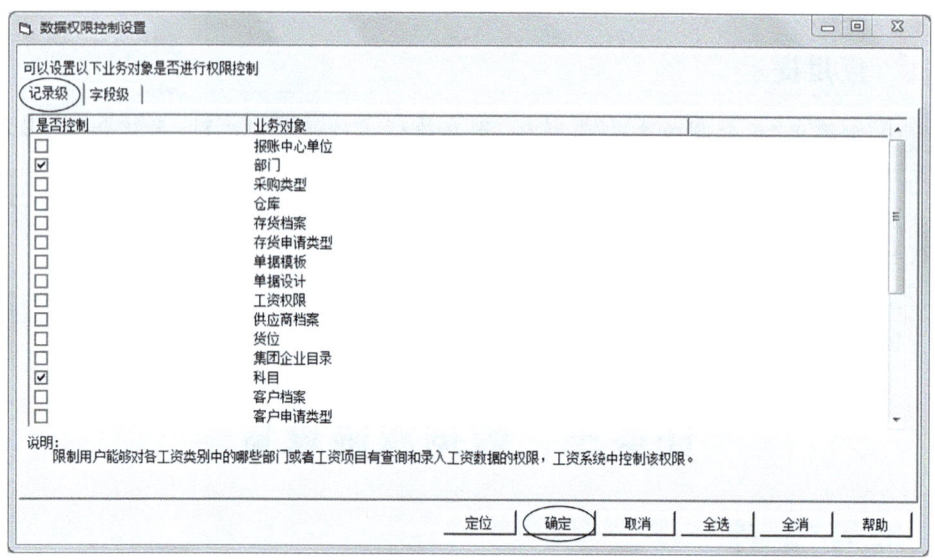

图 4-25 "数据权限控制设置"窗口

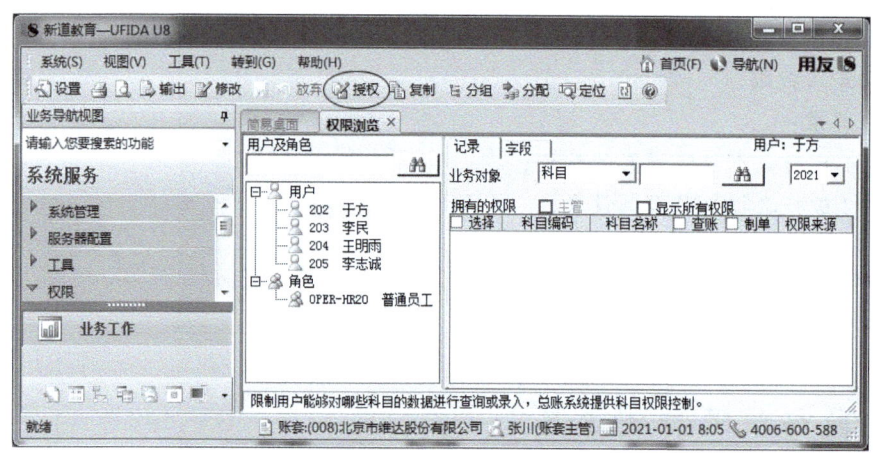

图 4-26 "权限浏览"窗口

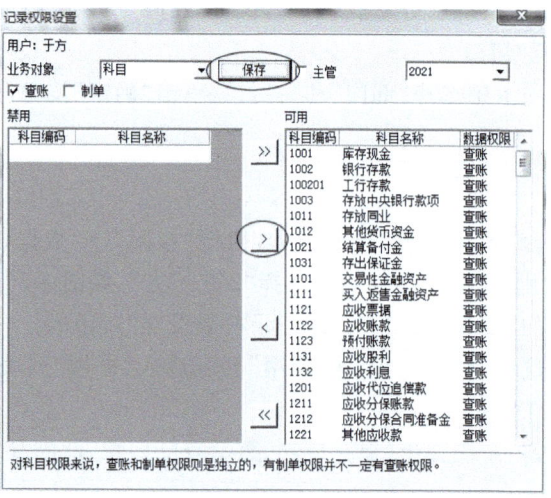

图 4-27 记录权限设置—科目设置

5. 单击"确定"按钮,返回"记录权限设置"对话框。在"业务对象"下拉列表框中选择"部门",单击"授权"按钮,单击"》"按钮,将所有部门从"禁用"列表选入"可用"列表。

6. 单击"保存"按钮,系统弹出"保存成功,重新登陆门户,此配置才能生效!"信息提示对话框,如图 4-28 所示。单击"确定"按钮。

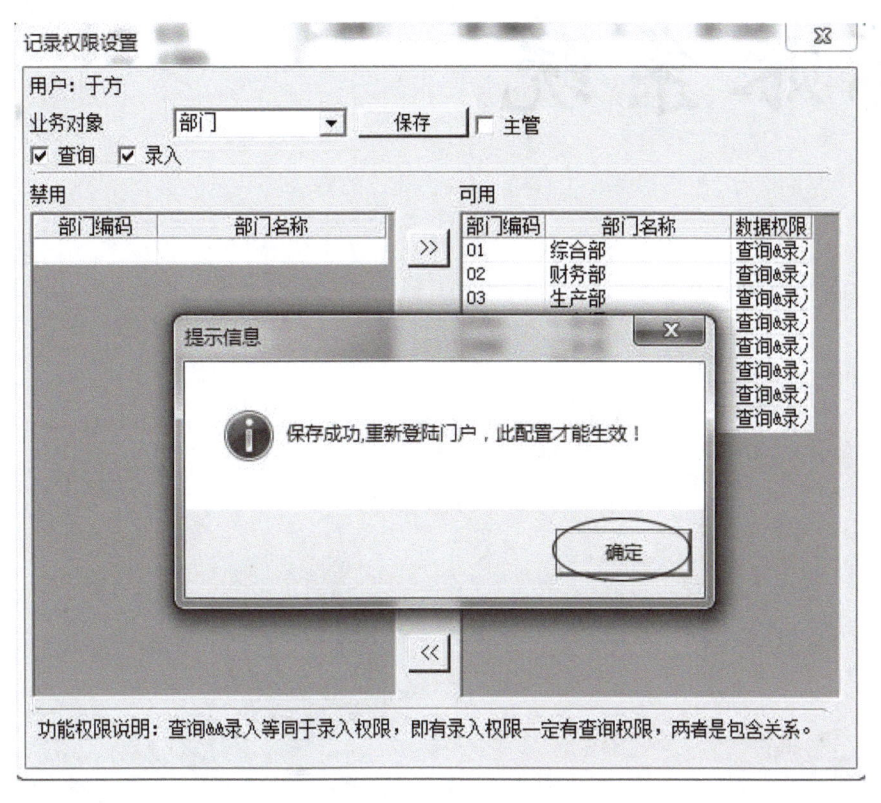

图 4-28　记录权限设置—部门设置

### 应用提示

(1)用友的权限管理分为三个层次,即功能级权限、数据级权限和金额级权限,其中数据级权限和金额级权限统称为数据权限。

(2)数据权限设置分三个方面内容:一是数据权限控制设置;二是数据权限分配;三是金额权限分配。其中,数据权限控制设置是数据权限设置的前提,只有进行了数据权限控制设置的科目或字段才可以进行数据权限设置。

(3)在"数据权限控制设置"窗口中有"记录级"和"字段级"两个选项卡,"字段级"主要用于 GSP 质量管理,"记录级"是会计核算和企业管理所需要控制的项目。

(4)必须在系统管理中定义角色或用户,并分配完功能级权限后,才能进行数据权限设置。

# 项目五
# 总账系统

**知识目标**

1. 掌握总账系统日常业务凭证处理和账簿管理方法;
2. 掌握出纳管理的内容和处理方法;
3. 掌握总账期末业务处理的内容和方法。

**技能目标**

1. 能正确进行总账系统初始化处理;
2. 能正确进行凭证处理和账簿管理;
3. 能正确进行出纳管理操作;
4. 能正确进行总账期末业务处理。

**素养目标**

1. 具有吃苦耐劳精神,能积极面对大量的信息录入;
2. 具有严谨务实精神,保证记账凭证录入的信息准确无误。

# 任务一　总账系统选项设置

## 任务资料

总账控制参数(表5-1)：

表 5-1　　　　　　　　总账控制参数

| 选项卡 | 参数设置 |
| --- | --- |
| 凭证 | 制单序时控制<br>支票控制<br>赤字控制：资金及往来科目<br>赤字控制方式：提示<br>可以使用应收款、应付款科目<br>凭证编号方式采用系统编号<br>现金流量科目必录现金流量项目<br>现金流量参照科目：现金流量科目、自动显示 |
| 权限 | 允许修改、作废他人填制的凭证<br>凭证审核控制到操作员<br>出纳凭证必须由出纳签字<br>明细账查询权限控制到科目 |
| 其他 | 部门、个人、项目按编码方式排序 |

要求：

1.理解总账系统控制参数的含义及作用；

2.掌握总账系统登录的步骤；

3.掌握总账系统选项设置的方法。

## 任务指导

### 一 以账套主管"201 张川"的身份登录总账系统

1.执行"开始"→"程序"→"用友 U8V10.1"→"企业应用平台"命令,弹出系统"登录"对话框,选择相关账套、操作员及操作日期登录企业应用平台。

2.在企业应用平台"业务工作"选项卡中,执行"财务会计"→"总账"命令,打开总账系统,如图5-1所示。

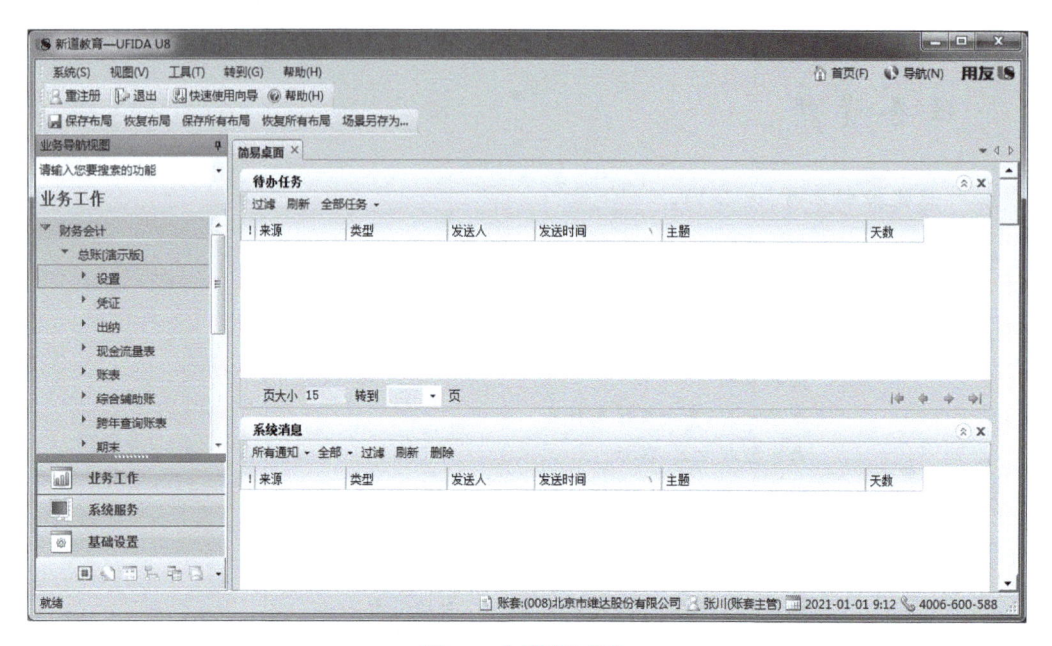

图5-1 启用总账系统

## 应用提示

(1)如果在"财务会计"下没有显示"总账"系统,则表示该系统尚未启用,应先启用再注册。

(2)登录总账系统的操作员应是具有相应账套操作权限的操作员;系统管理员无权进入企业应用平台对任一账套进行操作。

(3)输入完操作员和密码后,如果账套显示栏为空白,单击"登录"按钮后系统提示"读取数据源出错:口令不正确!",应返回系统管理窗口检查该操作员密码并修改。

(4)操作日期必须在总账系统启用日期之后,否则系统会提示"不存在的年度"。

## 二 选项设置

1.在总账系统中,执行"设置"→"选项"命令,打开"选项"对话框。

2.单击"编辑"按钮,进入选项编辑状态。

3.分别打开"凭证""账簿""凭证打印""预算控制""权限""会计日历""其他"选项卡,按照任务资料的要求进行相应的设置,如图5-2所示。最后单击"确定"按钮保存设置。

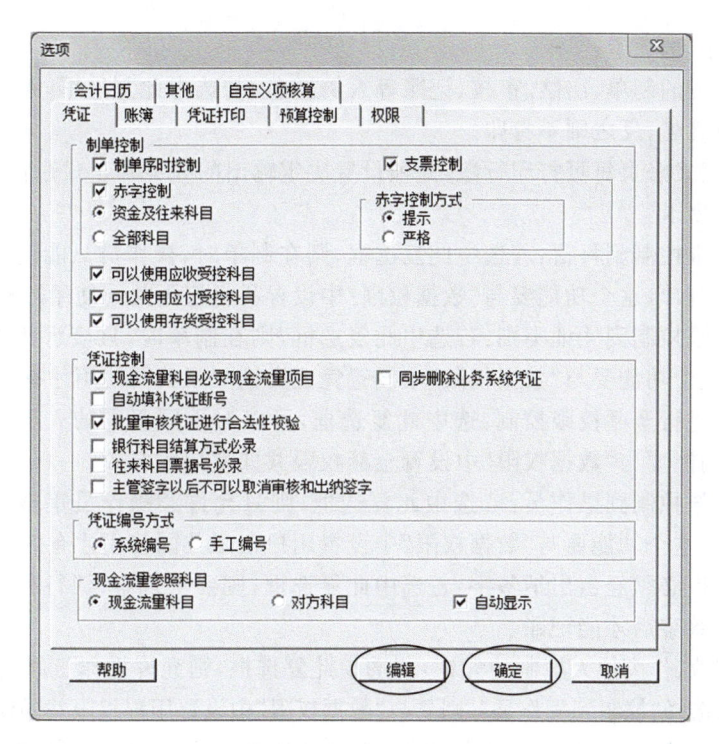

图 5-2　设置总账系统选项

主要选项说明：

"凭证"选项卡：

①制单序时控制：若选中该复选框，则制单日期只能由前往后填。例如，填制了2021年1月8日的凭证就不能再填制1月7日前的凭证。

②支票控制：若选中该复选框，则在使用银行科目编制凭证时，如果录入了未在支票登记簿中登记的支票号，系统将提供登记支票登记簿的功能。

③赤字控制：表示在科目制单时如果最新余额出现负数，系统将予以提示；控制方式可以选择是显示提示还是严格控制（不能再制单）。

④可以使用应收、应付和存货受控科目：通常情况下，对于受控于其他系统的科目，为了防止重复制单，只允许其受控制系统使用此科目制单，总账系统则不能使用此科目制单。所以，如果需要在总账系统中使用这些科目制单，则应选中此复选框。

⑤现金流量科目必录现金流量项目：选中此复选框，在录入凭证时如果使用现金流量科目，则必须输入现金流量项目及金额，反之，则不选中。

⑥凭证编号方式：若选中"系统编号"，则凭证编号自动生成，不受人工干预。

"账簿"选项卡：

①打印位数宽度：在此可定义正式账簿打印时各栏目的宽度。

②凭证、账簿套打：套打是用友公司专门为用友软件用户设计的，适合于用各种打印机输出管理用表单和账簿。

③明细账按年排页：全年账页统一排页，即只有一个第一页。若选择按月排页，则每月账页都从第一页开始排序。

"凭证打印"选项卡：

①打印凭证的制单、出纳、审核、记账等人员姓名：若选中此复选框，系统会自动打印出这些操作员姓名，反之则不打印。

②凭证、正式账页每页打印行数：此项设置决定输出的凭证和正式账页每页的行数。

"权限"选项卡：

①制单权限控制到科目：若选中此复选框，则在制单时，操作员只能使用具有相应制单权限的科目制单，这个功能要与"数据权限"中设置科目权限共同使用才有效。

②制单权限控制到凭证类别：若选中此复选框，则在制单时，只显示此操作员有权限的凭证类别，这个功能要与"数据权限"中设置凭证类别权限共同使用才有效。

③操作员进行金额权限控制：选中此复选框，可以对不同级别的人员进行金额大小的控制，这个功能要与"数据权限"中设置金额权限共同使用才有效。

④凭证审核控制到操作员：若选中此复选框，则只允许某操作员审核另外某个操作员填制的凭证，这个功能要与"数据权限"中设置用户权限共同使用才有效。

⑤出纳凭证必须经由出纳签字：若选中此复选框，则要求现金、银行科目凭证必须由出纳人员核对签字后才能记账。

⑥允许修改、作废他人填制的凭证：若选中此复选框，则允许操作员修改、作废他人填制的凭证。若选择"控制到操作员"，则要与"数据权限"中设置用户权限共同使用才有效。

⑦可查询他人凭证：若选中此复选框，则允许操作员查询他人填制的凭证。若选择"控制到操作员"，则要与"数据权限"中设置用户权限共同使用才有效。

⑧明细账查询权限控制到科目：这是权限控制的开关，在"数据权限"中设置明细账查询权限，必须在总账系统选项中打开此项，才能起到控制作用。

### 应用提示

总账系统的参数将决定总账系统的输入控制、处理方式、数据流向、输出格式等，设置后一般不能随意改变。

## 任务二　期初余额录入

### 任务资料

1.北京市维达股份有限公司2021年1月会计科目及期初余额表（表5-2）

表5-2　　　　　会计科目及期初余额表

| 科目编码 | 科目名称 | 方向 | 期初余额 |
|---|---|---|---|
| 1001 | 库存现金 | 借 | 2 900.00 |
| 1002 | 银行存款 | 借 | 297 544.00 |
| 100201 | 工行存款 | 借 | 297 544.00 |

(续表)

| 科目编码 | 科目名称 | 方向 | 期初余额 |
|---|---|---|---|
| 1012 | 其他货币资金 | 借 | 33 900.00 |
| 1121 | 应收票据 | 借 | 42 120.00 |
| 1122 | 应收账款 | 借 | 84 240.00 |
| 1123 | 预付账款 | 借 | |
| 1131 | 应收股利 | 借 | |
| 1132 | 应收利息 | 借 | |
| 1221 | 其他应收款 | 借 | 8 736.00 |
| 1231 | 坏账准备 | 贷 | 500.00 |
| 1401 | 材料采购 | 借 | |
| 1403 | 原材料 | 借 | 174 800.00 |
| | | | 6 992 公斤 |
| 1405 | 库存商品 | 借 | 167 500.00 |
| 140501 | A产品 | | 112 500.00 |
| | | | 1 500 件 |
| 140502 | B产品 | | 55 000.00 |
| | | | 1 000 件 |
| 1411 | 周转材料 | 借 | 79 700.00 |
| 141101 | 包装物 | 借 | 74 700.00 |
| 141102 | 低值易耗品 | 借 | 5 000.00 |
| 1501 | 持有至到期投资 | 借 | |
| 1503 | 可供出售金融资产 | 借 | 140 000.00 |
| 1511 | 长期股权投资 | 借 | |
| 1601 | 固定资产 | 借 | 873 000.00 |
| 1602 | 累计折旧 | 贷 | 160 160.00 |
| 1604 | 在建工程 | 借 | 167 000.00 |
| 1605 | 工程物资 | 借 | |
| 1606 | 固定资产清理 | 借 | |
| 1701 | 无形资产 | 借 | 38 300.00 |
| 1801 | 长期待摊费用 | 借 | |
| 1901 | 待处理财产损溢 | 借 | |
| 190101 | 待处理流动资产损溢 | 借 | |
| 190102 | 待处理固定资产损溢 | 借 | |
| 2001 | 短期借款 | 贷 | 81 800.00 |
| 2201 | 应付票据 | 贷 | |
| 2202 | 应付账款 | 贷 | 87 360.00 |
| 2203 | 预收账款 | 贷 | |
| 2211 | 应付职工薪酬 | 贷 | 38 000.00 |

(续表)

| 科目编码 | 科目名称 | 方向 | 期初余额 |
| --- | --- | --- | --- |
| 221101 | 应付工资 | 贷 | 28 000.00 |
| 221102 | 应付社会保险 | 贷 | 10 000.00 |
| 221103 | 应付住房公积金 | | |
| 2221 | 应交税费 | 贷 | 25 640.00 |
| 222101 | 应交增值税 | 贷 | |
| 22210101 | 进项税额 | 贷 | |
| 22210105 | 销项税额 | 贷 | |
| 22210103 | 转出未交增值税 | 贷 | |
| 22210109 | 转出多交增值税 | 贷 | |
| 222102 | 未交增值税 | 贷 | 21 840.00 |
| 222106 | 应交所得税 | 贷 | 3 800.00 |
| 2241 | 其他应付款 | 贷 | 3 000.00 |
| 2231 | 应付利息 | 贷 | 8 000.00 |
| 2232 | 应付股利 | 贷 | |
| 2501 | 长期借款 | 贷 | 80 000.00 |
| 2502 | 应付债券 | 贷 | 300 000.00 |
| 4001 | 实收资本 | 贷 | 1 500 000.00 |
| 4002 | 资本公积 | 贷 | |
| 4101 | 盈余公积 | 贷 | |
| 4103 | 本年利润 | 贷 | |
| 4104 | 利润分配 | 贷 | |
| 410401 | 提取法定盈余公积 | 贷 | |
| 410402 | 提取任意盈余公积 | 贷 | |
| 410403 | 未分配利润 | 贷 | |
| 5001 | 生产成本 | 借 | 174 720.00 |
| 500101 | 基本生产成本 | 借 | 174 720.00 |
| 50010101 | 直接材料 | 借 | 101 920.00 |
| 50010102 | 直接人工 | 借 | 46 592.00 |
| 50010103 | 制造费用 | 借 | 26 208.00 |
| 5105 | 制造费用 | 借 | |
| 6001 | 主营业务收入 | 贷 | |
| 6051 | 其他业务收入 | 贷 | |
| 6111 | 投资收益 | 贷 | |
| 6301 | 营业外收入 | 贷 | |
| 6401 | 主营业务成本 | 借 | |
| 6402 | 其他业务成本 | 借 | |
| 6403 | 税金及附加 | 借 | |

(续表)

| 科目编码 | 科目名称 | 方向 | 期初余额 |
|---|---|---|---|
| 6601 | 销售费用 | 借 | |
| 6602 | 管理费用 | 借 | |
| 660201 | 工资费用 | 借 | |
| 660202 | 办公费用 | 借 | |
| 660203 | 折旧费用 | 借 | |
| 660204 | 其他费用 | 借 | |
| 6603 | 财务费用 | 借 | |
| 660301 | 利息支出 | 借 | |
| 660302 | 其他 | 借 | |
| 6711 | 营业外支出 | 借 | |
| 6801 | 所得税费用 | 借 | |
| 6901 | 以前年度损益调整 | 借 | |

2."应收票据(1121)"辅助账期初余额表(表5-3)

表5-3　　　　　　　应收票据辅助账期初余额表

| 日期 | 凭证号数 | 客户 | 摘要 | 方向 | 金额 | 业务员 |
|---|---|---|---|---|---|---|
| 2020.12.28 | 转-32 | 胜利 | 赊销A产品 | 借 | 42 120 | 李丁 |

3."应收账款(1122)"辅助账期初余额表(表5-4)

表5-4　　　　　　　应收账款辅助账期初余额表

| 日期 | 凭证号数 | 客户 | 摘要 | 方向 | 金额 | 业务员 |
|---|---|---|---|---|---|---|
| 2020.12.28 | 转-46 | 金辉 | 赊销A产品 | 借 | 84 240 | 李丁 |

4."其他应收款(1221)"辅助账期初余额表(表5-5)

表5-5　　　　　　　其他应收款辅助账期初余额表

| 日期 | 凭证号数 | 部门名称 | 个人名称 | 摘要 | 方向 | 金额 |
|---|---|---|---|---|---|---|
| 2020.12.28 | 转-25 | 综合部 | 王靖 | 出差借款 | 借 | 8 736 |

5."应付账款(2202)"辅助账期初余额表(表5-6)

表5-6　　　　　　　应付账款辅助账期初余额表

| 日期 | 凭证号数 | 供应商 | 摘要 | 方向 | 金额 | 业务员 | 票号 | 票据日期 |
|---|---|---|---|---|---|---|---|---|
| 2020.11.18 | 转-17 | 亚龙 | 购买材料 | 贷 | 37 360 | 陈杰 | C51 | |
| 2020.12.31 | 转-20 | 九华 | 购买材料 | 贷 | 50 000 | 陈杰 | H32 | |

6.基本生产成本的金额为11号项目金额

**要求：**

1.理解总账系统期初余额试算平衡的意义；

2.录入不同类型会计科目期初余额；

3.进行期初余额试算。

## 任务指导

1.在总账系统中,执行"设置"→"期初余额"命令,进入"期初余额录入"窗口。

2.非辅助核算科目录入:直接输入末级科目的累计发生额和期初余额,如录入"银行存款——工行存款"。同理,录入任务资料中"库存现金""固定资产""长期借款"等科目,如图 5-3 所示。

图 5-3 "期初余额录入"窗口

3.辅助核算科目录入:设置了辅助核算科目,其累计发生额可直接输入,但在录入期初余额时,应双击"期初余额"栏,进入"辅助期初余额"窗口。在该窗口中单击"往来明细"按钮,进入"期初往来明细"窗口。单击"增行"按钮,录入辅助核算的明细期初数据,如"应收票据"科目,根据任务资料,日期选择"2020-12-28",凭证号选择"转-32",客户选择"胜利",业务员选择"李丁",输入摘要"赊销 A 产品"、金额"42 120.00"。如图 5-4 所示。

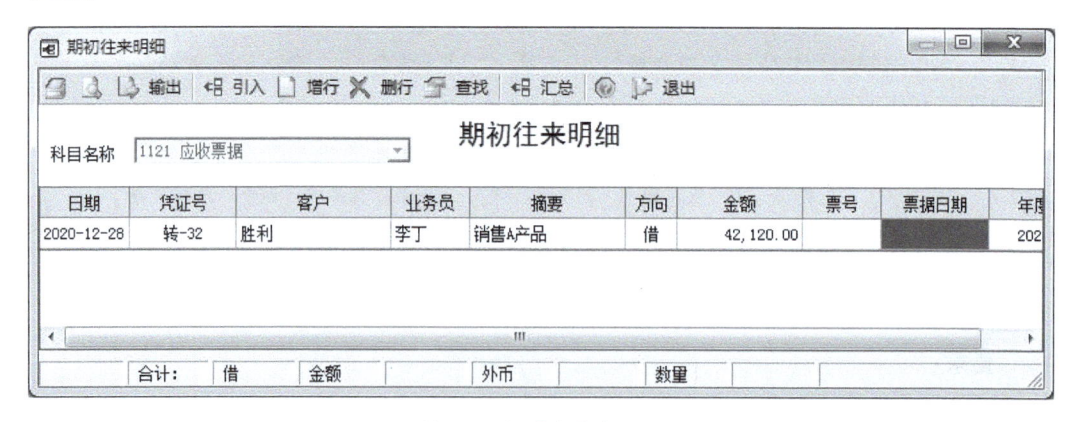

图 5-4 录入期初往来明细

4.单击"汇总"按钮,系统提示"完成了往来明细到辅助期初表的汇总!"。单击"确定"按钮后,再单击"退出"按钮。

5. 同理,录入其他带辅助核算科目的余额。

6. 单击"试算"按钮,系统进行试算平衡。试算结果如图 5-5 所示。

7. 单击"确定"按钮。

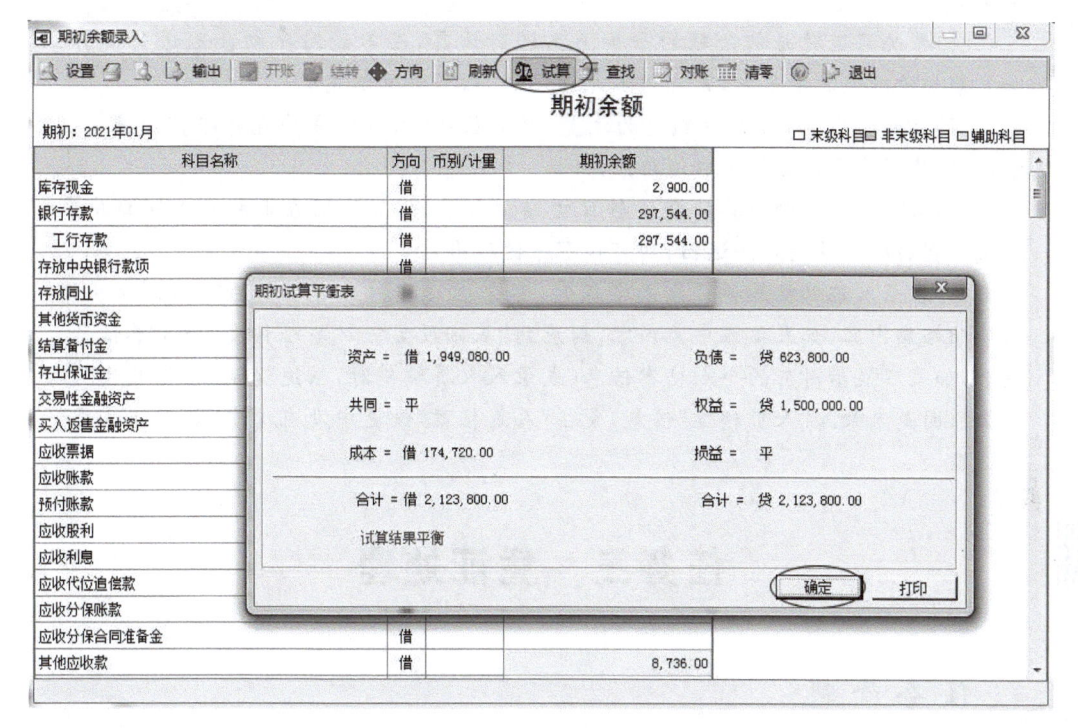

图 5-5　期初试算平衡结果

## 应用提示

(1) 录入期初余额时,"期初余额"栏会显示 3 种颜色。其中,白色代表"末级科目",灰色代表"非末级科目",黄色代表"辅助核算科目",需要采用不同的方法进行录入。操作员只需录入末级科目的余额,非末级科目的余额由系统自动计算生成;辅助核算科目,在录入期初余额时必须录入辅助核算的明细内容,并且修改时也应修改明细内容。

(2) 如果要修改余额的方向,可以在未录入余额的情况下,单击"方向"按钮加以改变。已经录入期初余额的,则不能调整余额方向,必须删除期初余额后,才可进行调整。

(3) 总账科目与其下级科目的方向必须一致。如果所录明细余额的方向与总账余额方向相反,则可用"—"号表示。

(4) 如果某一科目有数量(或外币)核算的要求,录入余额时还应输入该余额的数量(或外币金额)。

(5)如果是在年中某月建账,则需要录入启用月份的月初余额及其年初到该月的借贷方累计发生额,而年初余额由系统根据月初余额及借贷方累计发生额自动计算生成。

(6)系统只能对月初余额的平衡关系进行试算,而不能对年初余额进行试算。如果期初余额试算不平衡,系统将不允许记账,但可以填制凭证。

(7)凭证记账后,期初余额变为浏览、只读状态,只可以查询或打印。如果需要修改,需将所有已记账凭证取消记账。

(8)当录入有辅助核算的会计科目的期初余额时,如果因在期初录入窗口中多拉出一空白行而导致无法退出,则可按 Esc 键退出。

(9)在录入辅助核算科目期初余额时,部分栏目可利用右下角的"参照"功能调用基础档案内容,如果参照中无内容,则应到"基础设置"—"基础档案"中完善信息。例如,如果不显示对应的个人档案信息(或录入人员编码时,系统提示"人员非法"),那么原因是未录入"人员档案"信息,或在"人员档案"设置中没有选中"是否业务员"复选框。

## 任务三  凭证处理

### 任务资料

1. 常用摘要(表 5-7)

表 5-7  常用摘要

| 摘要编码 | 摘要内容 |
| --- | --- |
| 1 | 购买办公用品 |
| 2 | 购买材料 |
| 3 | 生产领料 |
| 4 | 报销差旅费 |
| 5 | 销售商品 |

2. 2021 年 1 月北京市维达股份有限公司发生以下经济业务:

(1)7 日,收到罚没收入 500 元。

借:库存现金　　　　　　　　　　　　　　　　　　500

　　贷:营业外收入　　　　　　　　　　　　　　　　　　500

(2)7 日,市场部供应处购买 200 元的办公用品,以现金支付,附单据一张。(由操作员误填为:借:管理费用——办公费用 500　贷:库存现金 500)

借:管理费用——办公费用　　　　　　　　　　　200

　　贷:库存现金　　　　　　　　　　　　　　　　　　200

(3)7日,市场部供应处(陈杰)交来辽宁海特公司开具的增值税专用发票一张,发票列明材料1 200公斤,单价25元/公斤,增值税3 900元,材料已验收入库。

借:原材料　　　　　　　　　　　　　　　　　　　　　30 000
　　应交税费——应交增值税(进项税额)　　　　　　　　3 900
　　贷:应付账款　　　　　　　　　　　　　　　　　　33 900

(4)8日,供应处从河北九华公司购进的2 500公斤材料已到,单价21元/公斤,款项用转账支票(票号1234)支付。

借:原材料　　　　　　　　　　　　　　　　　　　　　52 500
　　应交税费——应交增值税(进项税额)　　　　　　　　6 825
　　贷:银行存款——工行存款　　　　　　　　　　　　59 325

(5)10日,车间为生产11号项目领用原材料数量1 000公斤,单价26元/公斤,共计26 000元。

借:生产成本——基本生产成本——直接材料　　　　　26 000
　　贷:原材料　　　　　　　　　　　　　　　　　　　26 000

(6)15日,综合部王靖出差归来,报销差旅费8 736元。(由操作员误填为:借:销售费用8 736　贷:其他应收款——王靖8 736)

借:销售费用——其他费用　　　　　　　　　　　　　　8 736
　　贷:其他应收款——王靖　　　　　　　　　　　　　8 736

(7)20日,销售处根据供货合同销售给烟台宝乐公司一批A产品1 000件,销售单价120元/件(增值税税率为13%)。价税款全部收回,转账支票(票号2345)存入银行。

借:银行存款——工行存款　　　　　　　　　　　　　135 600
　　贷:主营业务收入　　　　　　　　　　　　　　　120 000
　　　　应交税费——应交增值税(销项税额)　　　　　15 600

(8)21日,从工行提取现金100元,由于业务经常发生,将其保存为常用凭证。

(9)25日,调用常用凭证处理业务:从工行提取现金1 000元。

**要求:**

1.理解总账初始化设置对凭证处理的意义;

2.设置常用摘要;

3.填制第(1)笔至第(7)笔业务的记账凭证;

4.利用常用凭证的保存与调用处理第(8)笔和第(9)笔业务的记账凭证;

5.修改第1号付款凭证的金额为200元;

6.出纳签字与取消签字;

7.凭证审核与取消审核;

8.删除第1张收款凭证和第3张付款凭证,并整理断号;

9.记账与取消记账；

10.查询已记账的第1号转账凭证；

11.用红字冲销法对已记账的第3号转账凭证进行修改,将借方科目"销售费用"改为"管理费用——其他费用"。

# 任务指导

## 一、设置常用摘要

1.在企业应用平台"基础设置"选项卡中,执行"基础档案"→"其它"→"常用摘要"命令,打开"常用摘要"对话框。

2.单击"增加"按钮,输入摘要编码"1"、摘要内容"购买办公用品",继续单击"增加"按钮,录入任务资料其他内容,如图5-6所示。

3.单击"退出"按钮。

图5-6 设置常用摘要

### 应用提示

(1)账套主管有权限设置常用摘要。一般操作员需要在"系统管理"中进行常用摘要功能权限设置后,方可进行此项操作。

(2)设置常用摘要后,可以在填制凭证时调用,以提高凭证的录入速度。但是制单人员也必须具有常用摘要功能权限。设置方法同图5-7所示。

(3)常用摘要的"相关科目"是指在使用该摘要时通常使用的相关科目。如果设置相关科目,则在调用该常用摘要时系统会将相关科目一并列出,可以修改,也可以不设置。

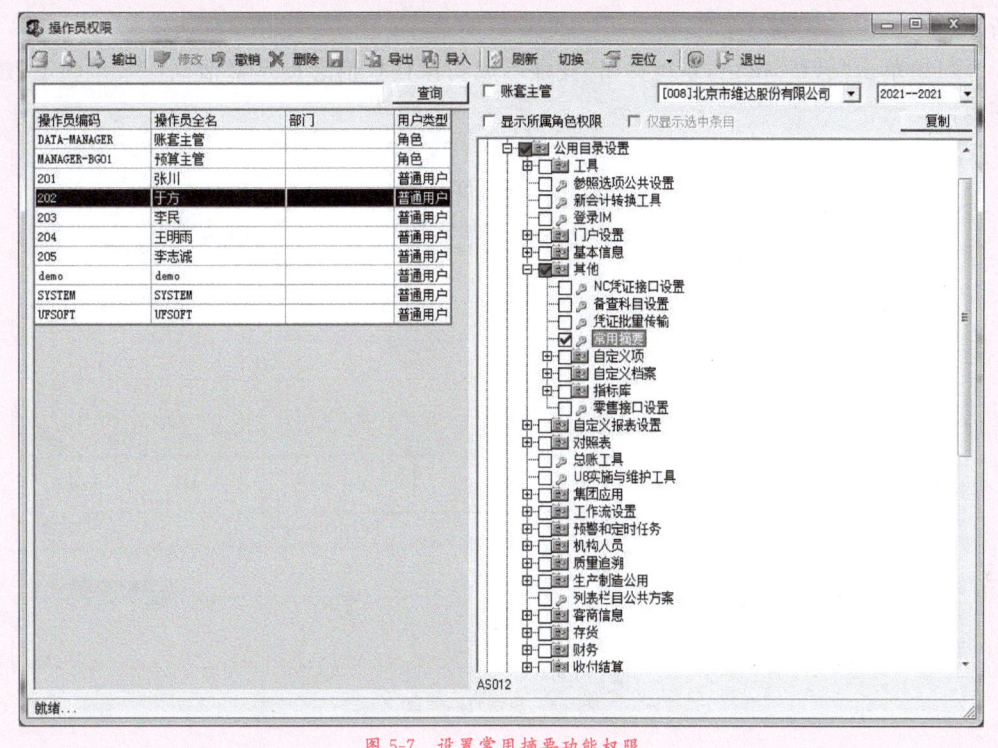

图 5-7　设置常用摘要功能权限

## 二、填制记账凭证

**1.业务 1:无辅助核算业务**

(1)以"202 于方"操作员身份注册进入企业应用平台。若已经以其他操作员身份进入企业应用平台,则需单击左上角"重注册"按钮。

(2)选中"业务工作"选项卡,执行"总账"→"凭证"→"填制凭证"命令,进入"填制凭证"窗口。

(3)单击"增加"按钮或者按 F5 快捷键。

(4)单击凭证类别的参照按钮,选择"收款凭证"。

(5)修改制单日期为"2021.01.07"。

(6)在"摘要"栏输入"收到罚没收入"。

(7)在"科目名称"栏输入科目名称"库存现金",或者输入科目代码"1001",或者单击参照按钮(或按 F2 快捷键),选择资产类科目"1001 库存现金"。

(8)在"借方金额"栏输入"500.00"。

(9)按回车键,复制上一行摘要,在"科目名称"栏输入科目名称"营业外收入",或者输入科目代码"6301",或者单击参照按钮(或按 F2 快捷键),选择损益类科目"6301 营业外收入"。

(10)在"贷方金额"栏输入"500.00",或者按"="键,进行借贷自动平衡。如图5-8所示。

(11)单击"保存"按钮,系统弹出"凭证已成功保存!"信息提示对话框,单击"确定"按钮返回。

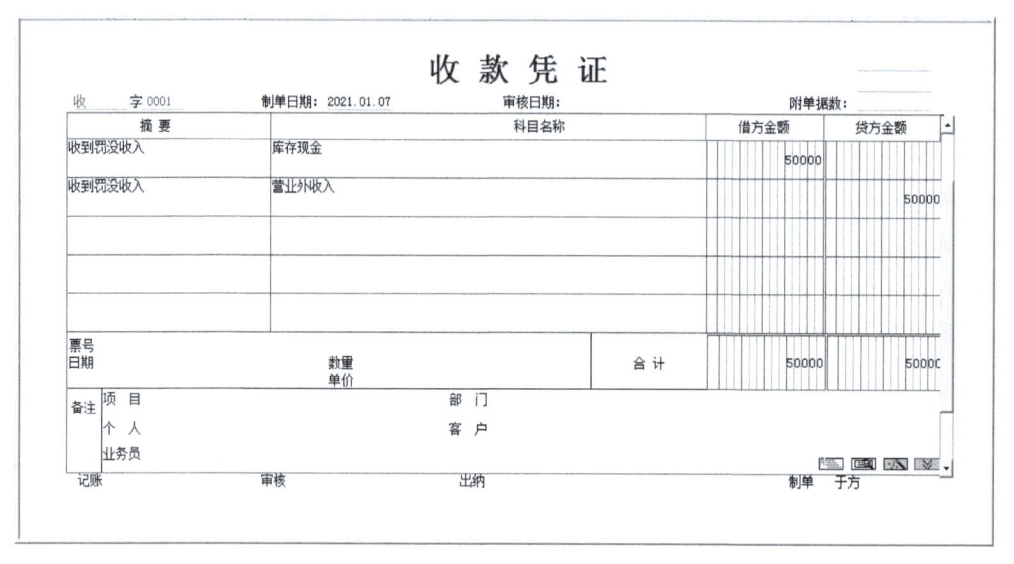

图 5-8　填制收款凭证

### 🌸 应用提示

(1)在填制凭证时,应首先检查当前操作员是否为财务分工中应该进行制单的操作员,否则应以重注册方式进行更换。

(2)凭证日期应大于等于总账系统启用日期,并小于等于计算机系统日期。如果录入日期后系统提示"日期不能超前建账日期",则需要在"基础设置"选项卡"基本信息"—"系统启用"中检查总账启用日期;如果录入日期后系统提示"日期不能滞后系统日期",则需要检查计算机的系统日期。

(3)凭证体中不同行的摘要可以相同也可以不同,但不能为空。每行摘要将随相应的会计科目在明细账、日记账中出现。

(4)输入的科目名称或科目编码必须是最末级科目。

(5)分录中的金额不能为零,但可以为红字,即如果金额是负数,则在金额处输入"一"号,系统会显示金额为红字,但打印凭证时,该金额前会打印出"一"号。如果凭证的金额录错了方向,可以按空格键改变借贷方向。

(6)系统在总账选项中设置每页凭证可以有5行,当某张凭证超过5行时,系统将自动在凭证号后标上几分之一,如付-0001号 0002/0003 表示为付款凭证第0001号凭证共有3张分单,当前光标所在分录是在第二张分单上。

(7)凭证填制完成后,在未审核前可以直接光标定位进行修改。

(8)凭证填制完成后,可以单击"保存"按钮保存凭证,也可以单击"增加"按钮保存并新增一张空白凭证。保存凭证时,如果借贷不平,系统会给出提示,并不予保存。凭证一旦保存,其凭证类别、凭证编号将不能再修改。

(9)如果在设置凭证类别时已经设置了不同种类凭证的限制类型及限制科目,则在填制凭证时,如果凭证类别选择错误,那么在保存凭证时,系统会提示凭证不能满足的条件,此时应根据业务类型重新选择凭证类别或修改凭证类别字的设置。

2.业务2:辅助核算业务—部门辅助核算

(1)参照业务1凭证填制过程,录入本业务凭证头信息。

(2)在"摘要"栏输入"购买办公用品",或者在"摘要"栏输入"1",按回车键调用第1号常用摘要,或者单击参照按钮,选中第1号常用摘要。

(3)在"科目名称"栏输入科目名称"管理费用/办公费用",或者输入科目代码"660202",或者单击参照按钮(或按F2快捷键),选择损益类科目"660202管理费用/办公费用"。

(4)按回车键,弹出"辅助项"对话框,输入供应处的编码"0401",或者单击参照按钮,进入"部门基本参照"窗口,选择"供应处",如图5-9所示,单击"确定"按钮。

(5)其余录入过程同业务1。

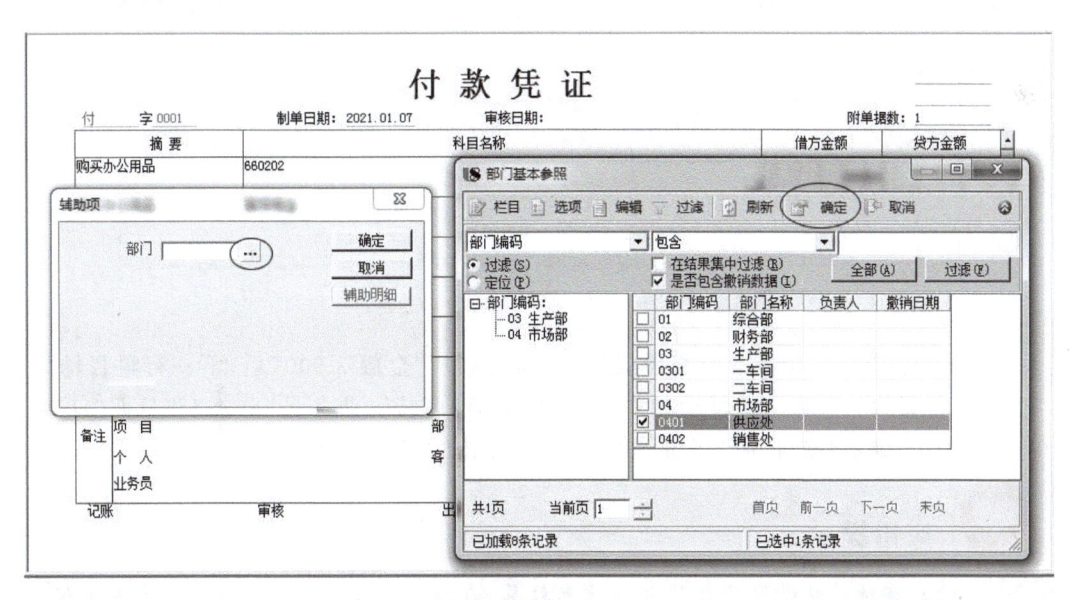

图5-9 录入部门辅助核算信息

### 应用提示

(1)只有对科目设置了辅助核算,在填制凭证时输入该科目,系统才弹出"辅助项"对话框。

(2)在填制凭证时,如果使用设置了辅助核算的会计科目,则除了录入金额信息,还应录入其辅助信息。如果空过辅助信息,仍可继续操作,不显示出错信息,但不能查询到辅助账的相关资料。

(3)如果单击"辅助项"对话框的参照按钮,无法查看部门信息,则有可能是基础档案中部门信息没录入,此时应先完善部门档案后再选择,也可能是该操作员没有"部门"查询的权限,此时应在数据权限设置中进行相应设置。

3.业务3:辅助核算业务——数量金额辅助核算

(1)参照业务1凭证填制过程,录入本业务凭证头信息及摘要栏信息。

(2)在凭证体第一行输入科目名称"原材料",或者输入科目代码"1403",弹出"辅助项"对话框。输入数量"1 200.00"、单价"25.00",单击"确定"按钮,如图5-10所示。系统会自动将金额信息显示在凭证体借方栏,所录信息会显示在凭证体下方。

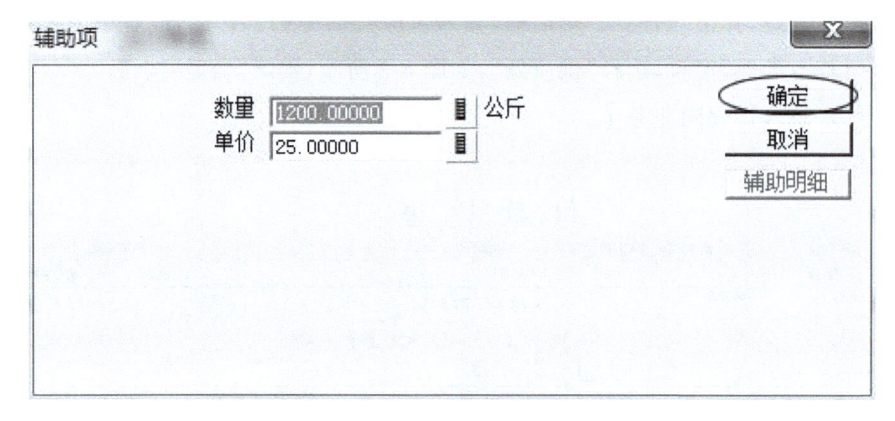

图5-10 录入数量金额辅助核算信息

(3)录入"应交税费——应交增值税(进项税额)""金额3 900"后,下一行科目输入"2202 应付账款",在弹出的辅助项中,录入供应商"海特",业务员"陈杰"和日期"2021-01-07",单击"确定"按钮,输入金额"33 900"后,单击"保存"按钮。

### 应用提示

(1)只有对科目设置了数量金额辅助核算,在填制凭证时输入该科目,系统才弹出可输入数量和单价的"辅助项"对话框。

(2)数量、单价和金额信息三者只能输入二者,系统会自动计算第三个信息,否则可能会出现因小数四舍五入而使得总账和明细账数据不平现象。

(3)如果空过辅助信息,仍可继续操作并保存凭证,不显示出错信息,但有可能导致数量金额核算科目对账不平。

4.业务4:辅助核算业务—银行账辅助核算

(1)参照业务3凭证填制过程,录入本业务凭证头信息、摘要栏信息及借方"原材料"科目、"应交税费/应交增值税/进项税额"科目及金额信息。

(2)在凭证体第三行输入科目名称"银行存款/工行存款",或者输入科目代码"100201",或者单击参照按钮(或按F2快捷键),选择资产类科目"100201 银行存款/工行存款"。

(3)按回车键,弹出"辅助项"对话框,在"结算方式"栏输入转账支票的编码"202",或者单击参照按钮,打开"总账"对话框,双击"202 转账支票",在"票号"栏输入"1234",单击"确定"按钮,如图5-11所示。

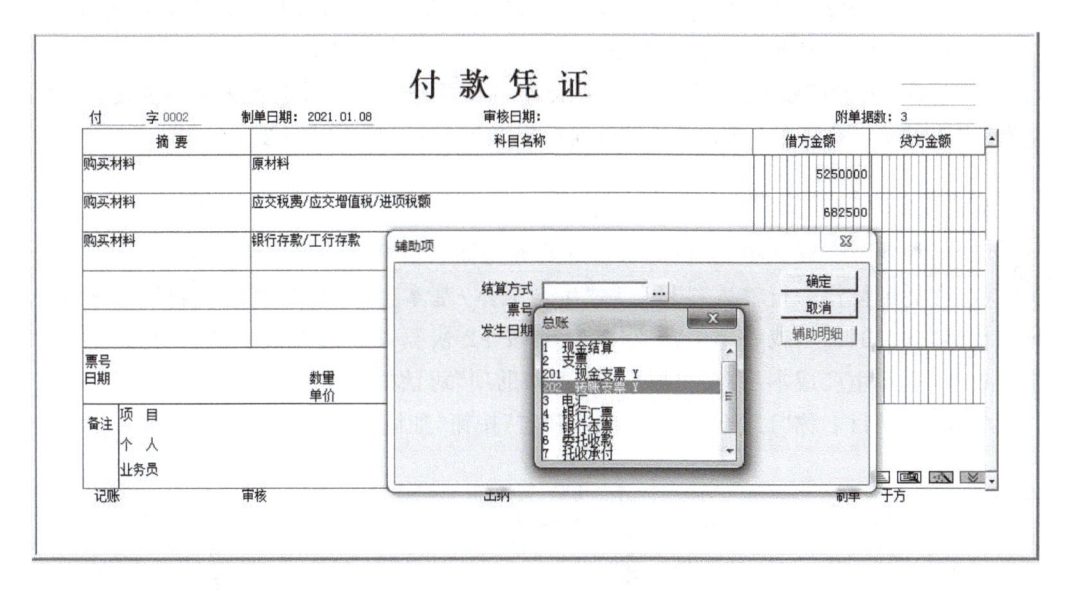

图5-11 录入银行账辅助核算信息

(4)凭证输入完成后,若此支票尚未登记,则系统弹出"此支票尚未登记,是否登记?"信息提示对话框。

(5)单击"是"按钮,打开"票号登记"对话框。

(6)输入领用日期"2021-01-08"、领用部门"0401-供应处"、限额"59 325.00"、用途"购材料",如图5-12所示。单击"确定"按钮,所登记内容在支票登记簿中可查看。

(7)单击"确定"按钮,保存该凭证。

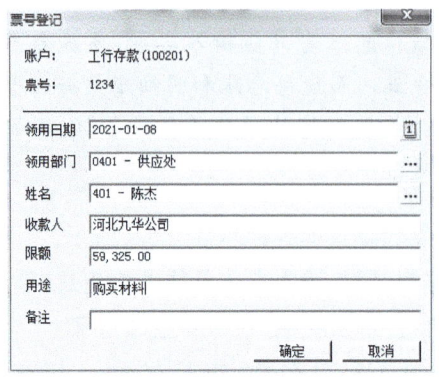

图 5-12 "票号登记"对话框

## 应用提示

(1) 凡涉及"银行账"科目,均应输入结算方式及票号,否则将导致期末无法与银行账对账。如果系统未弹出提示输入结算方式、票号等内容的"辅助项"对话框,说明在科目设置时,未在有关"银行存款"科目中选中"银行账"复选框。

(2) "结算方式"栏参照内容是共享基础档案设置中的内容,如果无内容或内容不全,应先在基础档案中完善后再选择。

(3) 如果在对已领用支票报销制单前,已经在支票登记簿登记过,则此处不要进行"票号登记",系统只是将支票登记簿报销日期自动填上凭证制单日期"2021-01-08"。

### 5. 业务 5:辅助核算业务—项目辅助核算

(1) 参照业务 1 凭证填制过程,录入本业务凭证头信息及摘要栏信息。

(2) 在凭证体第一行输入科目名称"生产成本/基本生产成本/直接材料",或者输入科目代码"50010101",或者单击参照按钮(或按 F2 快捷键),选择成本类科目"50010101 生产成本/基本生产成本/直接材料",弹出"辅助项"对话框。

(3) 输入项目名称"11 号项目",单击"确定"按钮,如图 5-13 所示。

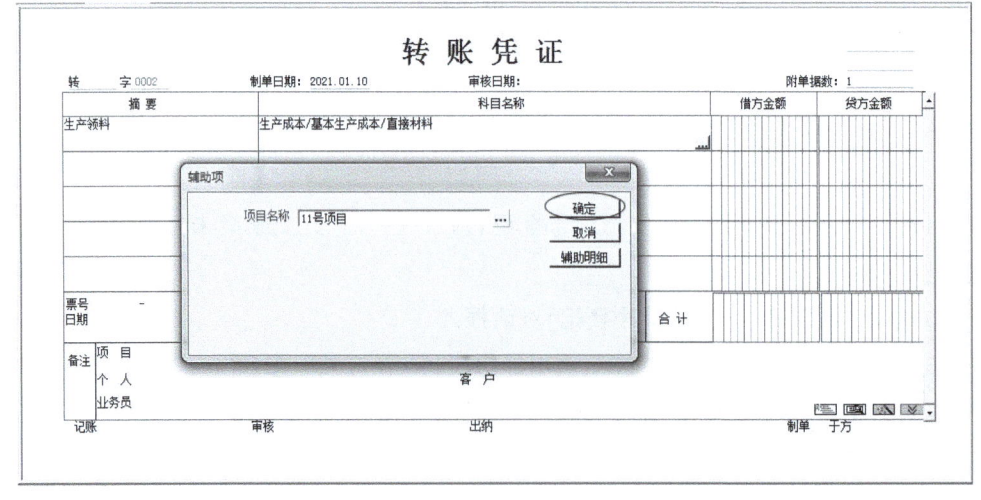

图 5-13 录入项目辅助核算信息

(4)在凭证体第二行输入科目名称"原材料",或者输入科目代码"1403",弹出"辅助项"对话框。输入单价"26.00",数量"1 000.00",单击"确定"按钮。系统会自动计算金额并将信息显示在凭证贷方。

(5)单击"保存"按钮,保存该凭证。

### 💗 应用提示

(1)录入项目核算信息的前提是已经在基础档案中进行了项目大类、项目核算科目、项目目录维护等设置。

(2)对生产成本数据在录入时及时将其归集到所对应的科目,便于准确快捷计算完工产品和在产品生产成本。

(3)此处的原材料单价"26.00"元可以通过查询原材料数量金额明细账(包含未记账凭证)来获取。如果企业领用原材料是用加权平均法核算,也可以在原材料数量金额明细账中查看系统自动算出的加权平均单价。

6.业务6:辅助核算业务—个人往来辅助核算

(1)参照业务1凭证填制过程,录入本业务凭证头信息及摘要栏信息。

(2)在凭证体第一行输入科目名称"销售费用",或者输入科目代码"6601",在"借方金额"栏输入"8 736.00"。

(3)在凭证体第二行输入科目名称"其他应收款",或者输入科目代码"1221",系统弹出"辅助项"对话框。部门选择"综合部",个人选择"王靖",如图5-14所示。

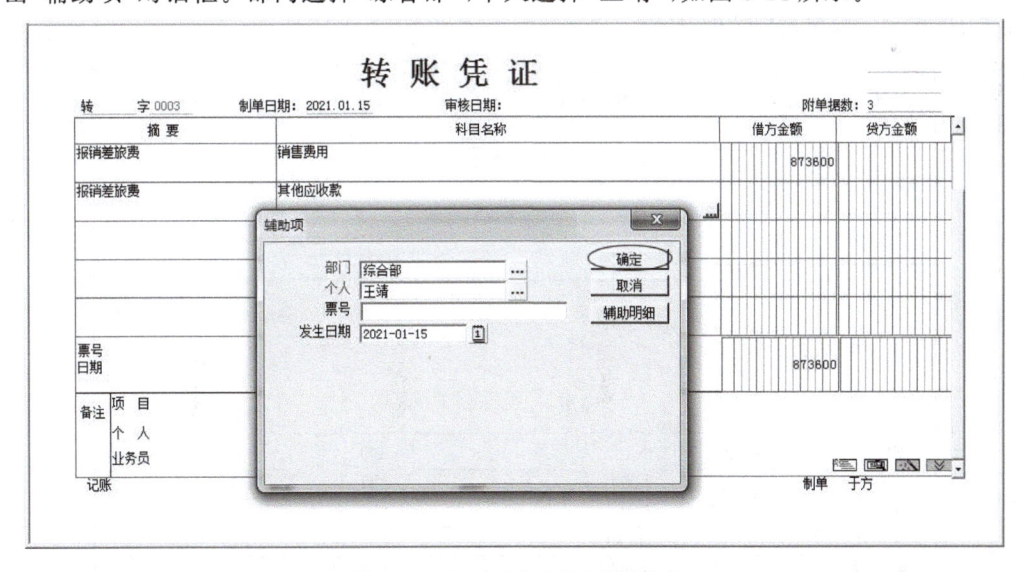

图5-14 录入个人往来辅助核算信息

(4)单击"确定"按钮,保存凭证。

7.业务7:普通业务

操作方法同上述业务,不再赘述。

**8.业务 8：常用凭证的生成**

(1)按所给任务资料先填制一张从工行提取现金的凭证。

(2)在"填制凭证"窗口，执行"常用凭证"→"生成常用凭证"命令，系统弹出"常用凭证生成"对话框，输入代号"1"、说明"从工行提取现金"，选择凭证类别"付款凭证"，单击"详细"按钮，如图 5-15 所示。单击"确认"按钮保存为常用凭证。

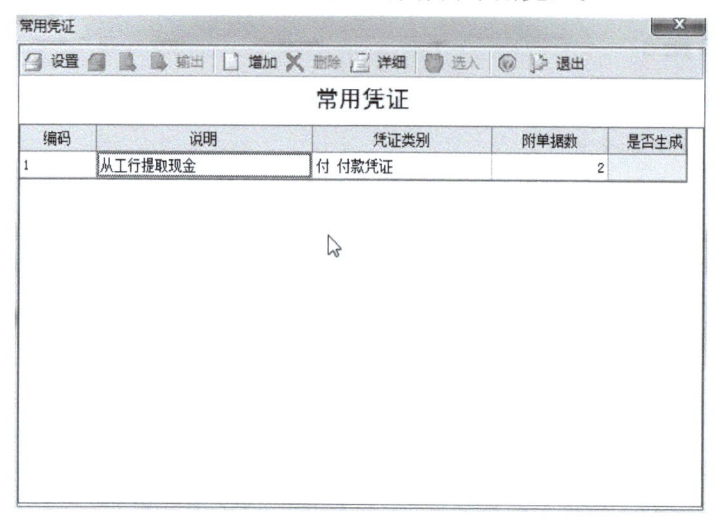

图 5-15　生成常用凭证

(3)单击"增分"按钮，输入科目名称"库存现金"，借方金额输入"100.00"，单击"增分"按钮，在下一行科目输入"100201 工行存款"，贷方金额输入"100.00"，单击"退出"按钮，如图 5-16 所示。再单击"退出"按钮。

图 5-16　调用常用凭证

9.业务9：常用凭证的调用

在"填制凭证"窗口，执行"常用凭证"→"调用常用凭证"命令，系统弹出"调用常用凭证"对话框，输入常用凭证代号"1"，单击"确定"按钮，系统自动生成一张提现凭证，操作员可根据业务日期和金额对所生成凭证进行修改，然后保存。

### 应用提示

对于每月重复发生的会计业务，如果其借贷方对应科目不变，只是每次业务日期和金额有可能变化，可利用常用凭证功能，一次生成，多次调用，提高凭证录入速度。

## 三、修改第1号付款凭证——无痕迹修改

1. 以"202于方"操作员身份注册进入企业应用平台。
2. 选中"业务工作"选项卡，执行"总账"→"凭证"→"填制凭证"命令，进入"填制凭证"窗口。
3. 单击"查询"按钮，打开"凭证查询"对话框。选择付款凭证类别，选择月份为"2021年1月"，凭证号为"1"，如图5-17所示。单击"确定"按钮，系统即显示需要修改的第1号付款凭证。

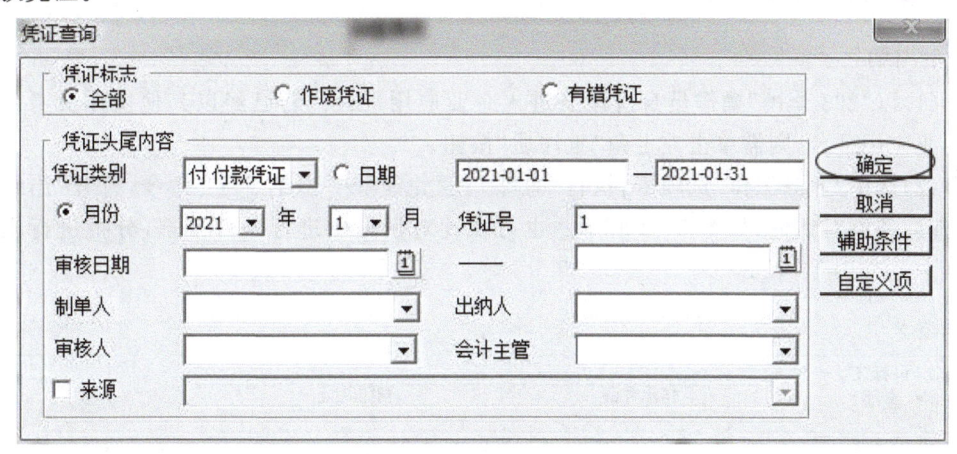

图5-17 修改凭证

4. 将光标定位在需要修改的借、贷方金额栏，将"500.00"改为"200.00"，保存凭证即可。

### 应用提示

（1）如果在总账系统中选中"允许修改、作废他人填制的凭证"复选框，则可由非原制单人修改或作废他人填制的凭证，被修改凭证的制单人将被修改为现在修改凭证的人。

(2)如果在总账系统中没有选中"允许修改、作废他人填制的凭证"复选框,则只能由原制单人修改或作废其填制的凭证。

(3)对于未由出纳或审核人签字的凭证,可以在"填制凭证"窗口直接进行光标定位修改。但是凭证类别不能被修改,凭证日期修改后,如果已采用制单序时控制,则在修改制单日期时,不能在上一张同类凭证的制单日期之前。

(4)如果已经由出纳或审核人签字的凭证出错需要修改,则必须先取消签字后再进行修改。

(5)凭证的辅助项内容如果有错误,可以在单击含有错误辅助项的会计科目后,将光标定位至错误的辅助项信息处,当出现"笔头状光标"时双击此处,弹出"辅助项"对话框,直接修改辅助项的内容,或者按 Ctrl+S 组合键调出"辅助项"对话框后修改。

(6)外部系统传递到总账系统的凭证,不能在总账系统中修改,只能在生成该凭证的系统中进行修改。

(7)对尚未记账的凭证进行修改,在系统中没有留下痕迹,因此又称为"无痕迹修改"。

## 四 出纳签字与取消签字

### 1.出纳签字

(1)以"203 李民"操作员身份注册进入企业应用平台。若已经以其他操作员身份进入企业应用平台,则需单击左上角"重注册"按钮。

(2)选中"业务工作"选项卡,执行"总账"→"凭证"→"出纳签字"命令,打开"出纳签字"查询条件对话框,如图 5-18 所示。也可在此对话框中进行条件筛选,分批进行出纳签字。

图 5-18 "出纳签字"查询条件对话框

(3)单击"确定"按钮,选定全部需要出纳签字的凭证,进入"出纳签字列表"窗口,如图5-19所示。

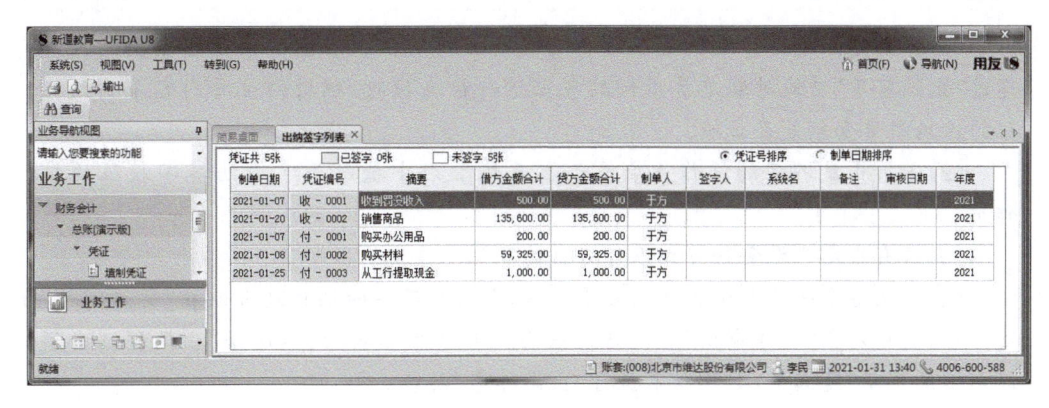

图 5-19 "出纳签字列表"窗口

(4)双击某张要签字的凭证进入"出纳签字"窗口。

(5)单击"签字"按钮,凭证底部的"出纳"位置被自动签上出纳人姓名,如图5-20所示。

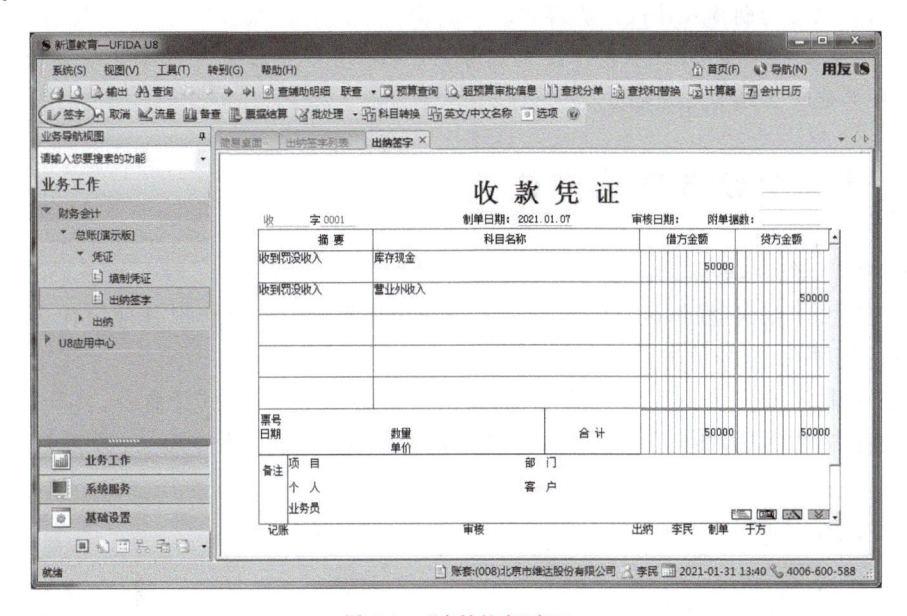

图 5-20 "出纳签字"窗口

(6)单击"下一张"按钮,依次对其他凭证进行签字。

### 2.取消签字

(1)依上述出纳签字操作步骤,进入"出纳签字"窗口。

(2)单击"取消"按钮或执行"出纳"→"取消签字"命令,凭证底部的"出纳"位置的出纳人姓名便自动消失。

(3)单击"下一张"按钮,依次对其他凭证进行取消签字。

### 应用提示

(1)出纳凭证是指涉及现金和银行存款科目的凭证。出纳签字是指由出纳人员通过"出纳签字"功能对制单员填制的凭证进行检查核对,核对的主要内容是出纳凭证的出纳科目金额是否正确。

(2)进行出纳签字的操作员应是已在系统管理中被赋予了出纳签字权限的操作员。

(3)只有指定为现金科目和银行科目的凭证才需出纳签字。

(4)出纳签字并非审核凭证的必要步骤,即出纳签字的操作既可以在"凭证审核"前进行,也可以在"凭证审核"后进行。若在设置总账参数时,不选择"出纳凭证必须经由出纳签字"复选框,则可以不执行"出纳签字"功能。

(5)为了提高效率,除单张签字或单张取消签字外,也可以执行"批处理"→"成批出纳签字"或"成批取消签字"命令,即一次完成对所有收付凭证的出纳签字或取消签字。

(6)如果在出纳签字时,发现凭证有错,而系统又"不允许修改、作废他人填制的凭证",则应交由制单人修改后再签字。

(7)凭证一经签字,就不能修改或删除,只有取消签字后才可以修改或删除。取消签字只能由出纳自己进行。

## 五、凭证审核与取消审核

### 1.凭证审核

(1)以"201 张川"操作员身份注册进入企业应用平台。若已经以其他操作员身份进入企业应用平台,则需单击左上角"重注册"按钮。

(2)选中"业务工作"选项卡,执行"总账"→"凭证"→"审核凭证"命令,打开"凭证审核"查询条件对话框,如图 5-21 所示。可在此对话框中进行条件筛选,分批进行凭证审核。

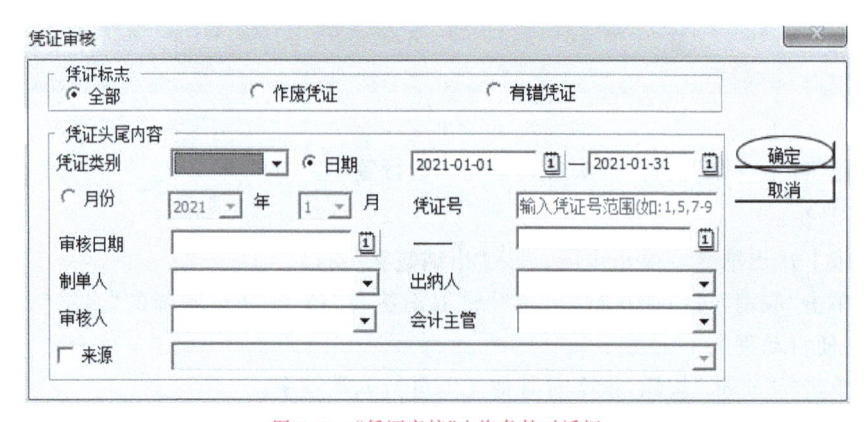

图 5-21 "凭证审核"查询条件对话框

(3)单击"确定"按钮,选定全部需要审核的凭证,进入"凭证审核列表"窗口,如图5-22所示。

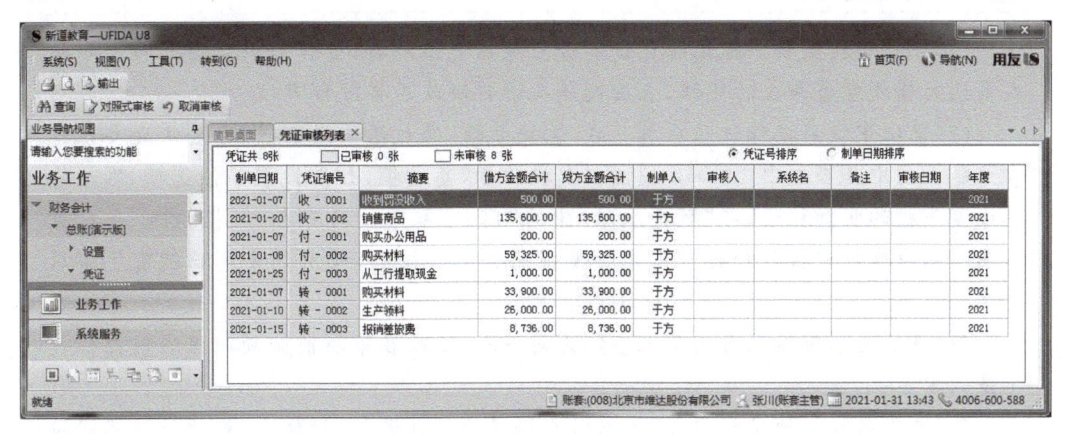

图 5-22 "凭证审核列表"窗口

(4)双击某张要审核的凭证进入"审核凭证"窗口。

(5)单击"审核"按钮,系统会在凭证底部的"审核"位置自动签上审核人姓名,并自动进入下一张需要审核的凭证,如图5-23所示。

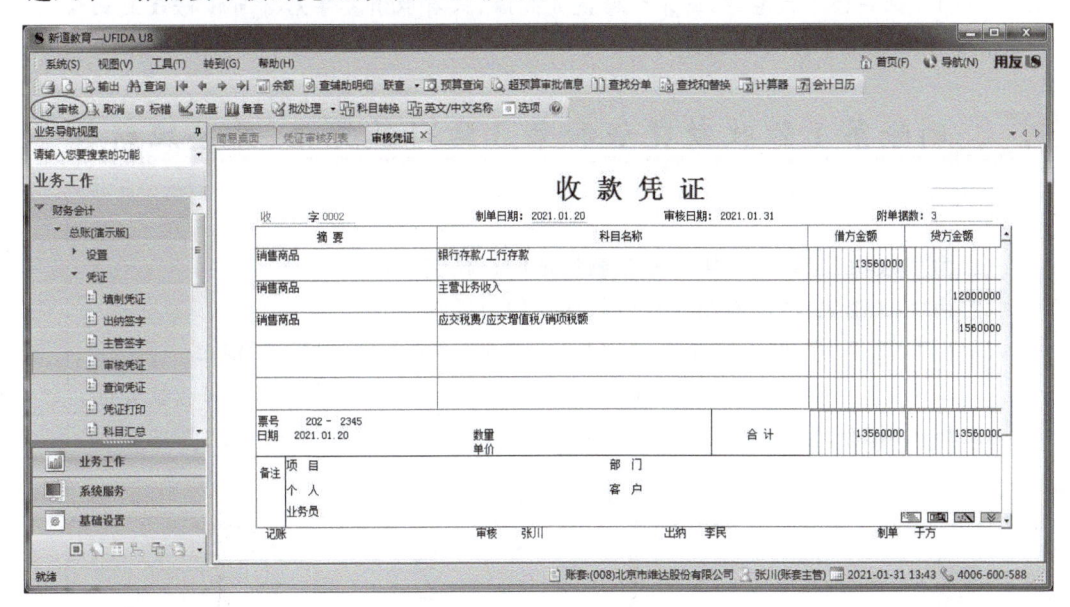

图 5-23 "审核凭证"窗口

### 2.取消审核

(1)依上述凭证审核操作步骤进入"审核凭证"窗口。

(2)单击"取消"按钮或执行"审核"→"取消审核"命令,凭证底部的"审核"位置的审核人姓名便自动消失。

(3)单击"下一张"按钮,依次对其他凭证进行取消审核。

### 应用提示

（1）凭证审核主要审核记账凭证是否与原始凭证相符，会计分录是否正确。审核人员认为错误或有异议的凭证，应由制单人进行修改后再进行审核。

（2）凭证审核的操作权限应首先在"系统管理"的权限中进行赋权，其次还要注意在总账系统中是否选中"凭证审核控制到操作员"复选框，如果设置了该选项，则应继续设置审核的明细权限，即"数据权限"中的"用户"权限。只有在"数据权限"中设置了某一用户有权审核另外某一用户所填制的凭证的权限，该用户才真正拥有了审核凭证的权限。

（3）系统要求审核人与制单人不能为同一人，因此在审核前必须确保当前操作员不是制单人。

（4）在审核凭证的功能中，还可以对有错误的凭证进行"标错"。标错凭证不能被审核，必须取消标错后才能审核。

（5）为了提高效率，除单张审核或单张取消审核外，也可以执行"批处理"→"成批审核凭证"或"成批取消审核"命令，即一次完成对所有凭证的审核或取消审核。

（6）凭证一经审核签字，就不能修改或删除，只有取消签字后才可以修改或删除。取消签字只能由审核人自己进行。

## 六、删除第1张收款凭证和第3张付款凭证，并整理断号

### 1. 凭证作废

(1) 由"201 张川"取消对第 1 号收款凭证的审核签字。
(2) 由"203 李民"取消对第 1 号收款凭证的出纳签字。
(3) 由"202 于方"执行"凭证"→"填制凭证"命令，进入"填制凭证"窗口。
(4) 单击"上一张""下一张"按钮，或通过单击"查询"按钮，找到第 1 号收款凭证。
(5) 单击"作废/恢复"按钮，将该凭证打上"作废"标志，如图 5-24 所示。

图 5-24 作废凭证

(6)同理作废第 3 张付款凭证。

### 2.凭证整理

(1)由"202 于方"单击"整理凭证"按钮,打开"凭证期间选择"对话框,选择凭证期间"2021.01",单击"确定"按钮,打开"作废凭证表"对话框。

(2)双击"作废凭证表"对话框中需要删除凭证所在行的"删除"栏,如图 5-25 所示。

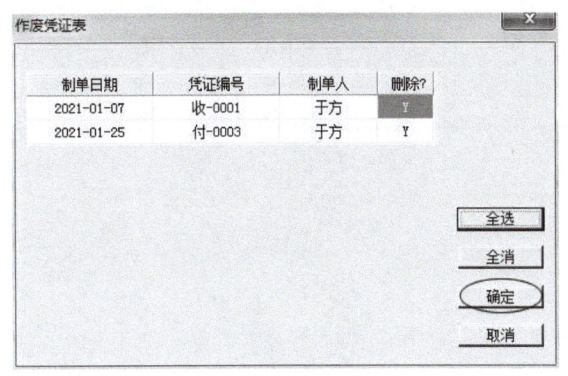

图 5-25 "作废凭证表"对话框

(3)单击"确定"按钮,系统弹出"是否还需整理凭证断号"信息提示对话框,并提供三种断号整理方式:"按凭证号重排""按凭证日期重排""按审核日期重排"。

(4)选择"按凭证号重排",单击"是"按钮,系统完成对凭证号的重新整理。

## 应用提示

(1)在用友 U8V10.1 中,若要删除凭证,必须分两步进行操作,即先进行"作废"操作,然后再进行"整理"操作,才能删除凭证。

(2)未审核签字的凭证可以直接删除,已审核或出纳签字的凭证,必须在取消签字以后才能删除。

(3)只能对未记账凭证进行凭证整理。对已记账凭证进行整理,应先取消记账,取消审核签字后,才能进行凭证整理。

(4)如果在对作废凭证进行整理时,选择了"不整理断号",但在总账系统的选项设置中选中了"自动填补凭证断号"及"系统编号"复选框,那么在填制凭证时可以由系统自动填补断号。否则,将会出现凭证断号。

(5)对于作废凭证,可以单击"作废/恢复"按钮,取消"作废"标记。

(6)作废凭证不能修改、不能审核,但可参与记账,而且系统不对作废凭证进行数据处理,其相当于一张空凭证。在账簿查询时,查不到作废凭证的数据。

## 七 凭证记账与取消记账

### 1.凭证记账

(1)以"201 张川"操作员身份注册进入企业应用平台。

（2）选中"业务工作"选项卡，执行"总账"→"凭证"→"记账"命令，打开"记账"对话框，选择"2021.01月份凭证"，"记账范围"为"全选"，如图5-26所示。

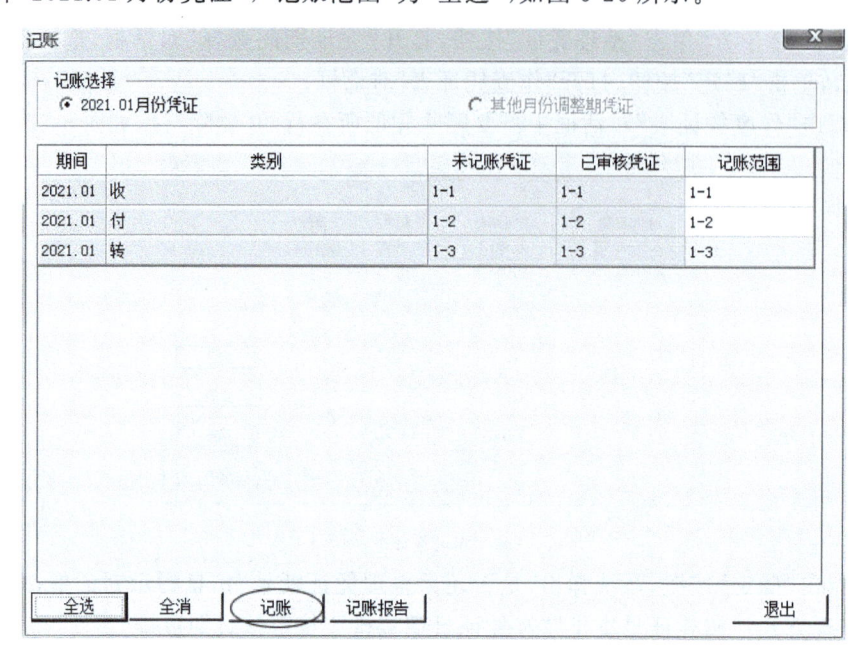

图5-26 选择记账范围

（3）单击"记账"按钮，打开"期初试算平衡表"对话框。

（4）单击"确定"按钮，系统自动进行记账，记账完毕后，系统弹出"记账完毕！"信息提示对话框，如图5-27所示。

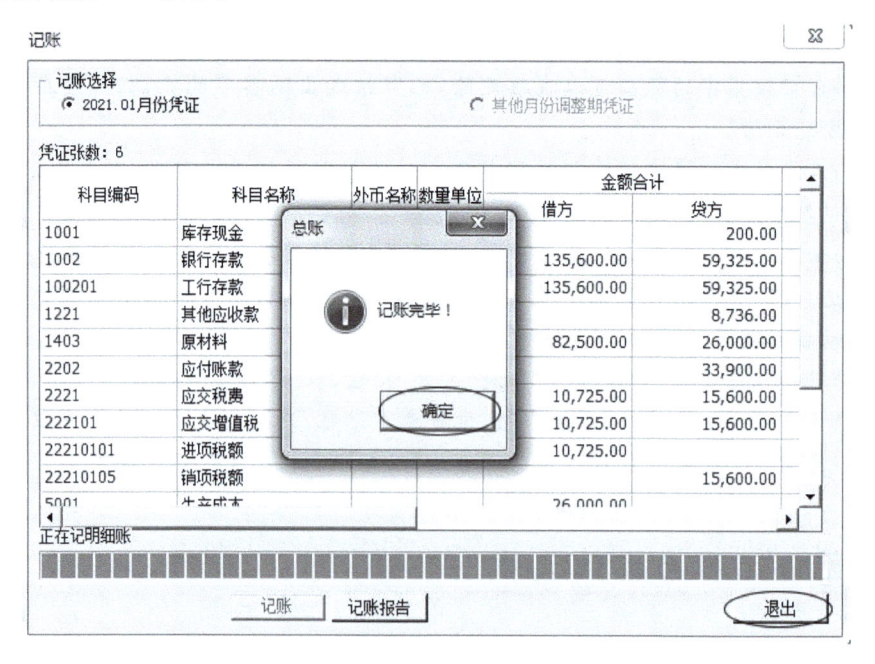

图5-27 记账完毕提示

（5）单击"确定"按钮，系统显示科目汇总表信息，可进行"预览""打印"或"输出"。单击"退出"按钮，记账完毕。

## 应用提示

（1）凭证经过出纳签字及审核后，即可进行账簿的登记，记账通常也称为登账或过账。系统提供的记账功能采用向导方式，使得记账过程更加直观、明确，便于操作。

（2）期初余额试算不平衡不允许记账；如果有未审核的凭证则不允许记账；上月未记账或结账，本月不能记账。

（3）如果不输入记账范围，系统默认所有凭证。记账范围应小于等于已审核范围。

（4）记账过程一旦断电或其他原因造成中断后，系统将自动调用"恢复记账前状态"功能恢复数据，然后再重新记账。

### 2.取消记账

（1）在"业务工作"选项卡中，执行"总账"→"期末"→"对账"命令，打开"对账"对话框。

（2）按 Ctrl+H 组合键，系统弹出"恢复记账前状态功能已被激活。"信息提示对话框，同时，在屏幕左侧"凭证"菜单下显示"恢复记账前状态功能"菜单项，如图 5-28 所示。

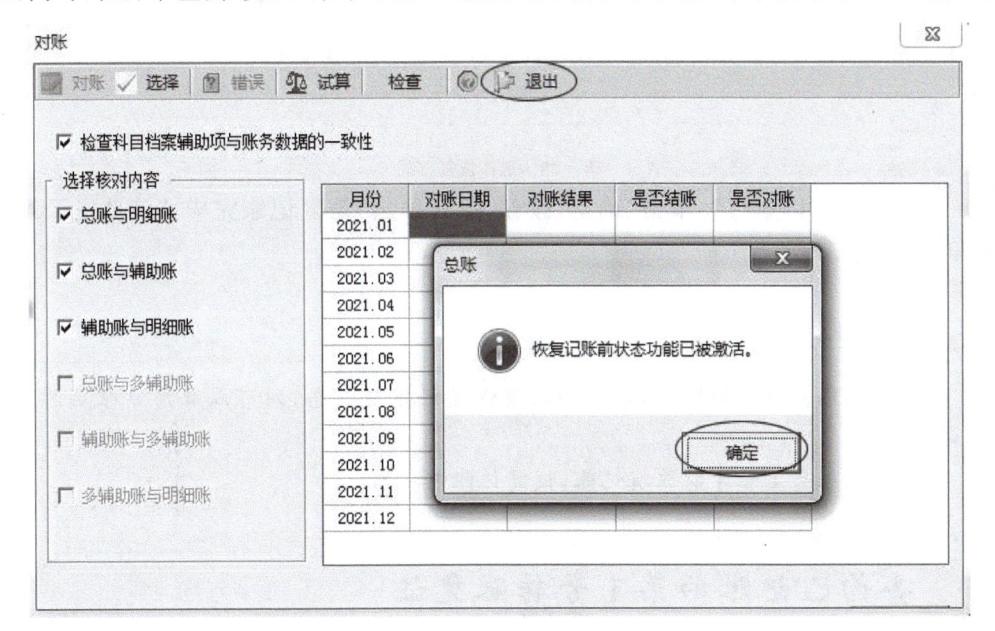

图 5-28 恢复记账前状态

（3）单击"确定"按钮，再单击工具栏上的"退出"按钮。

（4）执行"凭证"→"恢复记账前状态"命令，打开"恢复记账前状态"对话框。

（5）从三种恢复方式中选择一种，如选择"最近一次记账前状态"。

(6)单击"确定"按钮,系统弹出"输入"对话框,提示"请输入口令:",如图5-29所示。

图5-29 选择恢复方式

(7)输入口令"1",单击"确定"按钮,系统弹出"恢复记账完毕!"信息提示对话框,单击"确定"按钮。

## 应用提示

(1)已结账月份不能取消记账,如果要恢复记账前状态,则可以取消结账后再取消记账。

(2)只有账套主管才能取消记账,恢复记账前状态。

## 八 查询已记账的第1号转账凭证

1.选中"业务工作"选项卡,执行"总账"→"凭证"→"查询凭证"命令,打开"凭证查询"对话框。

2."记账范围"选择"未记账凭证","凭证标志"选择"全部","凭证类别"选择"转 转账凭证","月份"选择"2021 年 1 月",在"凭证号"栏输入"1",其余默认。如图 5-30 所示。

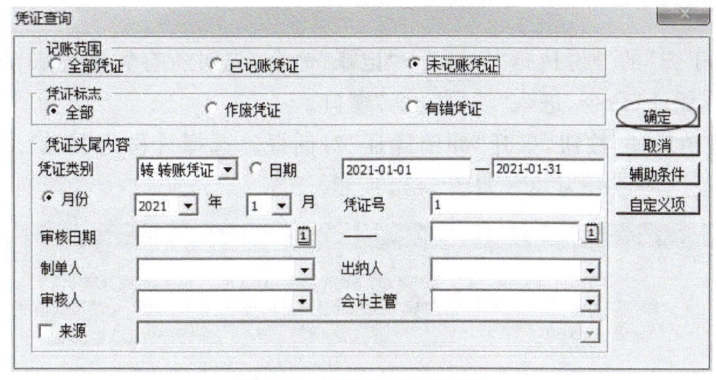

图 5-30 "凭证查询"对话框

3.单击"确定"按钮,进入"查询凭证"窗口,定位所要查询的凭证行,双击该凭证,系统会显示所要查询的记账凭证信息,如图 5-31 所示。

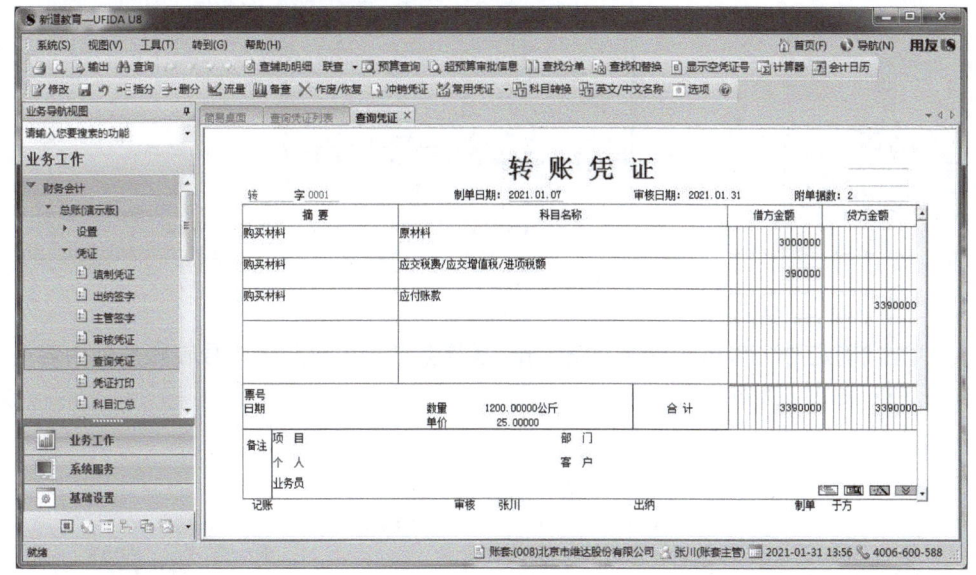

图 5-31 "查询凭证"窗口

### 应用提示

(1)在"查询凭证"功能中既可以查询已记账凭证,也可以查询"未记账凭证"。而在"填制凭证"窗口中则只能查询未记账凭证。

(2)通过设置查询条件可以查询作废凭证、有错凭证、某制单人填制的凭证、其他子系统传递过来的凭证以及一定日期区间、一定凭证号区间的记账凭证。

(3)如果不输入具体查询范围,系统默认所有凭证。

(4)在已记账凭证查询界面,定位某会计科目可以联查账簿资料。在查询账簿资料时,也可以联查的方式查询记账凭证。

## 九、冲销第2号转账凭证并修改

1. 以"202 于方"的身份执行"凭证"→"记账"命令,先对所有凭证记账,退出后再执行"凭证"→"填制凭证"命令,进入"填制凭证"窗口。

2. 单击"冲销凭证"按钮,打开"冲销凭证"对话框。选择月份为"2021.01",凭证类别为"转 转账凭证",凭证号为"3",如图5-32所示。

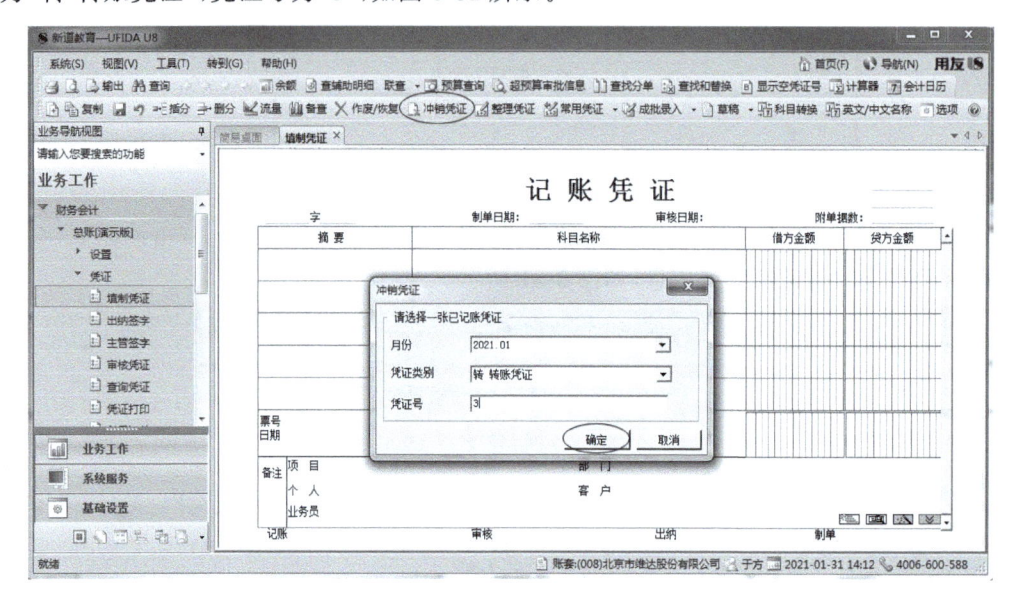

图 5-32 "冲销凭证"对话框

3. 单击"确定"按钮,完成凭证冲销工作,系统会自动生成和第3号转账凭证内容一样的红字凭证,如图5-33所示。

图 5-33 红字凭证

4.单击"保存"按钮。

5.单击"增加"按钮,按前面所述方法,填制一张正确的转账凭证并在保存后退出该窗口,如图 5-34 所示。

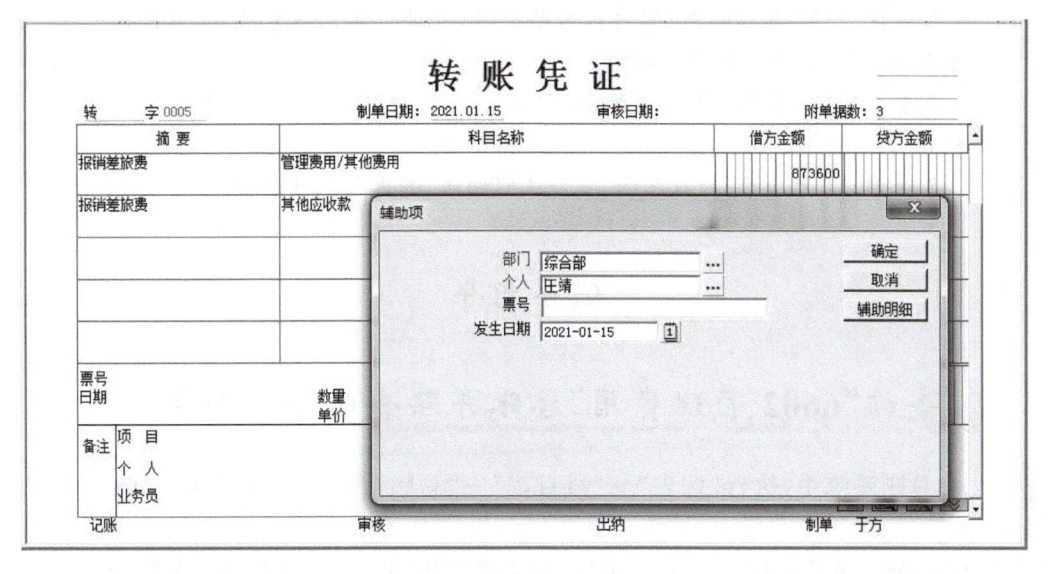

图 5-34 修改后的凭证

6.以操作员"201 张川"身份"重注册",执行"凭证"→"审核凭证"命令,进行冲销凭证和新填制凭证的审核。

7.以操作员"201 张川"身份执行"凭证"→"记账"命令,进行未记账凭证的记账工作。

### 应用提示

(1)冲销凭证是针对已记账凭证由系统自动生成与冲销凭证内容一样的一张红字凭证。

(2)制作红字冲销凭证将错误凭证冲销后,需要再做一张正确的凭证进行补充。

(3)冲销凭证和新填制的正确凭证仍需审核、出纳签字和记账。

## 任务四 账簿管理

### 任务资料

以任务三的任务资料为基础,进行本任务的业务处理。

要求:

1.查询"6602 管理费用"总账并联查明细账和凭证;

2.查询"1403 原材料"数量金额式明细账并联查总账和凭证;

3. 查询全部科目余额表；

4. 定义并查询"222101 应交税费——应交增值税"多栏账；

5. 查询"1122 应收账款"客户往来明细账，并进行客户往来两清、客户往来催款单生成、客户往来账龄分析操作；

6. 查询"01 综合部"部门总账、部门多栏式明细账，并进行所有部门的收支分析；

7. 查询"11 号项目"项目总账、多栏式明细账，并进行统计分析。

# 任务指导

## 一、查询"6602 管理费用"总账并联查明细账和凭证

1. 在总账系统中，执行"账表"→"科目账"→"总账"命令，打开"总账查询条件"对话框。

2. 直接输入或选择科目编码"6602"，单击"确定"按钮，进入"管理费用总账"窗口。

3. 将光标定位在"当前合计"栏，单击工具栏中的"明细"按钮，进入"管理费用明细账"窗口。

4. 在"管理费用明细账"窗口，定位某业务行，单击工具栏的"凭证"按钮，进入"联查凭证"窗口，系统显示该笔业务的记账凭证，如图 5-35 所示。

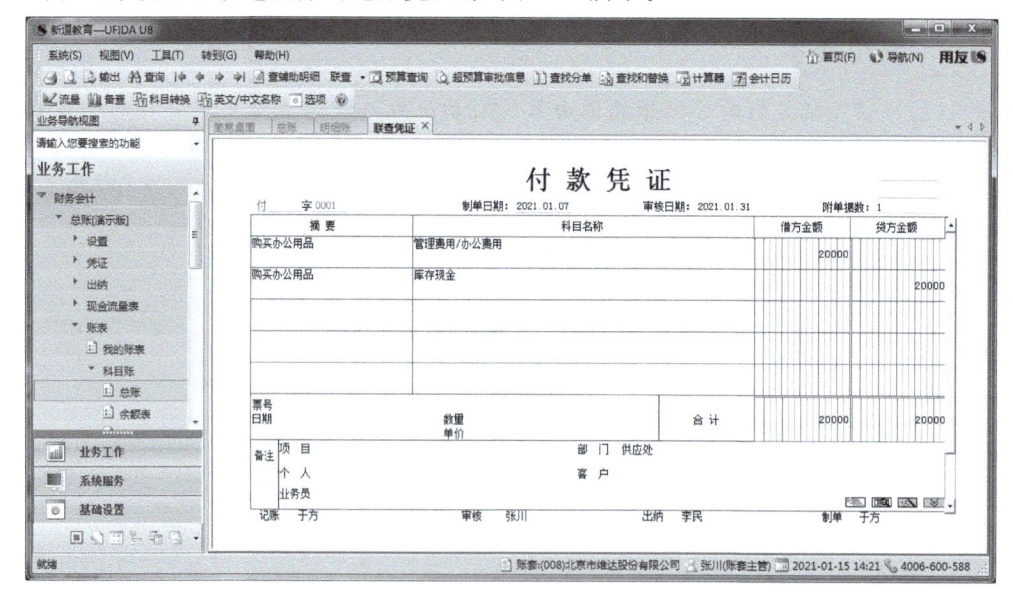

图 5-35　明细账联查记账凭证

## 应用提示

(1)在"总账查询条件"对话框中,若直接单击"确定"按钮,则系统进入第一个会计科目总账窗口,在此窗口"科目"栏的下拉列表框中,可选择其他的一级科目进行总账查询。

(2)在"总账查询条件"对话框中,若选择"包含未记账凭证"复选框,则查询结果包含未记账的会计数据,此项功能提高了会计信息的时效性。

## 二、查询"1403 原材料"数量金额式明细账并联查总账和凭证

1.在总账系统中,执行"账表"→"科目账"→"明细账"命令,打开"明细账查询条件"对话框。

2.直接输入或选择科目编码"1403",单击"确定"按钮,进入金额式"原材料明细账"窗口。

3.在右上角下拉列表框中选择"数量金额式",进入数量金额式"原材料明细账"窗口,系统除了列示该账户借方、贷方、余额等金额信息外,还显示数量、单价等信息,如图 5-36 所示。

图 5-36 数量金额式明细账

4.在"原材料明细账"窗口,定位某业务行,单击工具栏中的"凭证"按钮,进入"联查凭证"窗口,系统显示该笔业务的记账凭证。

5.单击工具栏中的"总账"按钮,进入"原材料总账"窗口。

## 三、查询全部科目余额表

1.在总账系统中,执行"账表"→"科目账"→"余额表"命令,打开"发生额及余额查询条件"对话框。

2.单击"确定"按钮,进入"发生额及余额表"窗口,如图5-37所示。

3.将光标定位在"1221 其他应收款",单击"专项"按钮,打开余额表中的专项资料,如图5-38所示。

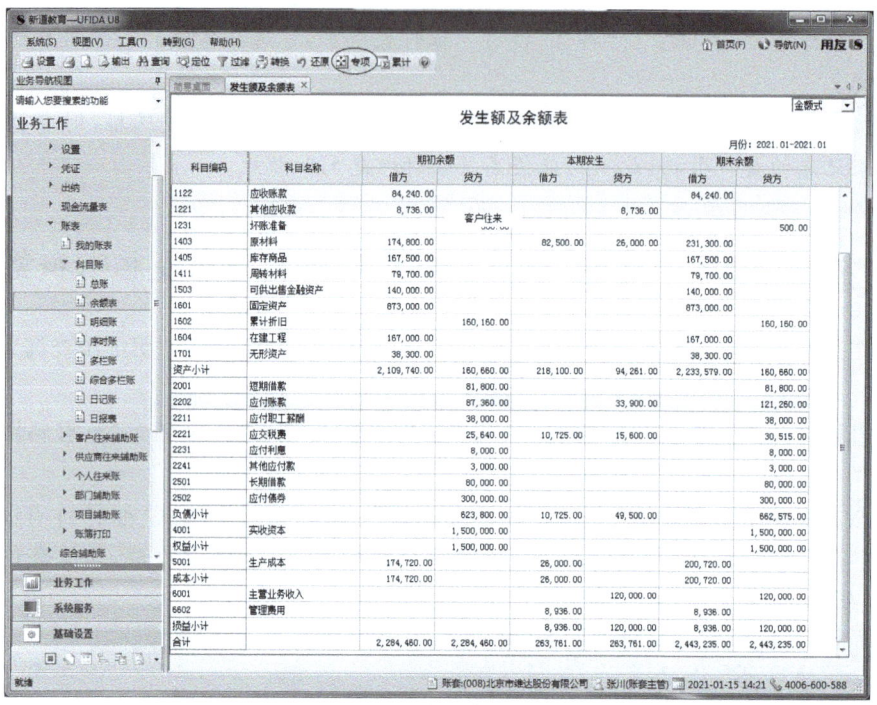

图5-37 "发生额及余额表"窗口

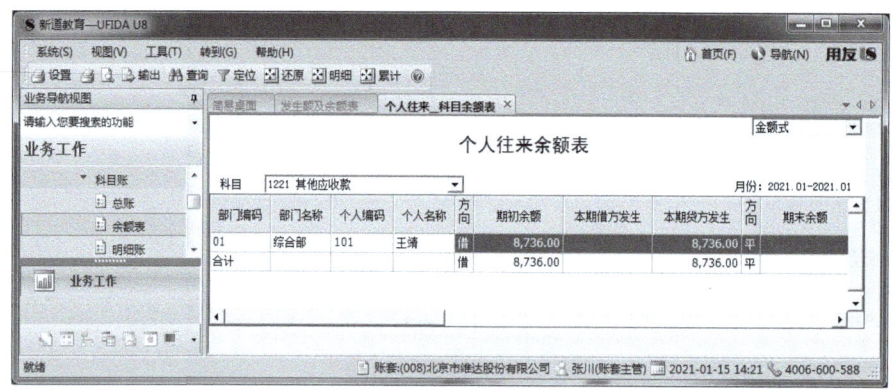

图5-38 个人往来余额表

4.单击"关闭"按钮。

## 应用提示

(1)在余额表查询功能中,可以查询各级科目的本月期初余额、本期发生额及期末余额。

(2)在发生额及余额表中,单击"专项"按钮,可以查询到带有辅助核算内容的辅助资料。

## 四　定义并查询"222101 应交税费——应交增值税"多栏账

1. 在总账系统中，执行"账表"→"科目账"→"多栏账"命令，进入"多栏账"窗口。
2. 单击"增加"按钮，打开"多栏账定义"对话框。
3. 单击"核算科目"栏的下三角按钮，选择"222101 应交增值税"，单击"自动编制"按钮，出现栏目定义的内容，如图 5-39 所示。

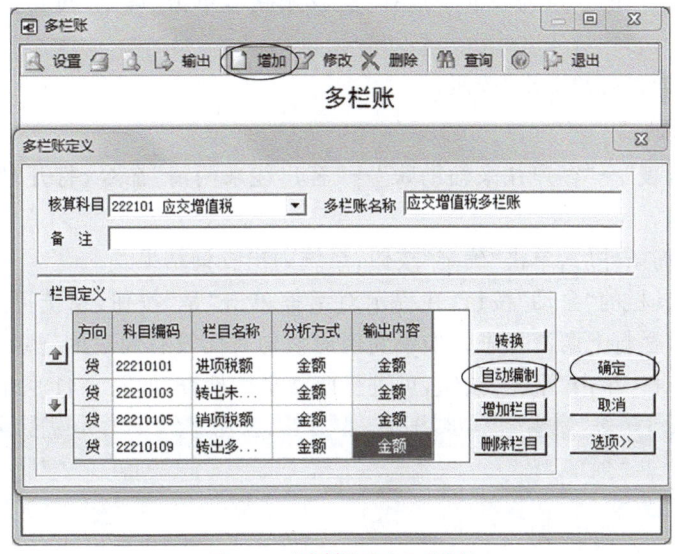

图 5-39　"多栏账定义"对话框

4. 单击"确定"按钮，完成"应交税费——应交增值税"多栏账的设置。
5. 单击"查询"按钮，单击"确定"按钮，进入"多栏账查询"窗口，显示应交增值税多栏账，如图 5-40 所示。

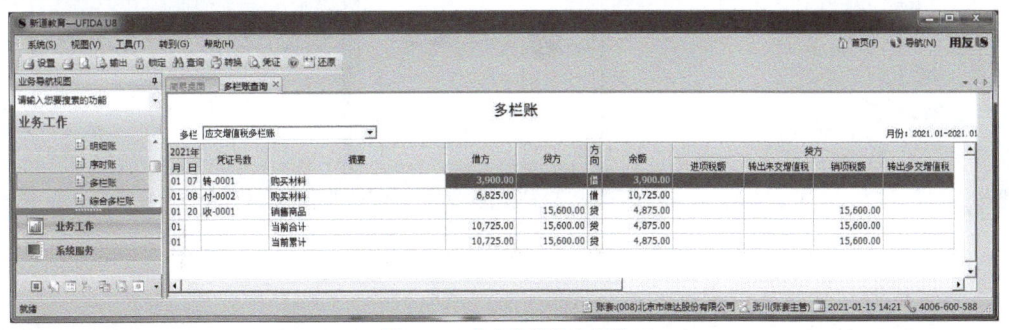

图 5-40　应交增值税多栏账

### 应用提示

（1）在总账系统中，普通多栏账由系统将要分析科目的下级科目自动生成"多栏账"。
（2）多栏账的栏目可以自定义，可以对栏目的分析方向、分析内容、输出内容进行定义，同时可以定义多栏账格式。

## 五、查询"1122应收账款"客户往来明细账,并进行客户往来两清、客户往来催款单生成、客户往来账龄分析操作

### 1.查询"1122应收账款"客户往来明细账

(1)在总账系统中,执行"账表"→"客户往来辅助账"→"客户往来明细账"→"客户科目明细账"命令,打开"客户科目明细账"查询条件对话框。

(2)在"科目"栏的下拉列表框中选择"应收账款",单击"确定"按钮,进入"科目明细账"窗口。

(3)查看完毕,单击"退出"按钮。

### 2.客户往来两清

(1)执行"账表"→"客户往来辅助账"→"客户往来两清"命令,打开"客户往来两清"查询条件对话框。

(2)录入查询条件后,单击"确定"按钮,系统列出查询结果。

(3)单击工具栏的"自动"按钮,在提示对话框单击"是"按钮,系统可进行勾对,在相应记录的"两清"栏打上两清标志。如果发现应该勾对而没有勾对的记录,可双击"两清"栏,进行手工勾对。单击"平衡"按钮,可进行两清平衡检查,如图5-41所示。

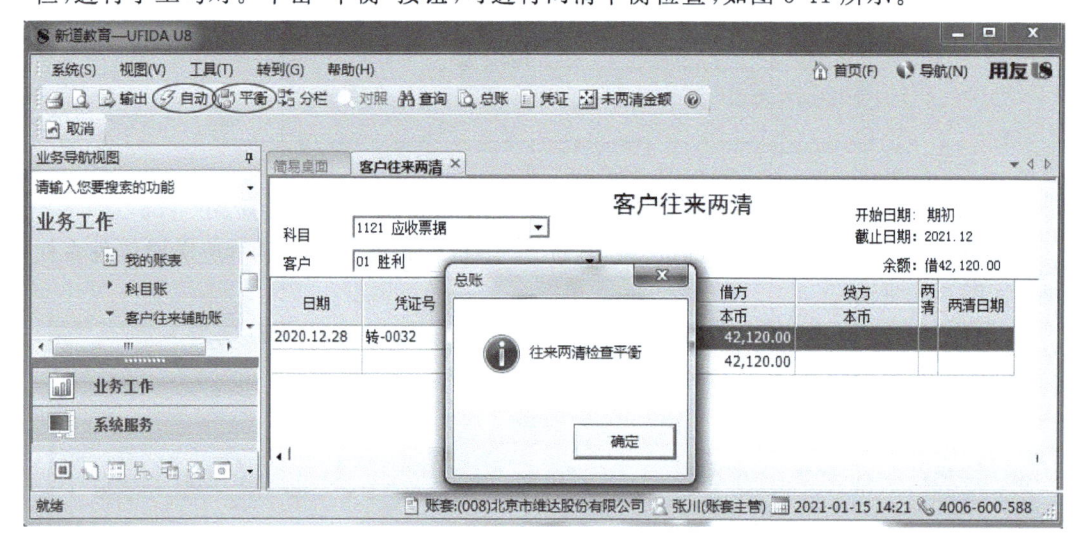

图 5-41 客户往来两清

### 3.生成客户往来催款单

(1)执行"账表"→"客户往来辅助账"→"客户往来催款单"命令,打开"客户往来催款单"查询条件对话框。

(2)录入查询条件后,单击"确定"按钮,系统列出符合条件的记录。

(3)选择某个记录,单击"设置"按钮,系统弹出"客户催款单设置"对话框,进行催款单设置后,单击"确定"按钮,如图5-42所示。

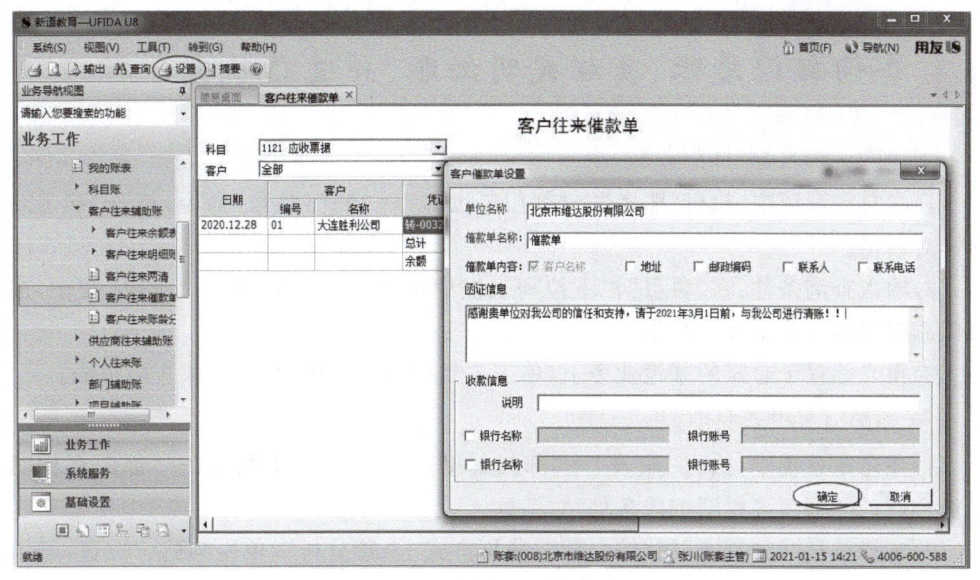

图 5-42　生成客户往来催款单

### 4.客户往来账龄分析

（1）执行"账表"→"客户往来辅助账"→"客户往来账龄分析"命令，打开"客户往来账龄"查询条件对话框。

（2）录入查询条件后，单击"确定"按钮，系统列出符合条件的账龄分析结果。

（3）单击工具栏"详细"按钮，系统列出所有客户账龄分析结果。单击工具栏"比率"按钮，系统除列示每一账龄区间的金额外，还列示其所占百分比，如图 5-43 所示。

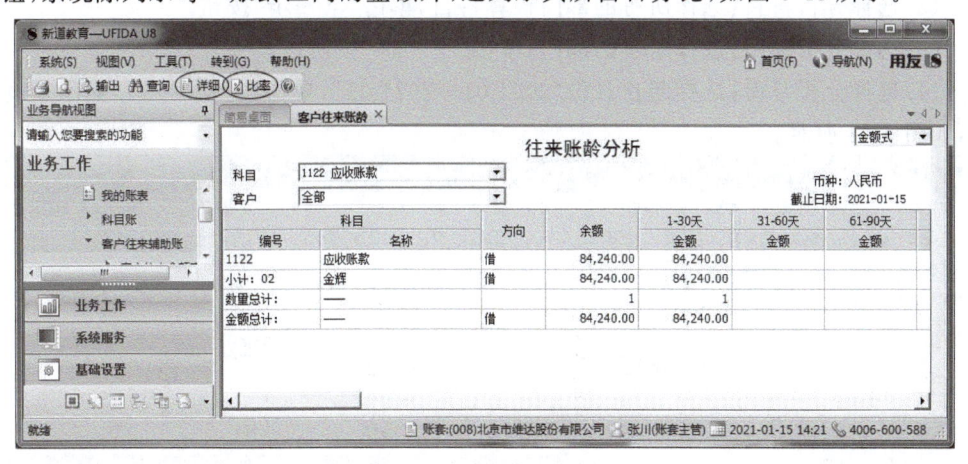

图 5-43　客户往来账龄分析

### 应用提示

（1）在"客户科目明细账"功能中，可以查询所有辅助核算内容为"客户往来"的科目明细账。

（2）可以查询多个客户、各个月份的客户科目明细账，还可以查询包含未记账凭证的客户科目明细账。

## 六 查询部门总账、多栏式明细账,并进行收支分析

### 1.查询"01综合部"部门总账

(1)在总账系统中,执行"账表"→"部门辅助账"→"部门总账"命令,打开"部门总账条件"对话框。

(2)输入查询条件:在"科目"栏下拉列表框中选择"综合部",单击"确定"按钮,进入"部门总账"窗口,显示查询结果。

(3)将光标置于总账的某笔业务上,单击工具栏"明细"按钮,可以联查明细账。

### 2.查询部门多栏式明细账

(1)在总账系统中,执行"账表"→"部门辅助账"→"部门明细账"→"部门多栏明细账"命令,打开"部门多栏明细账条件"对话框。

(2)选择科目"6602"、部门"综合部"、分析方式"金额分析",单击"确认"按钮,显示查询结果。

(3)将光标置于多栏账的某笔业务上,单击工具栏"凭证"按钮,可以联查该笔业务的凭证。

### 3.所有部门收支分析

(1)在总账系统中,执行"账表"→"部门辅助账"→"部门收支分析"命令,打开"部门收支分析条件"对话框。

(2)选择分析科目:选择所有的部门核算科目,单击"下一步"按钮。

(3)选择分析部门:选择所有的部门,单击"下一步"按钮。

(4)选择分析月份:选择起止月份"2021.01—2021.01",单击"完成"按钮,显示查询结果,如图 5-44 所示。

图 5-44 部门收支分析

## 七 查询"11号项目"项目总账、多栏式明细账,并进行统计分析

**1. 查询"11号项目"项目总账**

(1)在总账系统中,执行"账表"→"项目辅助账"→"项目总账"→"项目总账"命令,打开"项目总账条件"对话框。

(2)项目大类选择"生产成本",项目选择"11号项目",单击"确定"按钮,进入"项目总账"窗口,显示查询结果。

(3)单击工具栏"明细"按钮,可以联查明细账。光标定位在某笔业务上,还可以联查凭证。

**2. 查询项目多栏式明细账**

(1)在总账系统中,执行"账表"→"项目辅助账"→"项目明细账"→"项目多栏明细账"命令,打开"项目多栏明细账条件"对话框。

(2)项目大类选择"生产成本",项目选择"11号项目",单击"确定"按钮,显示项目多栏账查询结果。

(3)将光标置于多栏账的某笔业务上,单击工具栏"凭证"按钮,可以联查该笔业务的凭证。

**3. 项目统计分析**

(1)在总账系统中,执行"账表"→"项目辅助账"→"项目统计分析"命令,打开"项目统计条件"对话框。

(2)选择统计项目:项目大类选择"生产成本",单击"下一步"按钮。

(3)选择统计科目:选择所有的科目,单击"下一步"按钮。

(4)选择统计月份:选择起止月份"2021.01—2021.01",单击"完成"按钮,显示查询结果,如图5-45所示。

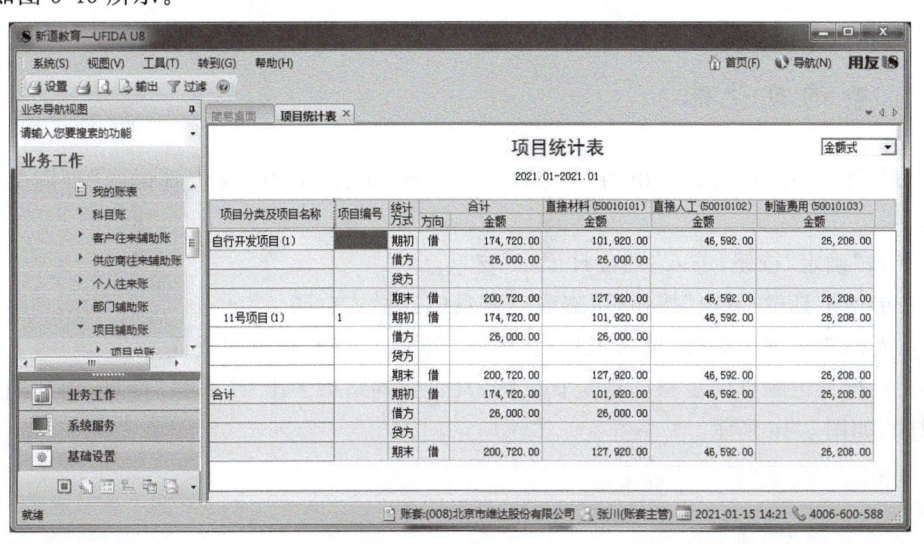

图5-45 项目统计表

## 任务五　出纳管理

### 任务资料

1. 1月22日，综合部王靖领用转账支票（NO.ZP2345）支付办公费，限额1 500元。
2. 2021年1月公司银行对账单资料见表5-8。

表5-8　　　　　　　　银行对账单资料

| 日期 | 结算方式 | 票号 | 借方金额 | 贷方金额 |
| --- | --- | --- | --- | --- |
| 2021.01.10 | 转账支票 | 1234 |  | 59 325 |
| 2021.01.25 | 转账支票 | 2345 | 135 600 |  |
| 2021.01.26 |  |  |  | 5 000 |

要求：
1. 查询日记账；
2. 查询1月8日的资金日报表；
3. 登记支票登记簿；
4. 进行本月银行对账。

### 任务指导

#### 一　查询日记账

1. 在总账系统中，执行"出纳"→"现金日记账"命令，打开"现金日记账"查询条件对话框。
单击"确定"按钮，进入"现金日记账"窗口。
3. 单击工具栏"总账"按钮，可查看此科目的三栏式总账。
4. 光标置于某业务行，单击工具栏"凭证"按钮，可查看相应的凭证。
5. 银行日记账查询步骤同现金日记账，只是查询结果多出"结算号"信息，用于期末银行对账，如图5-46所示。

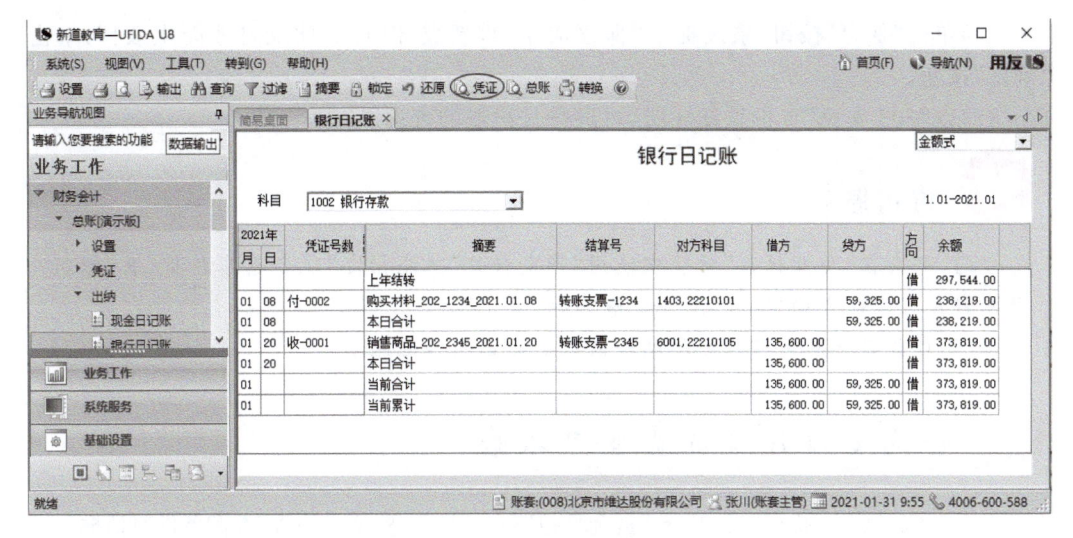

图 5-46　银行日记账

注意：如果在总账系统中选择了"明细账查询权限控制到科目"复选框，而操作员又没有被赋予"现金"和"银行存款"科目的查询权限，则无法查询到日记账结果，系统会提示"此操作员无科目编码 1001 的权限"和"此操作员无科目编码 1002 的权限"。此时，应按如下步骤操作：

(1) 以账套主管"201 张川"身份重新注册，执行"总账"→"设置"→"数据权限分配"命令，进入"权限浏览"窗口。

(2) 选中用户"203 李民"，业务对象选中"科目"，单击工具栏"授权"按钮，打开"记录权限设置"对话框。

(3) 选中"查账"复选框，将"禁用"列表中科目"1001""1002"和"100201"选入"可用"列表，如图 5-47 所示。

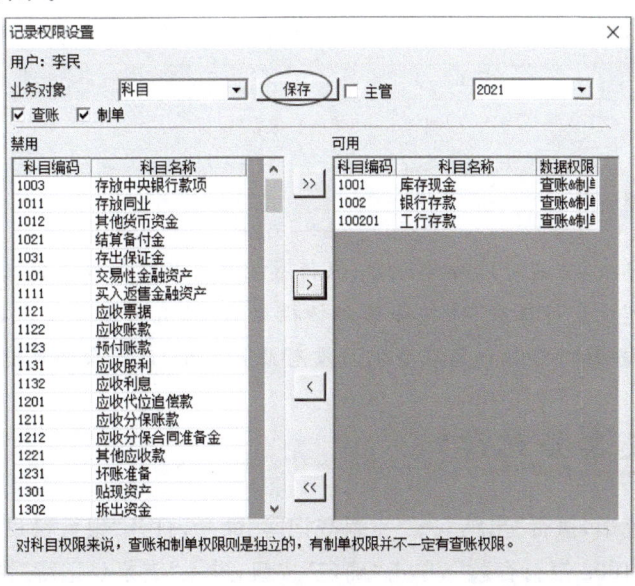

图 5-47　设置日记账科目权限

(4)单击"保存"按钮,系统提示"保存成功,重新登陆门户,此配置才能生效!",单击"确定"按钮。

(5)以"203 李民"身份重新注册,可进行日记账的查询。

### 应用提示

(1)只有在"会计科目"功能中使用"指定科目"功能指定"现金总账科目"及"银行总账科目",才能查询"现金日记账"和"银行日记账"。

(2)查询日记账时可以查询包含未记账凭证的日记账。

## 二 查询1月8日的资金日报表

1.在总账系统中,执行"出纳"→"资金日报"命令,打开"资金日报表"查询条件对话框。

2.选择日期"2021.01.31",单击"确定"按钮,进入"资金日报表"窗口,如图5-48所示。

图5-48 "资金日报表"窗口

### 应用提示

(1)"资金日报"功能可以查询现金、银行存款科目某日的发生额及余额情况。

(2)如果在"资金日报表"查询条件对话框中选中"有余额无发生额也显示"复选框,则即使现金或银行存款科目在查询日没有业务发生,只有余额也能显示。

## 三 登记支票登记簿

1.在总账系统中,执行"出纳"→"支票登记簿"命令,打开"银行科目选择"对话框。

2.选择科目"1002 银行存款",单击"确定"按钮,进入"支票登记簿"窗口。

3.单击工具栏"增加"按钮。

4.输入或选择领用日期"2021.01.22"、领用部门"综合部"、领用人"王靖"、支票号"2345"、预计金额"1 500.00"、用途"购买办公用品",如图5-49所示。

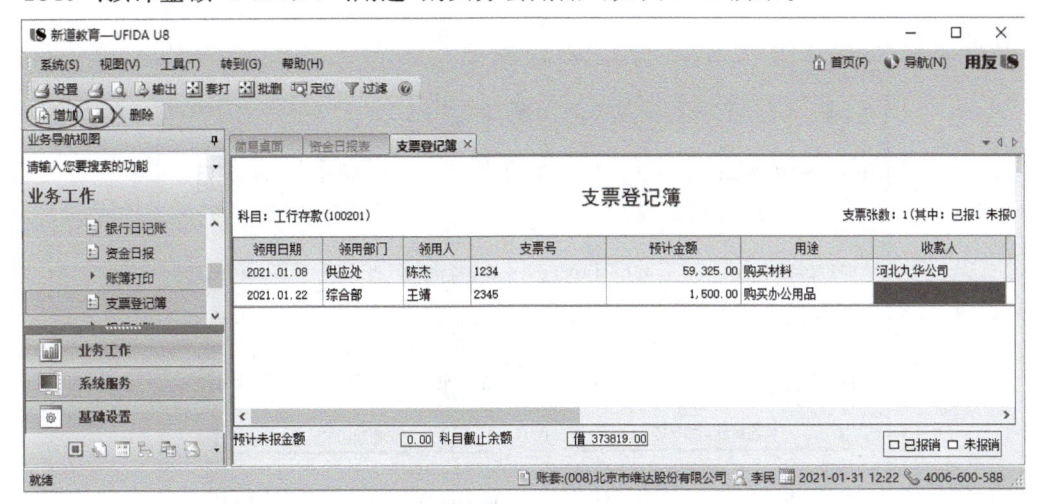

图5-49 "支票登记簿"窗口

5.单击"保存"按钮。

## 应用提示

(1)只有在总账系统的初始设置选项中已选择"支票控制",并在结算方式设置中已设置"票据结算"标志,在"会计科目"中已指定银行账的科目,才能使用支票登记簿。

(2)支票登记簿中报销日期为空时,表示该支票未报销,否则系统认为该支票已报销。

(3)当支票支出后,在填制凭证时输入该支票的结算方式和结算号,系统会自动在支票登记簿中将该支票写上报销日期,该支票即为已报销。

(4)单击"批删"按钮,可对已报销的支票进行成批删除。

## 四 银行对账

### 1.输入银行对账期初数据

(1)在总账系统中,执行"出纳"→"银行对账"→"银行对账期初录入"命令,打开"银行科目选择"对话框。

(2)选择科目"100201 工行存款",单击"确定"按钮,打开"银行对账期初"对话框。

(3)确定启用日期为"2021.01.01"。

(4)输入单位日记账的调整前余额"297 544.00",输入银行对账单的调整前余额"297 544.00",如图5-50所示。

图5-50 "银行对账期初"对话框

(5)单击"退出"按钮。

注意:如果单位日记账的调整前余额和银行对账单的调整前余额不相等,则意味着存在期初未达账项,此时,应进行如下操作:

①需要分析期初未达账项性质,单击"对账单期初未达项"或"日记账期初未达项"按钮,进入"银行方期初"或"企业方期初"窗口。

②单击"增加"按钮,录入相应未达账项信息,如图5-51所示。

图5-51 录入期初未达账项信息

## 应用提示

（1）在第一次使用银行对账功能时，应录入单位日记账及银行对账单的期初数据，包括期初余额及期初未达账项。

（2）银行对账启用日期可以是总账系统启用当日，也可以在此日期之后。但录入完期初对账数据之后，请不要随意调整启用日期，尤其是向前调，这样可能会造成启用日期后的期初数不能参与对账。

（3）系统默认银行对账单余额方向为借方。即银行对账单借方发生额为银行存款增加，贷方发生额为银行存款减少。单击"方向"按钮，可以调整银行对账单余额方向。

（4）系统会根据"调整前余额"及"期初未达项"自动计算出银行对账单与单位日记账的"调整后余额"，二者应该一致。

### 2.录入本期银行对账单

（1）在总账系统中，执行"出纳"→"银行对账"→"银行对账单"命令，打开"银行科目选择"对话框。

（2）选择科目"1002 银行存款"，月份选择"2021.01"至"2021.01"，单击"确定"按钮，进入"银行对账单"窗口。

（3）单击"增加"按钮，输入或选择日期"2021.01.10"、结算方式"202 转账支票"、票号"1234"、贷方金额"59 325"，再单击"增加"按钮，依次录入其他对账单信息，如图5-52所示。

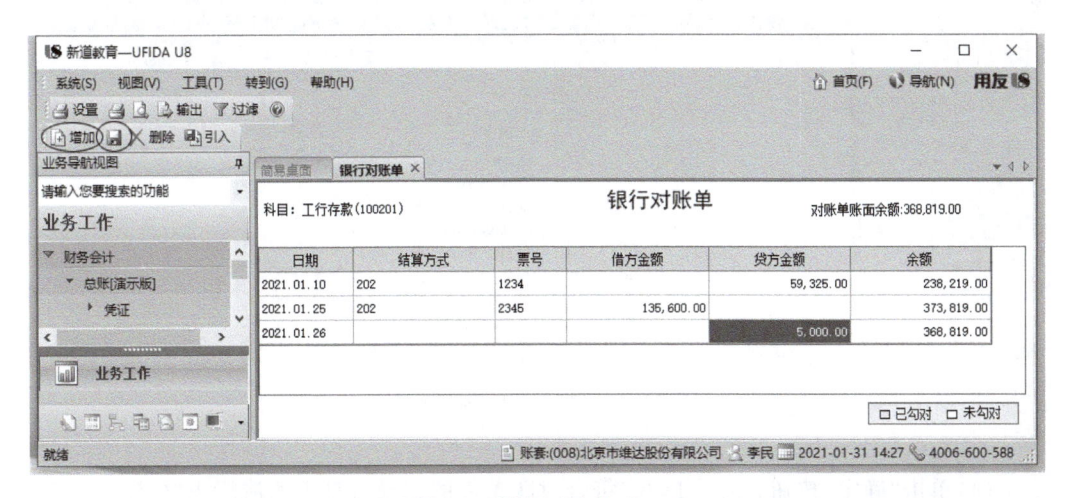

图 5-52 "银行对账单"窗口

（4）单击"保存"按钮。

## 应用提示

(1)如果企业在多家银行开户,对账单应与其对应账号所对应的银行存款下的末级科目一致。

(2)录入银行对账单时,其余额由系统根据银行对账期初数自动计算生成。

### 3.银行对账

(1)在总账系统中,执行"出纳"→"银行对账"→"银行对账"命令,打开"银行科目选择"对话框。

(2)选择科目"100201 工行存款",月份选择"2021.01"至"2021.01",单击"确定"按钮,进入"银行对账"窗口。

(3)单击工具栏"对账"按钮,打开"自动对账"对话框。选择截止日期"2021-01-31",其余默认,如图5-53所示。

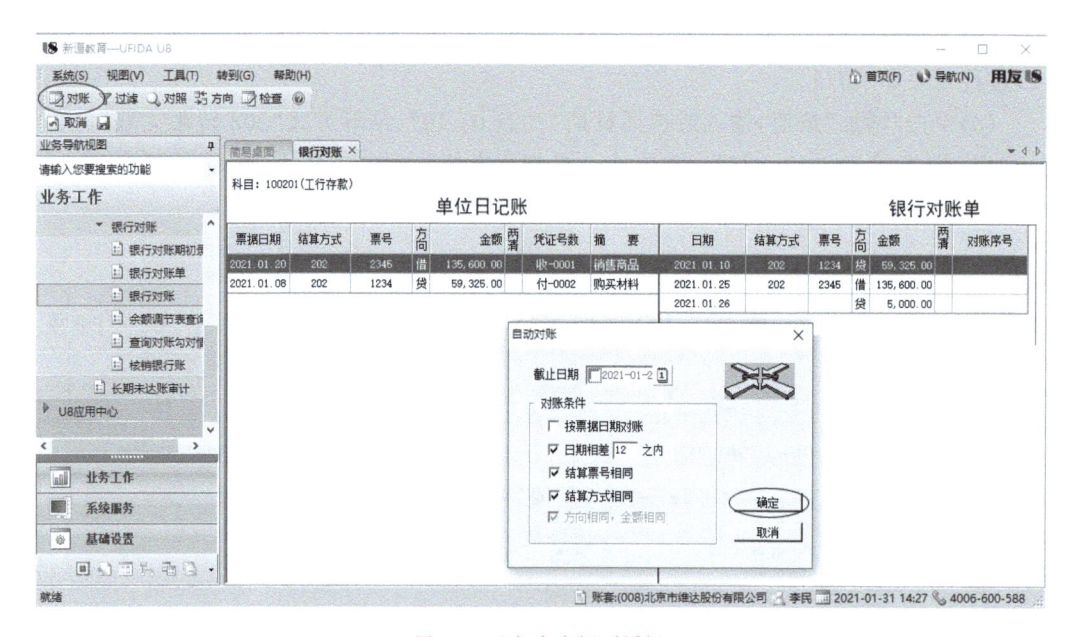

图 5-53 "自动对账"对话框

(4)单击"确定"按钮,系统自动在符合对账条件的记录行打上两清标志"O"。

(5)如果对账单中有与日记账相对应但却未选中的已达账记录,则可以进行手工对账,即分别双击银行对账单和单位日记账的"两清"栏,标上两清标志"Y"。

(6)对账完毕,单击"检查"按钮,检查平衡结果,如图5-54所示。单击"确定"按钮返回。

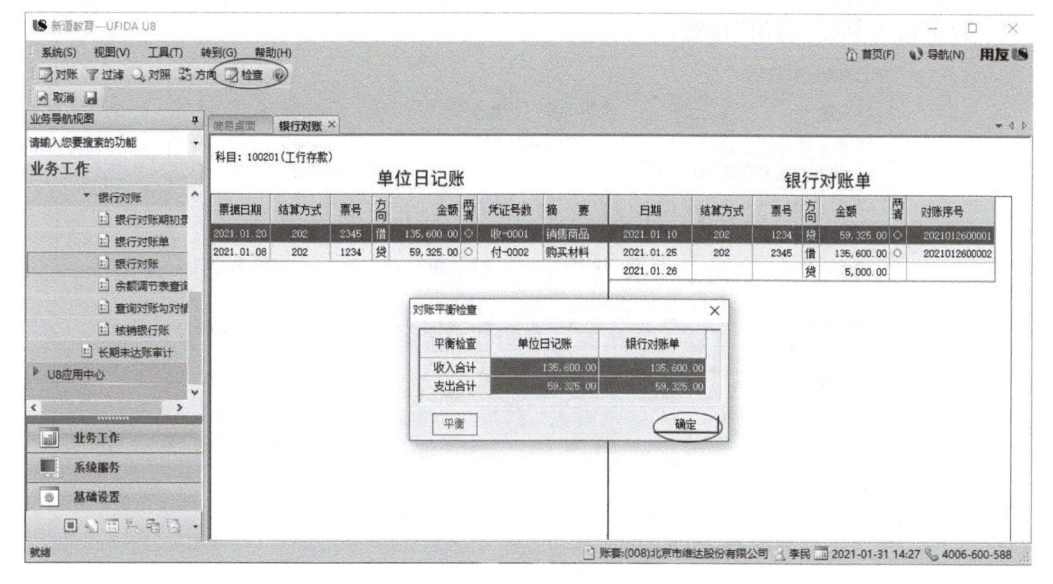

图5-54 检查平衡结果

## 应用提示

(1)银行对账包括自动对账和手工对账两种形式。自动对账是系统根据对账依据自动进行核对、勾销;手工对账是对自动对账的一种补充。

(2)如果银行对账期初默认对账方向为借方,则对账条件为方向相同、金额相同的日记账与对账单进行勾对。如果银行对账期初将银行对账单的余额方向修改成了贷方,则对账条件为方向相反、金额相同的日记账与对账单进行勾对。

(3)系统默认的自动对账的对账条件为"日期相差12天""结算方式相同""结算票号相同",单击每一项对账条件前的复选框可以取消相应的对账条件,即在对账时不考虑相应的对账条件。

(4)如果在对账单中有两笔以上记录同日记账对应,则所有对应的对账单都应标上两清标志。

(5)如果想取消对账,可以采用自动取消和手工取消两种方式。单击"取消"按钮,可以自动取消所有的两清标志;如果手工取消,则可以双击要取消对账标志业务的"两清"栏,取消两清标志。

### 4.输出余额调节表

(1)在总账系统中,执行"出纳"→"银行对账"→"余额调节表查询"命令,进入"银行存款余额调节表"窗口。

(2)单击"查看"按钮,打开"银行存款余额调节表"对话框,如图5-55所示。
(3)单击工具栏"退出"按钮。

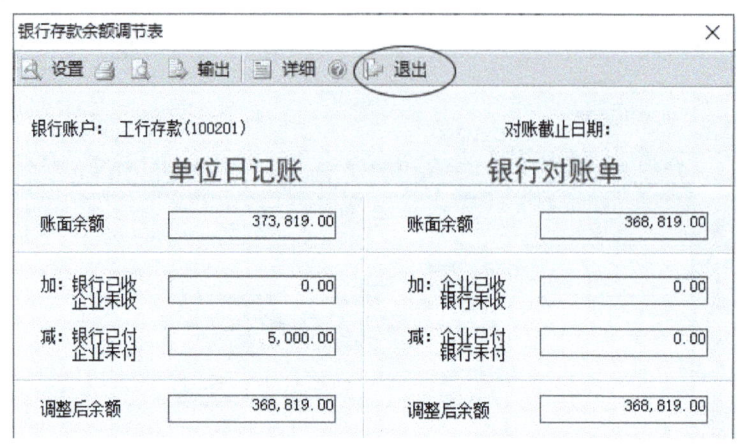

图 5-55　银行存款余额调节表

## 应用提示

(1)银行存款余额调节表应显示账面余额平衡,如果不平衡,应分别查看银行对账期初、银行对账单及银行对账是否正确。

(2)在银行对账之后,可以查询对账勾对情况,如果确认银行对账结果是正确的,则可以使用"核销银行账"功能核销已达账。但如果对账结果不平衡,则不要使用该功能,以免造成以后对账错误。

# 任务六　期末处理

### 任务资料

1.自定义结转:计提短期借款利息,短期借款年利率为4.14%。
2.将本月"期间损益"转入"本年利润"。
要求:
1.进行转账设置;
2.进行转账生成;
3.对账;
4.结账。

## 任务指导

### 一、转账设置

**1.自定义转账设置**

（1）在总账系统中，执行"期末"→"转账定义"→"自定义转账"命令，进入"自定义转账设置"窗口。

（2）单击"增加"按钮，打开"转账目录"对话框，输入转账序号"1"、转账说明"计提短期借款利息"，选择凭证类别为"转 转账凭证"，如图5-56所示。

图5-56 "转账目录"对话框

（3）单击"确定"按钮，进入"自定义转账设置"窗口。

（4）单击工具栏"增行"按钮，选择科目编码"660301"，方向为"借"，在"金额公式"栏输入"JG()"或单击金额公式栏参照按钮，打开"公式向导"对话框，选择"取对方科目计算结果 JG()"函数，单击"下一步"按钮，单击"完成"按钮。

（5）继续单击工具栏"增行"按钮，选择科目编码"2231"，方向为"贷"，单击金额公式栏参照按钮，打开"公式向导"对话框，选择"期初余额 QC()"函数，单击"下一步"按钮，选择科目"2001"，其余默认，单击"完成"按钮。

(6)光标定位至该公式末尾,输入"＊0.0414/12"。单击"保存"按钮,如图5-57所示。

(7)单击"退出"按钮。

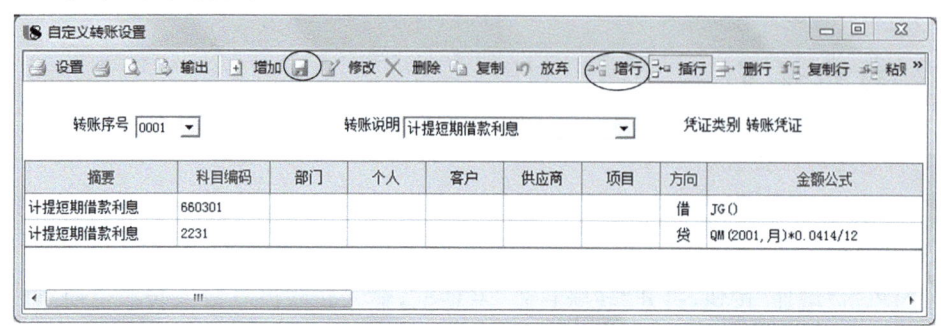

图5-57 "自定义转账设置"窗口

## 应用提示

(1)输入转账计算公式有两种方法:如果公式的表达式不太明确,可采用向导方式输入计算公式;如果公式的表达式明确,可直接输入计算公式。

(2)在函数公式中,选择期初、期末时,方向一般为空,避免由于出现反向余额时发生取数错误。

### 2.期间损益结转设置

(1)在总账系统中,执行"期末"→"转账定义"→"期间损益"命令,打开"期间损益结转设置"对话框。

(2)单击"凭证类别"栏的下三角按钮,选择"转 转账凭证",在"本年利润科目"栏输入或选择"4103",单击"确定"按钮,如图5-58所示。

图5-58 "期间损益结转设置"对话框

### 应用提示

损益科目结转表中的本年利润科目必须为末级科目,且为本年利润入账科目的下级科目。

## 二 转账生成

1. 自定义转账生成

(1)以"202 于方"操作员身份重新注册,在总账系统中,执行"期末"→"转账生成"命令,进入"转账生成"窗口。

(2)选中"自定义转账"单选按钮,单击"全选"按钮(或者选中要结转的凭证所在行),单击"确定"按钮,系统生成计提短期借款利息的转账凭证。

(3)单击"保存"按钮,凭证上出现"已生成"的标志,如图 5-59 所示。

(4)单击"退出"按钮。

(5)更换账套主管;对凭证进行审核、记账。

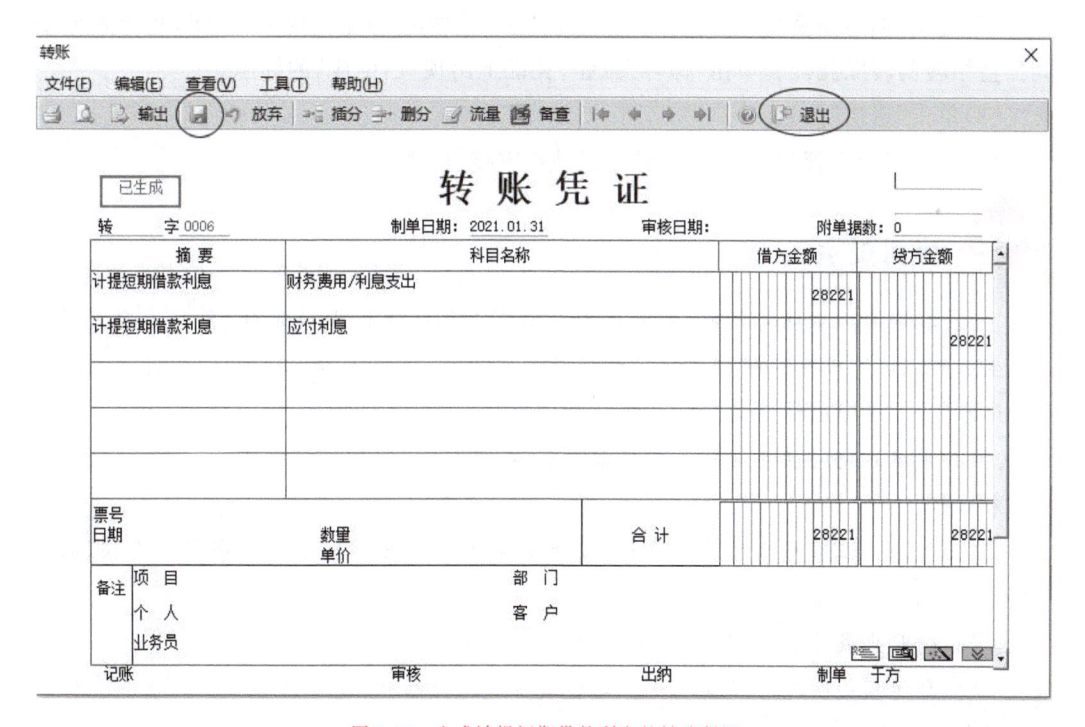

图 5-59 生成计提短期借款利息的转账凭证

### 应用提示

(1)由于期末转账业务的数据来源于账簿,因此,为了保证数据准确,应在所有业务都记账后再进行期末转账业务的操作。

(2)进行转账生成的操作必须由具有制单权限的人员进行。生成的转账凭证必须保存,否则视同放弃。

(3)转账凭证每月只生成一次,不要重复生成。如果已生成的转账凭证有误,必须先删除,再重新生成。

(4)生成的凭证,仍需审核、记账。

(5)转账生成的工作应在月末进行。如果有多种转账凭证形式,特别是涉及多项转账业务,一定要注意转账的先后次序,否则在计算金额时会发生错误。

#### 2.期间损益结转生成

(1)更换操作员,以"202 于方"身份进入总账系统,执行"期末"→"转账生成"命令,进入"转账生成"窗口。

(2)选中"期间损益结转"单选按钮,单击"全选"按钮,单击"确定"按钮,系统生成期间损益结转的转账凭证。单击"保存"按钮,凭证上出现"已生成"的标志。

(3)单击"退出"按钮。

(4)更换账套主管"201 张川",对凭证进行审核、记账。

### 应用提示

(1)在期间损益结转之前,需要将本月所有未记账凭证进行记账(包括自定义转账生成的凭证),以保证损益类科目的完整性。否则,系统会弹出"2021.01 月之前有未记账凭证,是否继续结转?"信息提示对话框。

(2)生成的期间损益结转凭证仍需要审核、记账,否则账簿信息不全,也无法进行月末结账。

(3)转账凭证每月只生成一次,不要重复生成。如果已生成的转账凭证有误,必须先删除,再重新生成。

(4)转账生成的凭证,仍需审核、记账。

(5)期间损益结转可以按"全部"类型进行一次性结转,也可区分"收入"和"支出"类型分别结转。

## 三、对账

1. 在总账系统中,执行"期末"→"对账"命令,打开"对账"对话框。
2. 单击工具栏"试算"按钮,出现"2021.01 试算平衡表"。
3. 单击"确定"按钮,单击"选择"按钮,在 2021.01"是否对账"栏出现"Y"标志。
4. 单击"对账"按钮,系统开始进行对账,并显示对账结果,如图 5-60 所示。

图 5-60 对账结果

### 应用提示

在对账功能中,可按"Ctrl+H"组合键激活恢复记账前功能。

## 四、结账

完成结账

1. 在总账系统中,执行"期末"→"结账"命令,打开"结账—开始结账"对话框。
2. 单击"下一步"按钮,打开"结账—核对账簿"对话框。

3.单击"对账"按钮,系统进行对账。对账完毕后,单击"下一步"按钮,打开"结账—月度工作报告"对话框,如图5-61所示。

图5-61 "结账—月度工作报告"对话框

4.单击"下一步"按钮,系统提示"2021年01月未通过工作检查,不可以结账!"

5.单击"上一步"按钮,检查不能结账的原因。在"2021年01月工作报告"中,检查出其他系统结账状态:应付系统本月未结账、应收系统本月未结账、存货系统本月未结账、薪资管理系统本月未结账。

6.单击"取消"按钮,取消本次的结账操作。

7.在企业应用平台的"基础设置"选项卡中,执行"基本信息"→"系统启用"命令,打开"系统启用"对话框。取消应付、应收、存货、薪资管理等系统的启用。即可以进行结账操作。

## 应用提示

(1)结账必须按月连续进行,上月未结账,本月不能结账,但可以填制、审核凭证。

(2)本月还有未记账的凭证不能结账;账账不符不能结账;损益类账户未全部结转完毕的不能结账;其他业务子系统未全部结账的,总账系统不能结账。

(3)结账前,要进行数据备份,在结账过程中,可以单击"取消"按钮取消正在进行的结账操作。

(4)结账后除查询外,不得再对本月业务进行任何操作。

(5)结账时,在"结账—开始结账"对话框中,选择要取消结账的月份,按"Ctrl+Shift+F6"组合键可进行反结账。反结账操作只能由账套主管进行。

# 项目六
# 报表管理系统

**知识目标**
1. 了解会计报表的种类特点和功能;
2. 掌握会计信息化环境下报表管理系统的相关概念;
3. 掌握会计报表格式设计和公式设置的方法。

**技能目标**
1. 能自行设计并生成报表;
2. 能正确调用报表模板生成报表。

**素养目标**
1. 具有管理意识,能根据企业管理的需要设计不同的报表;
2. 具有服务意识,帮助业务部门改进业务处理方式。

## 任务一  自定义报表

### 任务资料

货币资金表见表6-1。

**表6-1  货币资金表**

单位名称：　　年　月　日　　　　　　　　　　　单位：元

| 项目 | 行次 | 期初数 | 期末数 |
|---|---|---|---|
| 库存现金 | 1 | | |
| 银行存款 | 2 | | |
| 合计 | 3 | | |

审核人：　　　　　　　　　　　　　　　　　　制表人：

(1) 报表格式

①表头。标题"货币资金表"设置为黑体、14号、居中；单位名称和年、月、日应设置为关键字。

②表体。表体中文字设置为宋体、12号、居中，第3列和第4列右对齐，第1行和第1列加粗。

③表尾。"制表人："设置为宋体、10号、右对齐。

(行高：7；列宽：A列50；B列15；C列50；D列50)

(2) 报表公式

库存现金期初数：C4＝QC("1001"，月)

库存现金期末数：D4＝QM("1001"，月)

银行存款期初数：C5＝QC("1002"，月)

银行存款期末数：D5＝QM("1002"，月)

期初数合计：C6＝C4＋C5

期末数合计：D6＝D4＋D5

要求：

以账套主管"201张川"的身份进行自定义报表。

### 任务指导

### 一  启动UFO报表管理系统

1.执行"开始"→"程序"→"用友U8V10.1"→"企业应用平台"命令，打开"登录"对话框。输入操作员"201"或"张川"，密码输入"1"，在"账套"栏下拉列表框中选择"[008]

"(default)北京市维达股份有限公司",更改"操作日期"为"2021-01-31",单击"登录"按钮。

2.进入企业应用平台,单击左侧"业务工作"界面的"财务会计",双击"UFO报表",如图 6-1 所示。

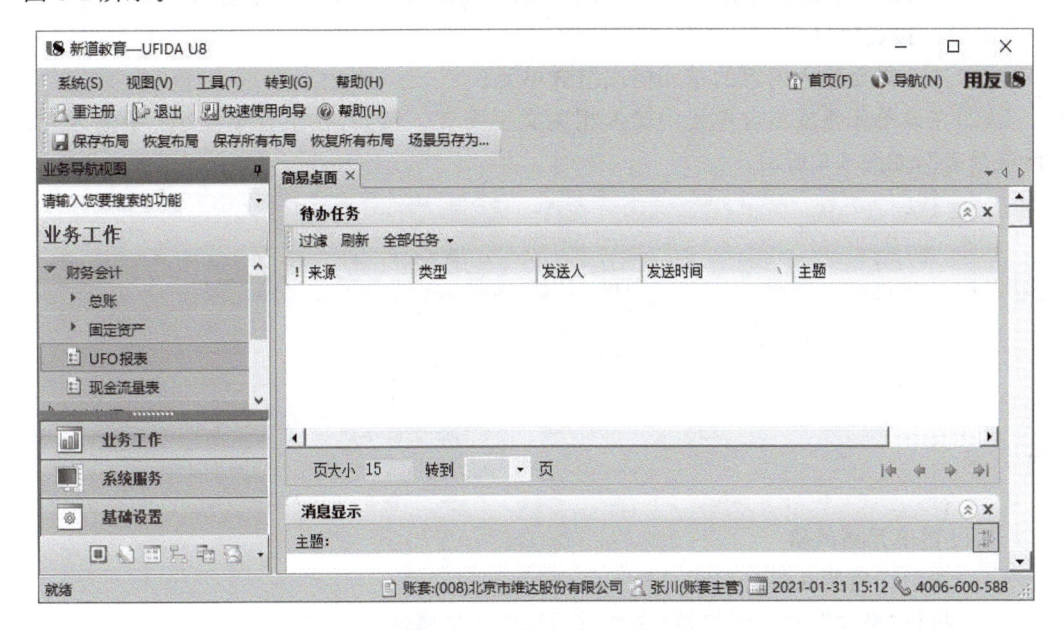

图 6-1  进入"UFO 报表"窗口

3.进入"UFO报表"窗口后,关闭"日积月累",执行"文件"→"新建"命令,建立一张空白报表,报表名默认为"report1"。

## 二 报表格式定义

1.设置报表尺寸

(1)执行"格式"→"表尺寸"命令,打开"表尺寸"对话框。

(2)输入行数"7"、列数"4",单击"确认"按钮,如图 6-2 所示。

2.定义组合单元

(1)选择单元格区域 A1:D1。

(2)执行"格式"→"组合单元"命令,打开"组合单元"对话框。

(3)选择组合方式"整体组合"或"按行组合",该单元格区域即合并成一个单元格,如图 6-3 所示。

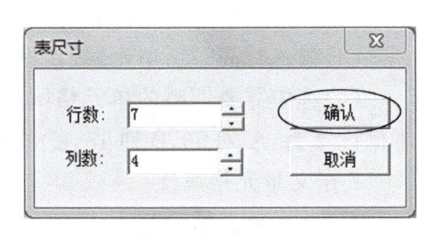

图 6-2  "表尺寸"对话框

图 6-3  "组合单元"对话框

3.画表格线

(1)选中报表需要画线的单元格区域 A3:D6。

(2)执行"格式"→"区域画线"命令,打开"区域画线"对话框。

(3)"画线类型"选择"网线",单击"确认"按钮,将所选区域画上表格线,如图 6-4 所示。

4.输入报表项目

(1)选中需要输入内容的单元格或组合单元。

(2)在该单元格或组合单元中输入相关文字内容。例如,在组合单元 A1 中输入"货币资金表",如图 6-5 所示。

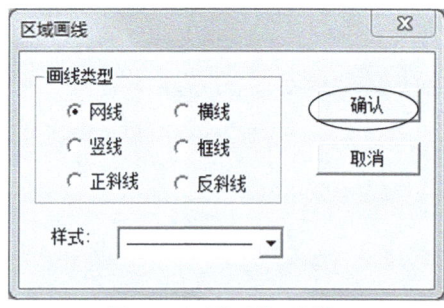

图 6-4 "区域画线"对话框　　图 6-5 输入报表项目

5.设置单元格风格

(1)选中标题所在组合单元 A1。

(2)执行"格式"→"单元属性"命令,打开"单元格属性"对话框。

(3)选中"字体图案"选项卡,设置字体为"黑体",字型为"普通",字号为"14"。

(4)选中"对齐"选项卡,设置对齐方式为"居中",单击"确定"按钮。

(5)同理,表体中文字设置为宋体、12 号、居中;表尾设置为宋体、10 号;单元格区域 C4:D6 设置为右对齐。

6.定义报表行高和列宽

(1)选中需要调整的单元格所在行。

(2)执行"格式"→"行高"命令,打开"行高"对话框。

(3)输入行高"7",单击"确定"按钮。

(4)选中需要调整的单元格所在列,执行"格式"→"列宽"命令,可设置该列的宽度。本例设置为:A 列 50,B 列 15,C 列 50,D 列 50。

7.定义单元格属性

(1)选定单元格 D7。

(2)执行"格式"→"单元属性"命令,打开"单元格属性"对话框。

(3)选中"单元类型"选项卡,选择"表样"选项,单击"确定"按钮。

8.设置关键字

(1)选中需要输入关键字的单元格 A2。

(2)执行"数据"→"关键字"→"设置"命令,打开"设置关键字"对话框。

(3)选择"单位名称"单选按钮,如图 6-6 所示,单击"确定"按钮。

(4)同理,为单元格 C2 设置"年""月""日"关键字。(如果要取消关键字,必须执行

"数据"→"关键字"→"取消"命令)

(5)执行"数据"→"关键字"→"偏移"命令,打开"定义关键字偏移"对话框。

(6)在需要调整位置的关键字后面输入偏移量。年"－100",月"－50",日"0",如图6-7所示。

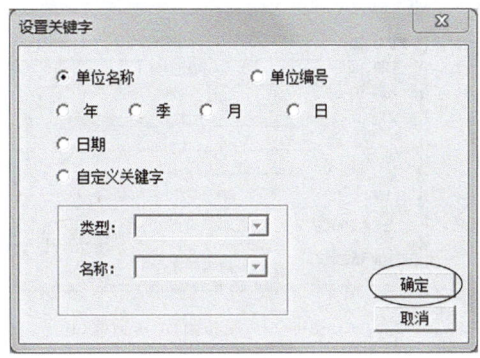

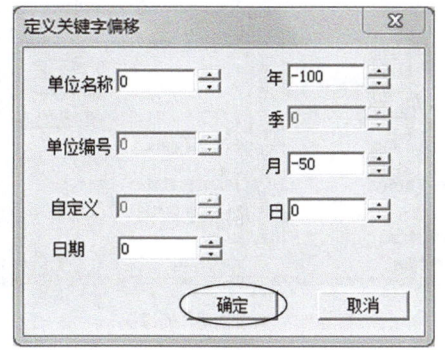

图6-6 "设置关键字"对话框　　　　图6-7 "定义关键字偏移"对话框

(7)单击"确定"按钮。

### 应用提示

关键字的位置可以用偏移量来表示,负数值表示向左移,正数值表示向右移。在调整时,可以通过输入正或负的数值来调整。

## 三、报表公式定义

**1.定义单元公式——直接输入公式**

(1)选定需要定义公式的单元格 C4 库存现金期初数。

(2)执行"数据"→"编辑公式"→"单元公式"命令,打开"定义公式"对话框。(单击 fx 按钮或按"＝"键,都可打开"定义公式"对话框)

(3)在"定义公式"对话框中直接输入总账期初函数公式:QC("1001",月 ),单击"确认"按钮;在"定义公式"对话框中直接输入总账期初函数公式:QC("100201",月 ),单击"确认"按钮。

**2.定义单元公式——引导输入公式**

(1)选中被定义单元格 D4 库存现金期末数。

(2)单击 fx 按钮,打开"定义公式"对话框。

(3)单击"函数向导"按钮,打开"函数向导"对话框。

(4)在"函数分类"列表中选择"用友账务函数",在右侧的"函数名"列表中选择"期末(QM)",如图6-8所示,单击"下一步"按钮。

（5）单击"参照"按钮，打开"账务函数"对话框，在"科目"栏和"期间"栏分别输入"1001"和"月"，如图6-9所示。

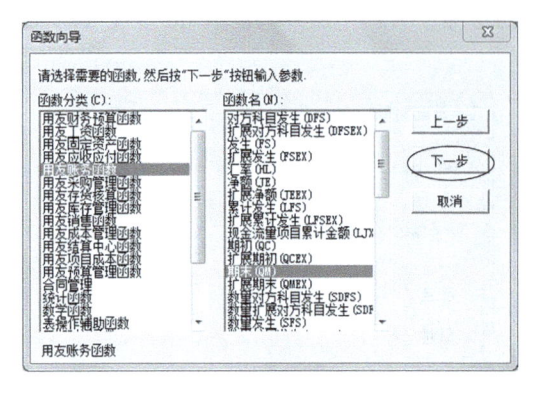

图6-8 "函数向导"对话框

图6-9 "账务函数"对话框(1)

（6）其余均采用系统默认值，单击"确定"按钮，返回"用友账务函数"对话框。
（7）单击"确定"按钮，返回"定义公式"对话框，单击"确认"按钮。
（8）同理，输入单元格D5的单元公式。
（9）在"C6"处定义"C6＝C4＋C5"的单元公式。
（10）在"D6"处定义"D6＝D4＋D5"的单元公式。
定义完的公式在单元格中显示为"公式单元"，最后结果如图6-10所示。

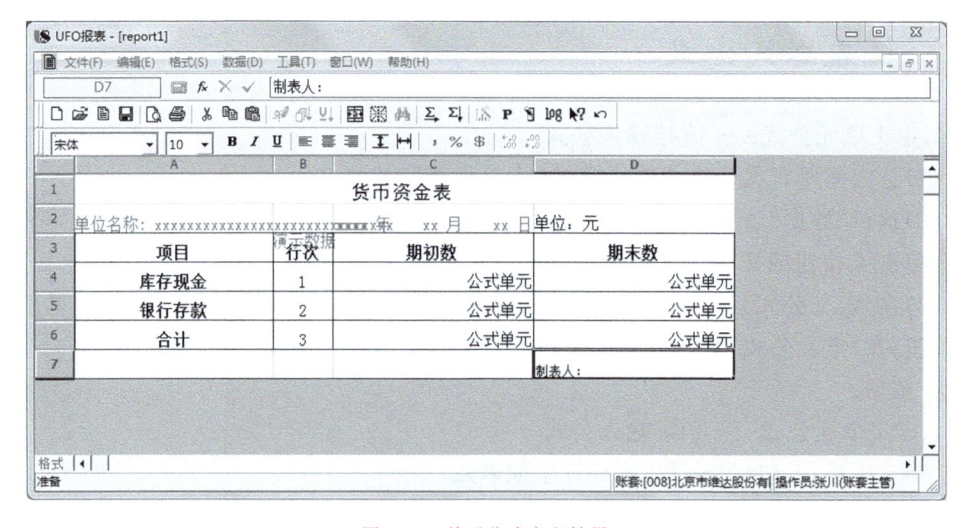

图6-10 单元公式定义结果

## 应用提示

如果未进行账套初始设置，那么账套号和会计年度需要直接输入。

3.定义审核公式

审核公式用于审核报表内或报表之间勾稽关系是否正确。例如,"资产负债表"中的"资产合计 = 负债合计 + 所有者权益合计"。本任务的"货币资金表"中不存在这种勾稽关系。若要定义审核公式,执行"数据"→"编辑公式"→"审核公式"命令即可。

4.定义舍位平衡公式

(1)执行"数据"→"编辑公式"→"舍位公式"命令,打开"舍位平衡公式"对话框。

(2)录入信息:舍位表名为"表1",舍位范围为"C4:D6",舍位位数为"2",平衡公式为"C6=C4+C5,D6=D4+D5"。如图 6-11 所示。

(3)单击"完成"按钮。

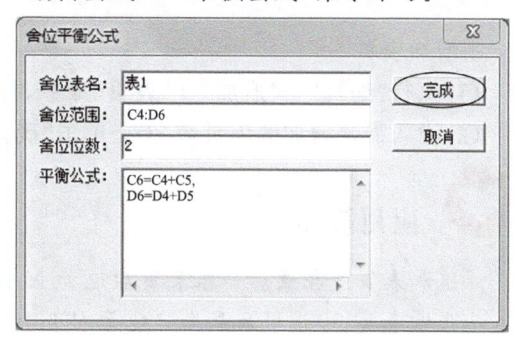

图 6-11 "舍位平衡公式"对话框

### 应用提示

舍位平衡公式是指用来重新调整报表数据进位后的小数位平衡关系的公式。每个公式一行,各公式之间用逗号","(半角)隔开,最后一条公式不用写逗号,否则公式无法执行。等号左边只能为一个单元格(不带页号和表名)。

舍位平衡公式中只能使用"+""-"符号,不能使用其他运算符及函数。

5.保存报表格式

(1)执行"文件"→"保存"命令。如果是第一次保存,则打开"另存为"对话框。

(2)选择保存文件夹;输入报表文件名"货币资金表";选择"保存类型(*.REP)",单击"保存"按钮。

### 应用提示

报表格式设置完以后切记要及时将这张报表格式保存下来,以便以后随时调用,如果没有保存就退出,系统会提示"是否保存报表?",以防止误操作。

## 四 报表数据处理

1.打开报表

(1)启动 UFO 报表系统,执行"文件"→"打开"命令。

(2)选择保存的报表文件"货币资金表",单击"打开"按钮。

(3)单击空白报表底部左下角的"格式/数据"按钮,使当前状态为"数据"状态。

### 应用提示

报表数据处理必须在"数据"状态下进行。

2.增加表页

(1)执行"编辑"→"追加"→"表页"命令,打开"追加表页"对话框。
(2)输入需要增加的表页数"2",单击"确认"按钮。

### 应用提示

追加表页是在最后一张表页后追加 N 张空表页,插入表页是在当前表页后面插入一张空表页;一张报表最多只能管理 99 999 张表页。

3.输入关键字值

(1)执行"数据"→"关键字"→"录入"命令,打开"录入关键字"对话框。
(2)输入单位名称"北京市维达股份有限公司",年为"2021",月为"1",日为"31",如图 6-12 所示。

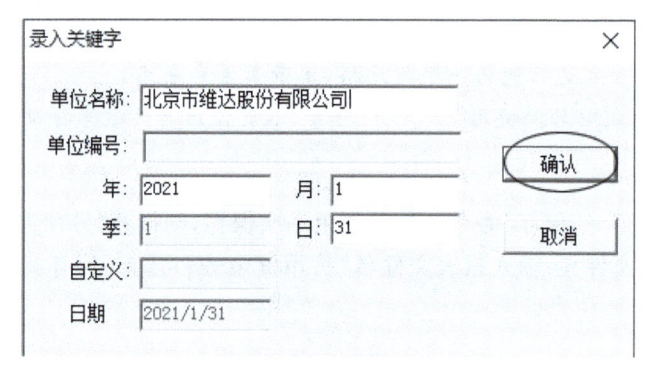

图 6-12 "录入关键字"对话框

(3)单击"确认"按钮,系统弹出"是否重算第 1 页?"信息提示对话框。
(4)单击"是"按钮,系统会自动根据单元公式计算 1 月数据;单击"否"按钮,系统不计算 1 月数据,以后可利用"表页重算"功能生成 1 月数据。

### 应用提示

每一张表页均对应不同的关键字值,输出时随同单元格一起显示。日期关键字可以确认报表数据取数的时间范围,即确定数据生成的具体日期。

4.生成报表

(1)执行"数据"→"表页重算"命令,系统弹出"是否重算第 1 页?"信息提示对话框。

(2)单击"是"按钮,系统会自动在初始的账套和会计年度范围内根据单元公式计算生成数据,如图6-13所示。

图6-13 生成报表

## 五、表页管理及报表输出

1.表页排序

(1)执行"数据"→"排序"→"表页"命令,打开"表页排序"对话框。

(2)录入信息:选择第一关键值为"年",排序方向为"递增";选择第二关键值为"月",排序方向为"递增"。如图6-14所示。

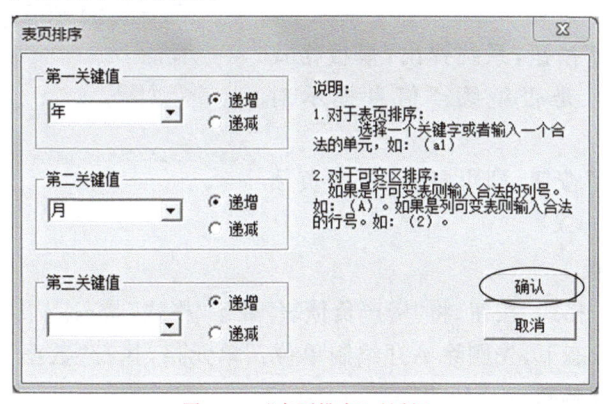

图6-14 "表页排序"对话框

(3)单击"确认"按钮。系统将自动把表页按年份递增顺序重新排列,如果年份相同,则按月份递增顺序排序。

2.表页查找

(1)执行"编辑"→"查找"命令,打开"查找"对话框。

(2)确定查找内容"表页",确定查找条件"月=1"。

(3)单击"查找"按钮,查找到符合条件的表页作为当前表页。

129

# 任务二　利用报表模板生成报表

## 任务资料

以任务一内容为数据源，进行本任务的业务处理。

**要求：**

1. 利用报表模板生成资产负债表；
2. 利用报表模板生成利润表；
3. 利用报表模板生成现金流量表主表。

## 任务指导

### 一、利用报表模板生成资产负债表

1. 调用资产负债表模板

(1)在"格式"状态下，执行"格式"→"报表模板"命令，打开"报表模板"对话框。

(2)选择您所在的行业"2007年新会计制度科目"，财务报表为"资产负债表"。如图6-15所示。

(3)单击"确认"按钮，系统弹出"模板格式将覆盖本表格式！是否继续？"信息提示对话框。

(4)单击"确定"按钮，即可打开"资产负债表"模板。

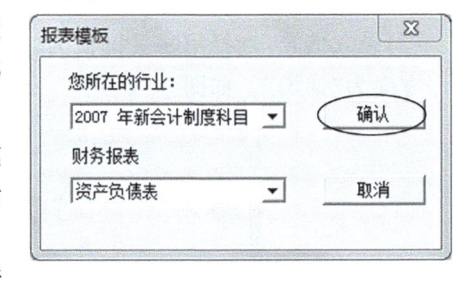

图6-15 "报表模板"对话框(1)

2. 调整报表模板

(1)单击"数据/格式"按钮，将"资产负债表"处于"格式"状态。

(2)在"格式"状态下，先删除A3"编制单位："单元格，执行"数据"→"关键字"→"设置"命令，设置"单位名称"。

(3)保存调整后的报表模板。

3. 生成资产负债表数据

(1)在"数据"状态下，执行"数据"→"关键字"→"录入"命令，打开"录入关键字"对话框。

(2)输入关键字"北京市维达股份有限公司"；年为"2021"，月为"1"，日为"31"。

(3)单击"确认"按钮，系统弹出"是否重算第1页？"信息提示对话框。

(4)单击"是"按钮，系统会自动根据单元公式计算1月数据。

(5)单击工具栏上的"保存"按钮,将生成的报表数据保存,如图6-16所示。

图6-16 生成资产负债表

## 二 利用报表模板生成利润表

1.调用利润表模板

(1)在"格式"状态下,执行"格式"→"报表模板"命令,打开"报表模板"对话框。

(2)选择您所在的行业"2007年新会计制度科目",财务报表为"利润表"。如图6-17所示。

(3)单击"确认"按钮,系统弹出"模板格式将覆盖本表格式!是否继续?"信息提示对话框。

(4)单击"确定"按钮,即可打开"利润表"模板。

2.调整报表模板

(1)单击"数据/格式"按钮,将"利润表"处于"格式"状态。

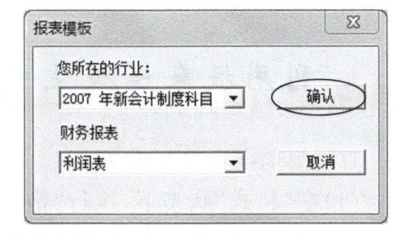

图6-17 "报表模板"对话框(2)

(2)在"格式"状态下,执行"数据"→"关键字"→"设置"命令,设置"单位名称"。

(3)保存调整后的报表模板。

3.生成利润表数据

(1)在"数据"状态下,执行"数据"→"关键字"→"录入"命令,打开"录入关键字"对话框。

(2)输入关键字"北京市维达股份有限公司";年为"2021",月为"1",日为"31"。

(3)单击"确认"按钮,系统弹出"是否重算第1页?"信息提示对话框。
(4)单击"是"按钮,系统会自动根据单元公式计算1月数据,如图6-18所示。
(5)单击工具栏上的"保存"按钮,将生成的报表数据保存。

图 6-18 生成利润表

## 三 利用报表模板生成现金流量表主表

1.调用现金流量表模板
(1)在"格式"状态下,执行"格式"→"报表模板"命令,打开"报表模板"对话框。
(2)选择您所在的行业为"2007年新会计制度科目",财务报表为"现金流量表"。
(3)单击"确认"按钮,系统弹出"模板格式将覆盖本表格式!是否继续?"信息提示对话框。
(4)单击"确定"按钮,即可打开"现金流量表"模板。

2.调整报表模板
(1)单击"数据/格式"按钮,将"现金流量表"处于"格式"状态。
(2)采用引导输入方式调整报表公式。
(3)选中单元格 C6。

(4)单击 fx 按钮,打开"定义公式"对话框。

(5)单击"函数向导"按钮,打开"函数向导"对话框。

(6)在"函数分类"列表中选择"用友账务函数",在右侧的"函数名"列表中选择"现金流量项目金额(XJLL)",单击"下一步"按钮。

(7)单击"参照"按钮,打开"账务函数"对话框。"会计期间"栏为空;"起始日期"选择"2021-01-01","截止日期"选择"2021-01-31"。

(8)单击"现金流量项目编码"栏右侧的参照按钮,打开"现金流量项目"选项。

(9)双击选择与单元格 C6 左侧相对应的项目,本例选择"01",如图 6-19 所示。

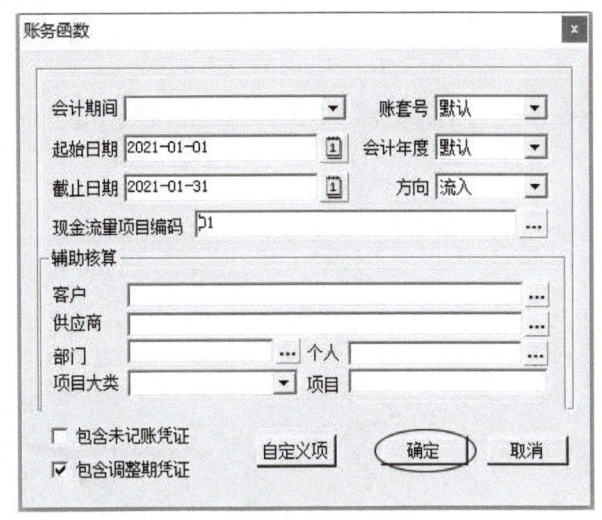

图 6-19 "账务函数"对话框(2)

(10)单击"确定"按钮,返回"用友账务函数"对话框。单击"确定"按钮,返回"定义公式"对话框,如图 6-20 所示,单击"确认"按钮。

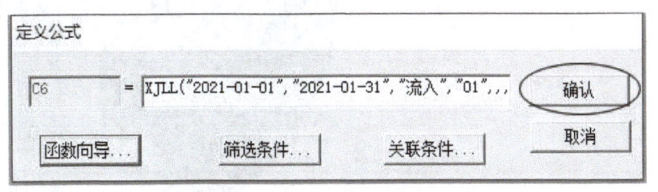

图 6-20 "定义公式"对话框

(11)重复步骤(4)~(10)的操作,输入其他单元公式。

(12)单击工具栏"保存"按钮,保存调整后的报表模板。

### 3.生成现金流量表主表数据

(1)在"数据"状态下,执行"数据"→"关键字"→"录入"命令,打开"录入关键字"对话框。

(2)输入关键字"北京市维达股份有限公司";年为"2021",月为"1",日为"31"。

(3)单击"确认"按钮,系统弹出"是否重算第 1 页?"信息提示对话框。

(4)单击"是"按钮,系统会自动根据单元公式计算 1 月数据。

(5)执行"文件"→"另存为"命令,输入文件名"现金流量表 2021",单击"另存为"按钮,将生成的报表数据保存。

# 项目七
# 薪资管理系统

**知识目标**

1. 掌握薪资管理系统工资项目内容及计算公式；
2. 掌握个人所得税应纳税额的计算方法；
3. 掌握薪资分配处理和会计核算方法。

**技能目标**

1. 能正确进行薪资管理系统的初始化处理；
2. 能正确进行薪资管理系统的日常业务处理；
3. 能正确进行工资分摊及月末处理。

**素养目标**

1. 具有精益求精的精神，确保每位职工薪资计算的准确性；
2. 具有遵纪守法的意识，按照个人所得税法规定准确计算应纳税额。

## 任务一  初始设置

### 任务资料

1.北京市维达股份有限公司工资类别有两个：正式职工和临时职工；核算币别：人民币；从工资中代扣个人所得税；进行扣零处理(扣零至元)；人员编码：与公共平台保持一致。

2.部门档案(表7-1)

表7-1　　　　　　　　　部门档案

| 编号 | 名称 | 部门属性 | 负责人 |
|---|---|---|---|
| 01 | 综合部 | 管理 | 王靖 |
| 02 | 财务部 | 财务 | 张川 |
| 03 | 生产部 | 生产 | 何军 |
| 0301 | 一车间 | 生产 | 王义 |
| 0302 | 二车间 | 生产 | 尹杰 |
| 04 | 市场部 | 供应及销售 | 陈杰 |
| 0401 | 供应处 | 供应 | 陈杰 |
| 0402 | 销售处 | 销售 | 李丁 |

3.职员档案

(1)正式职工：正式职工档案见表7-2。

表7-2　　　　　　　　　正式职工档案

| 职员编号 | 职员姓名 | 性别 | 年龄 | 所属部门 | 所在银行 | 银行账号 |
|---|---|---|---|---|---|---|
| 101 | 王靖 | 男 | 32 | 综合部 | 中国工商银行 | 100001 |
| 201 | 张川 | 男 | 30 | 财务部 | 中国工商银行 | 100002 |
| 202 | 于方 | 女 | 23 | 财务部 | 中国工商银行 | 100003 |
| 203 | 李民 | 男 | 40 | 财务部 | 中国工商银行 | 100004 |
| 204 | 王明雨 | 女 | 30 | 财务部 | 中国工商银行 | 100005 |
| 205 | 李志诚 | 男 | 26 | 财务部 | 中国工商银行 | 100006 |
| 301 | 何军 | 男 | 45 | 生产部 | 中国工商银行 | 100007 |
| 302 | 王义 | 男 | 38 | 一车间 | 中国工商银行 | 100008 |
| 303 | 尹杰 | 女 | 40 | 二车间 | 中国工商银行 | 100009 |
| 401 | 陈杰 | 男 | 43 | 供应处 | 中国工商银行 | 100010 |
| 402 | 李丁 | 男 | 29 | 销售处 | 中国工商银行 | 100012 |
| 403 | 王一 | 女 | 32 | 供应处 | 中国工商银行 | 100011 |

(2)临时职工:临时职工档案见表7-3。

表7-3　　　　　　　　　　　临时职工档案

| 职员编号 | 职员姓名 | 性别 | 年龄 | 所属部门 | 银行账号 |
|---|---|---|---|---|---|
| 501 | 临时工1 | 男 | 40 | 一车间 | L100501 |
| 502 | 临时工2 | 男 | 30 | 一车间 | L100502 |
| 503 | 临时工3 | 男 | 30 | 二车间 | L100503 |
| 504 | 临时工4 | 男 | 30 | 二车间 | L100504 |

4.人员类别:管理人员、生产人员、采购人员、销售人员。

5.工资项目见表7-4。

(1)正式职工工资项目

表7-4　　　　　　　　　　　工资项目

| 项目名称 | 类型 | 长度 | 小数位数 | 增减项 |
|---|---|---|---|---|
| 基本工资 | 数值型 | 8 | 2 | 增项 |
| 岗位工资 | 数值型 | 8 | 2 | 增项 |
| 奖金 | 数值型 | 8 | 2 | 增项 |
| 副食补助 | 数值型 | 8 | 2 | 增项 |
| 应发合计 | 数值型 | 10 | 2 | 其它 |
| 事假天数 | 数值型 | 8 | 0 | 其它 |
| 事假扣款 | 数值型 | 8 | 2 | 减项 |
| 养老保险 | 数值型 | 8 | 2 | 减项 |
| 医疗保险 | 数值型 | 8 | 2 | 减项 |
| 失业保险 | 数值型 | 8 | 2 | 减项 |
| 住房公积金 | 数值型 | 8 | 2 | 减项 |
| 代扣税 | 数值型 | 10 | 2 | 减项 |
| 扣款合计 | 数值型 | 10 | 2 | 减项 |
| 实发合计 | 数值型 | 10 | 2 | 其它 |

其中:事假扣款=事假天数×30元/天

(2)临时职工工资,没有表7-4中岗位工资、副食补助、养老保险、医疗保险、失业保险、住房公积金项目,其他相同。

6.正式职工工资类别设置

(1)部门设置:综合部、财务部、生产部、市场部。

(2)人员档案如上,全部为中方人员,计税。

(3)设置银行名称:中国工商银行。

(4)工资项目见表7-4。

(5)工资计算公式：

养老保险＝(基本工资＋岗位工资＋奖金＋副食补助)×8％

医疗保险＝(基本工资＋岗位工资＋奖金＋副食补助)×2％

失业保险＝(基本工资＋岗位工资＋奖金＋副食补助)×0.20％

住房公积金＝(基本工资＋岗位工资＋奖金＋副食补助)×12％

事假扣款＝事假天数×30元/天

奖金：生产人员和销售人员4 000元，其他人员2 000元。

**要求：**

以"201 张川"的身份进行薪资管理的初始设置。

## 任务指导

### 一、在企业应用平台中启用薪资管理系统

1. 执行"开始"→"程序"→"用友 U8V10.1"→"企业应用平台"命令，打开"登录"对话框。

2. 输入操作员"201"、密码"1"，"账套"选择"[008](default)北京市维达股份有限公司"，更改"操作日期"为"2021-01-01"，单击"登录"按钮，进入企业应用平台。

### 应用提示

如果薪资管理系统还没有启用，则执行"基础信息"→"基本信息"→"系统启用"命令，打开"系统启用"对话框，选中"WA 薪资管理"复选框，弹出"日历"对话框，选择薪资系统启用日期为"2021 年 01 月 01 日"，单击"确定"按钮，系统弹出"确实要启用当前系统吗？"信息提示对话框，单击"是"按钮返回。

### 二、建立工资账套

1. 在企业应用平台中，双击"财务会计"中的"薪资管理"选项，如图 7-1 所示。

会计信息化

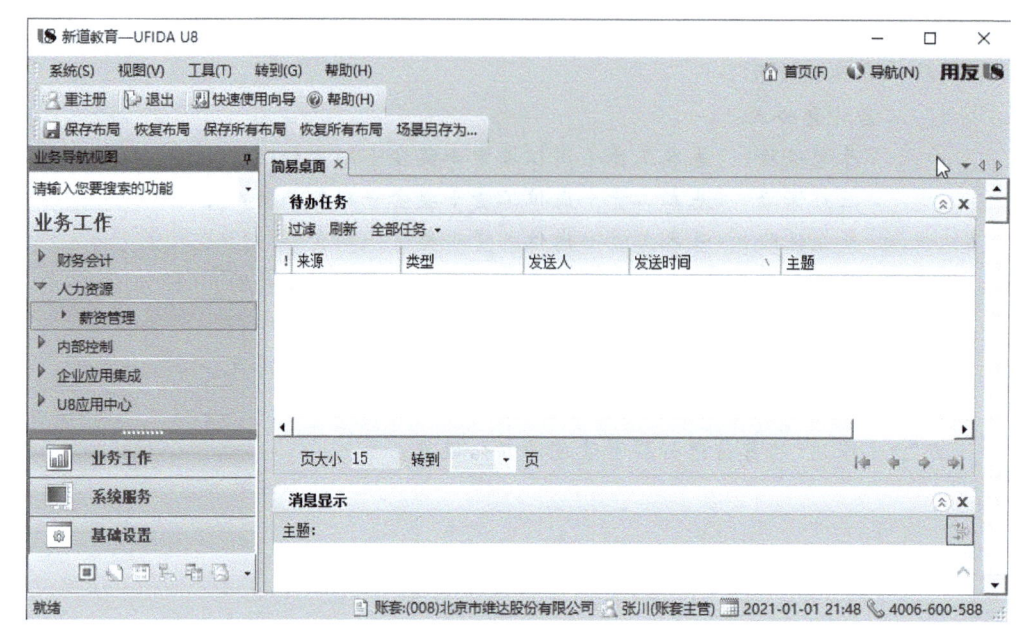

图7-1 企业应用平台

2.系统提示"请先设置工资类别",单击"确定"按钮,选择本账套所需处理的工资类别个数为"多个",如图7-2所示。单击"确定"按钮。

3.在建账第二步"扣税设置"中,选中"是否从工资中代扣个人所得税"复选框,如图7-3所示。单击"下一步"按钮。

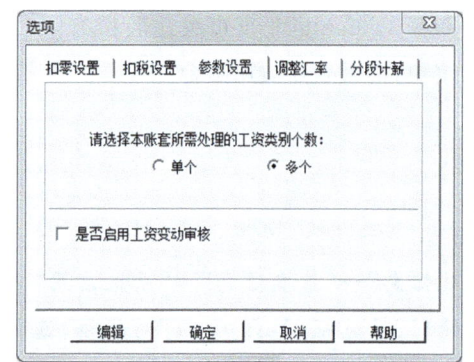

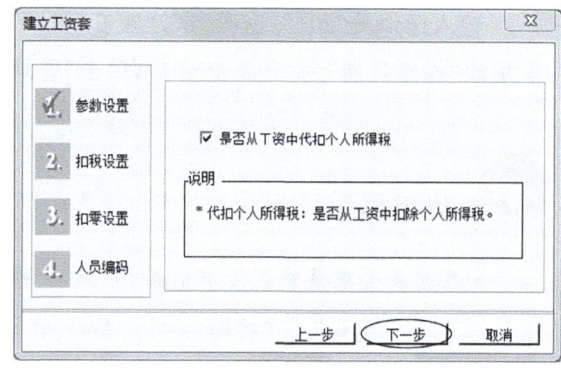

图7-2 建账第一步            图7-3 扣税设置

## 应用提示

本例中对正式职工和临时职工分别进行核算,所以工资类别应选择"多个"。计件工资是按计件单价支付劳动报酬的一种形式。由于对计时工资和计件工资的核算方法不同,所以在薪资管理系统中对于企业是否存在计件工资特别设置了确认选项。选中该项,系统自动在工资项目设置中显示"计件工资"项目;在人员档案中"核算计件工资"项目可选;在"设置"菜单中显示"计件工资标准设置"和"计件工资方案设置"命令;在"业务处理"菜单中显示"计件工资统计"命令。

## 应用提示

选择代扣个人所得税后,系统将自动生成工资项目"代扣税",并自动进行代扣税金的计算。

4. 在建账第三步"扣零设置"中,选择"扣零"复选框和"扣零至元"单选按钮,如图 7-4 所示,单击"下一步"按钮。

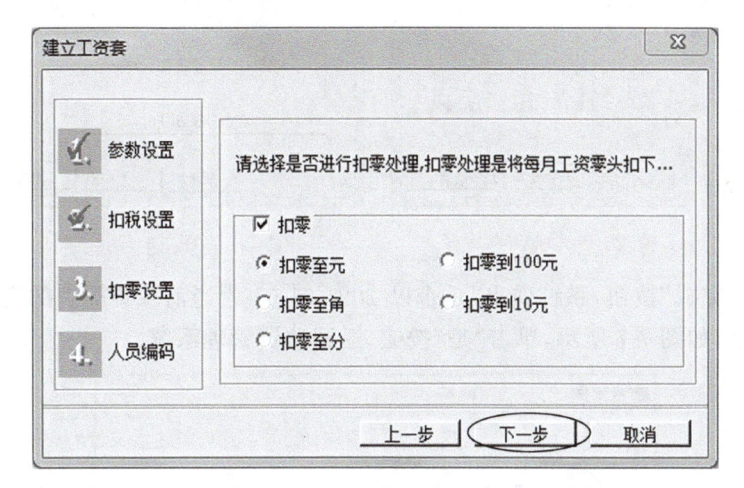

图 7-4 扣零设置

## 应用提示

扣零处理是指每次发放工资时将零头扣下,积累取整,于下次工资发放时补上,系统在计算工资时将依据扣零类型(扣零至元、扣零至角、扣零至分)进行扣零计算。用户一旦选择了"扣零处理",系统自动在固定工资项目中增加"本月扣零"和"上月扣零"两个项目,扣零的计算公式将由系统自动定义,无须设置。

5. 在建账第四步"人员编码"中,系统提示"本系统要求您对员工进行统一编号,人员编码同公共平台的人员编码保持一致。",单击"完成"按钮,完成工资套建立。

## 应用提示

建账完毕后,部分建账参数可以通过执行"设置"→"选项"命令进行修改。

### 三 建立工资类别

1. 建立正式职工工资类别

(1) 执行"工资类别"→"新建工资类别"命令,打开"新建工资类别"对话框。

(2)在文本框中输入第一个工资类别"正式职工",如图7-5所示。

(3)单击"下一步"按钮,选择综合部、财务部、生产部、市场部,如图7-6所示。

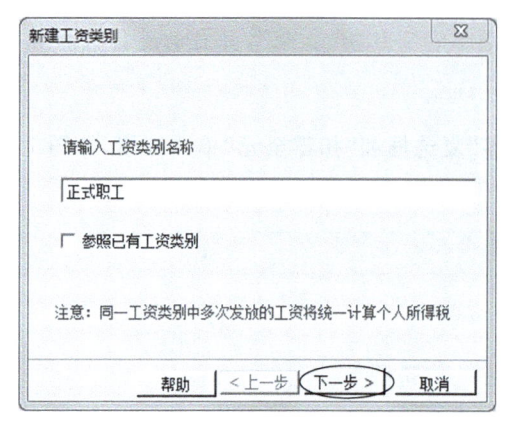

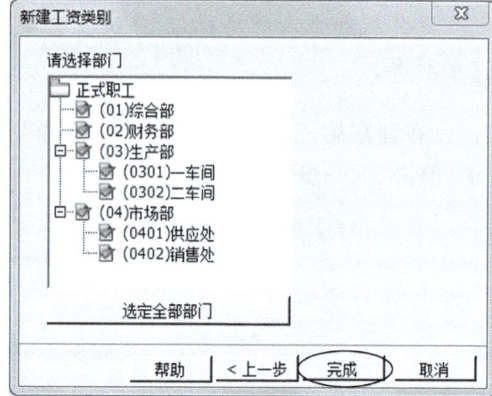

图7-5　输入工资类别

图7-6　选择部门

(4)单击"完成"按钮,系统弹出"是否以2021-01-01为当前工资类别的启用日期?"信息提示对话框,如图7-7所示,单击"是"按钮,返回薪资管理系统。

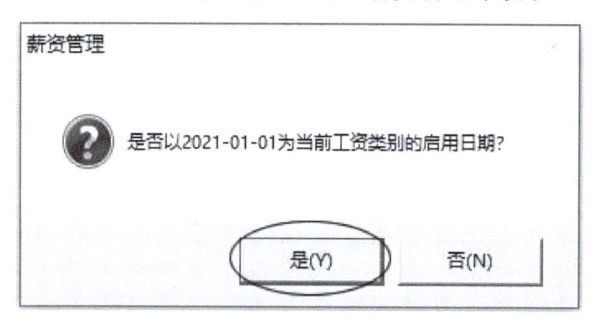

图7-7　启用日期提示

(5)执行"工资类别"→"关闭工资类别"命令,关闭"正式职工"工资类别。

2.建立临时职工工资类别

(1)执行"工资类别"→"新建工资类别"命令,打开"新建工资类别"对话框。

(2)在文本框中输入第二个工资类别"临时职工",单击"下一步"按钮。

(3)选择生产部及其下级部门。

(4)单击"完成"按钮,系统弹出"是否以2021-01-01为当前工资类别的启用日期?"信息提示对话框,单击"是"按钮,返回薪资管理系统。

(5)执行"工资类别"→"关闭工资类别"命令,关闭"临时职工"工资类别。

## 四　设置

1.人员附加信息设置

(1)执行"设置"→"人员附加信息设置"命令,打开"人员附加信息设置"对话框。

(2)在"信息名称"文本框中输入"性别",单击"增加"按钮。

(3)再在"信息名称"文本框中输入"年龄",单击"增加"按钮,完成了在人员信息中增加性别和年龄的工作。如图7-8所示。

2.工资项目设置(不针对具体工资类别)

(1)执行"设置"→"工资项目设置"命令,打开"工资项目设置"对话框。

(2)单击"增加"按钮,工资项目列表中增加一空行。

(3)单击"名称参照"栏的下三角按钮,选择并双击"基本工资"选项。

(4)双击"类型"栏,从下拉列表框中选择"数字"选项。

(5)"长度"栏和"小数"栏均为系统默认的设置。

(6)双击"增减项"栏,从下拉列表框中选择"增项"选项。

图7-8 "人员附加信息设置"对话框

(7)同理,单击"增加"按钮,增加"岗位工资""奖金""副食补助"工资项目,"增减项"均为"增项";增加"事假天数","增减项"为"其它";增加"事假扣款、养老保险、医疗保险、失业保险、住房公积金","增减项"为"减项"。设置结果如图7-9所示。

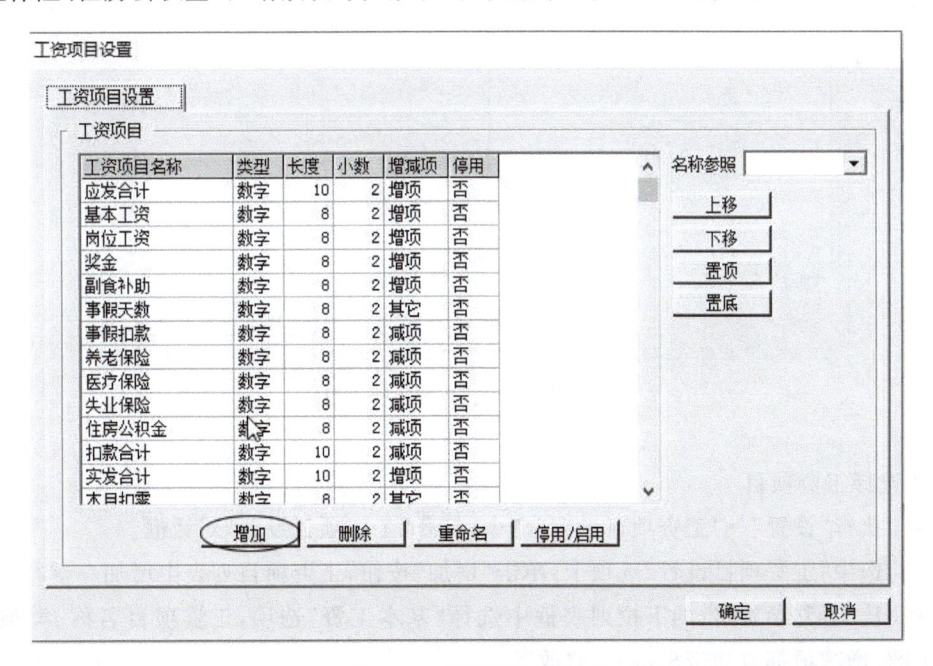

图7-9 工资项目设置结果

(8)单击"确定"按钮,系统弹出"工资项目已经改变,请确认各工资类别的公式是否正确？"信息提示对话框,单击"确定"按钮。

### 应用提示

系统提供若干常用工资项目供参考,可选择输入。对于参照中未提供的工资项目,可以双击"工资项目名称"栏直接输入,或先从"名称参照"栏的下拉列表框中选择一个项目,然后单击"重命名"按钮修改为需要的项目。

## 五、正式职工初始设置

**1.打开工资类别**

(1)执行"工资类别"→"打开工资类别"命令,打开"打开工资类别"对话框。

(2)选择"001 正式职工"工资类别,单击"确定"按钮,如图 7-10 所示。

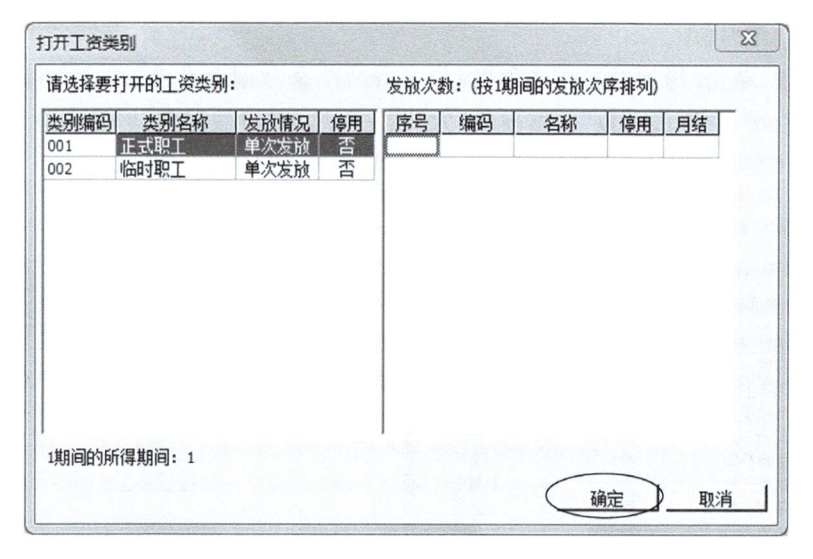

图 7-10 "打开工资类别"对话框

**2.选择工资项目**

(1)执行"设置"→"工资项目设置"命令,打开"工资项目设置"对话框。

(2)选中"工资项目设置"选项卡,单击"增加"按钮,工资项目列表中增加一空行。

(3)从"名称参照"栏的下拉列表框中选择"基本工资"选项,工资项目名称、类型、长度、小数、增减项都自动带出,不能修改。

(4)单击"增加"按钮,增加其他工资项目。

(5)所有项目增加完成后,单击"工资项目设置"对话框中的"上移"和"下移"按钮,按照任务资料所给顺序调整工资项目的排列位置,单击"确定"按钮。如图7-11所示。

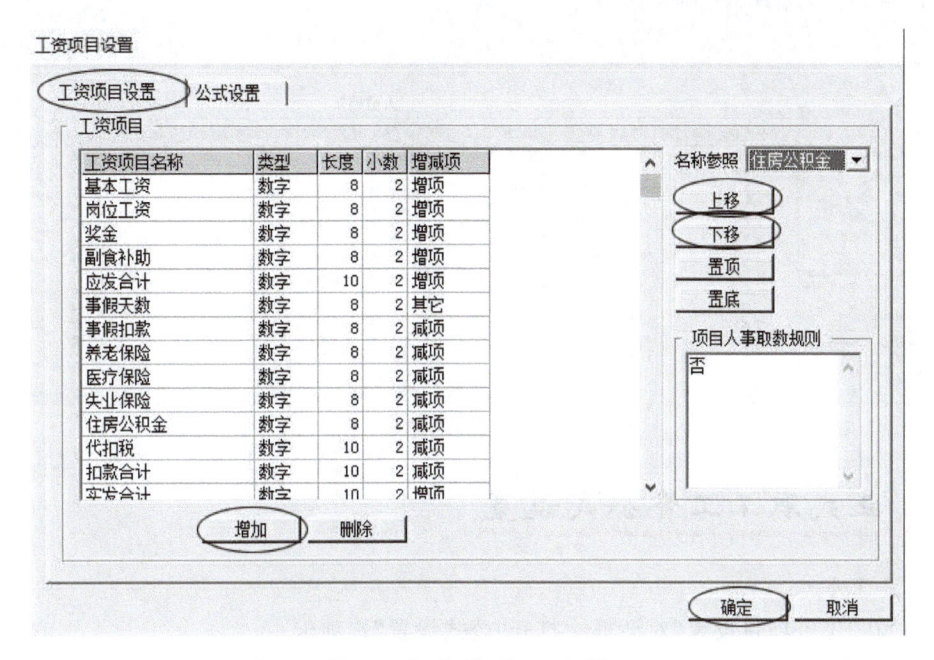

图7-11 "工资项目设置"对话框

## 应用提示

工资项目不能重复选择。没有选择的工资项目不允许在计算公式中出现。不能删除已输入数据的工资项目和已设置计算公式的工资项目。

3.设置人员档案
(1)执行"设置"→"人员档案"命令,进入"人员档案"窗口。
(2)单击工具栏上的"批增"按钮,打开"人员批量增加"对话框,单击右侧上方"查询"按钮,显示全部人员,单击"确定"按钮。
(3)选择"王靖"所在行,单击"全选"按钮后,单击"修改"按钮。
(4)单击"银行名称"栏的下三角按钮,选择"中国工商银行",输入银行账号"100001"。
(5)在"附加信息"选项卡中,输入性别"男"、年龄"32"。单击"确定"按钮。

(6)依上述顺序输入所有人员档案,输入结果如图7-12所示。

图7-12 人员档案输入结果

## 六 正式职工工资公式设置

**1.设置公式**

(1)在"工资项目设置"对话框中打开"公式设置"选项卡。

(2)单击"增加"按钮,在"工资项目"列表中增加一空行,单击该行,在下拉列表框中选择"事假扣款"选项,如图7-13所示。

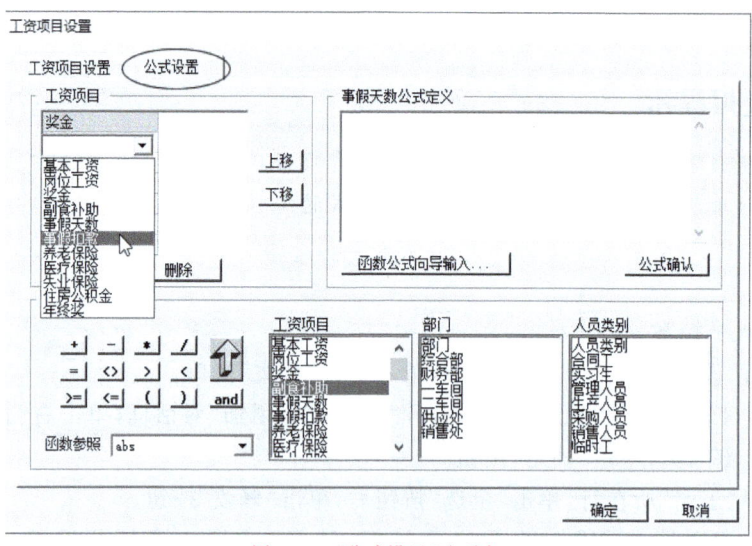

图7-13 "公式设置"选项卡

(3)单击"事假扣款公式定义"文本框,单击"工资项目"列表中的"事假天数"。

(4)单击运算符"*",在"*"后输入数字"30",单击"公式确认"按钮,单击"确定"按钮退出,结果如图7-14所示。

(5)依次设置养老保险、医疗保险、失业保险、住房公积金公式。

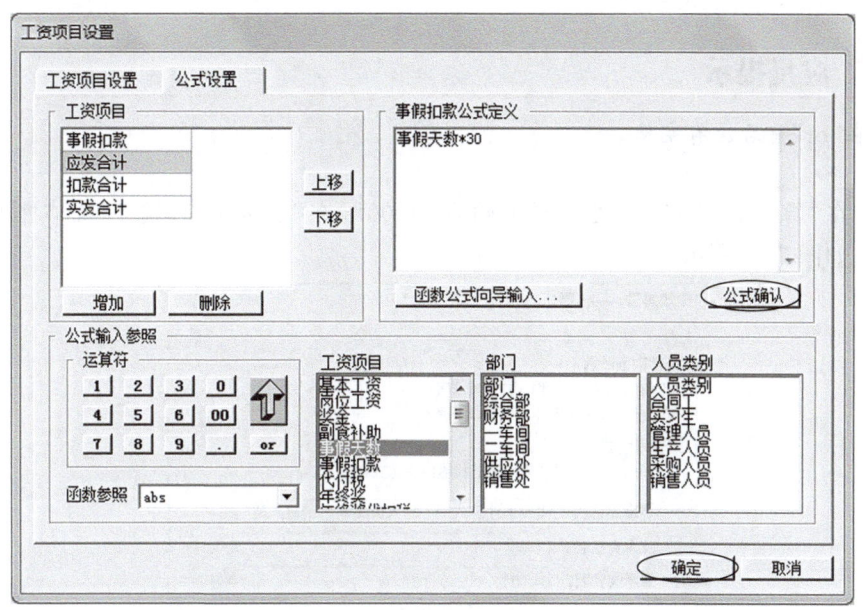

图 7-14　事假扣款公式设置结果

2.设置公式:奖金＝iff(人员类别 ＝"生产人员"or 人员类别 ＝"销售人员",4000,2000)

(1)单击"增加"按钮,在"工资项目"列表中增加一空行,单击该行,在下拉列表框中选择"奖金"选项。

(2)单击"奖金公式定义"文本框,再单击"函数公式向导输入"按钮,打开"函数向导——步骤之1"对话框,如图 7-15 所示。

(3)从"函数名"列表中选择"iff",单击"下一步"按钮,打开"函数向导——步骤之2"对话框。

(4)单击"逻辑表达式。"参照按钮,打开"参照"对话框,从"参照列表"下拉列表框中选择"人员类别"选项,再从下面的列表中选择"生产人员",单击"确定"按钮,如图 7-16 所示。

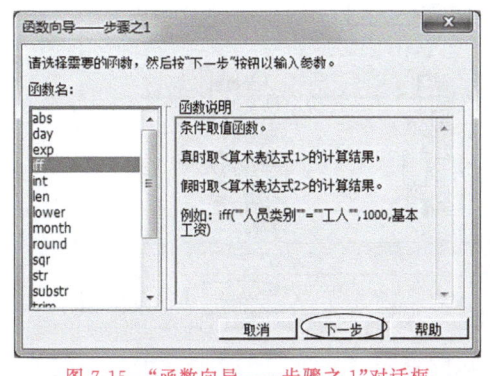

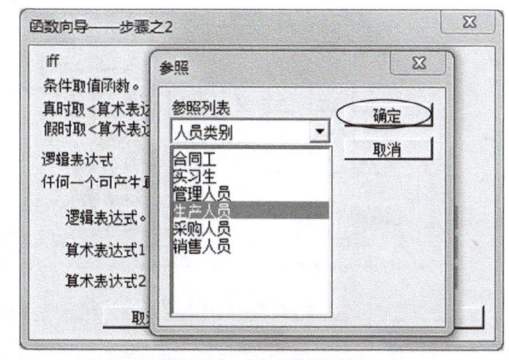

图 7-15　"函数向导——步骤之1"对话框　　　图 7-16　"参照"对话框

(5)在"逻辑表达式。"文本框中输入"or",再次单击"逻辑表达式。"参照按钮,打开"参照"对话框,从"参照列表"下拉列表框中选择"人员类别"选项,再从下面的列表中选择"销售人员",单击"确定"按钮,返回"函数向导——步骤之2"对话框。

## 会计信息化

### 应用提示

在"or"前后应有空格。

(6)在"算术表达式1"文本框中输入"4000",在"算术表达式2"文本框中输入"2000",如图7-17所示。

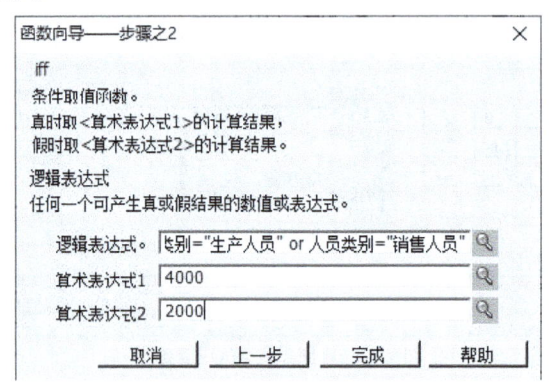

图7-17 "函数向导——步骤之2"对话框

(7)单击"完成"按钮,返回"工资项目设置"对话框,单击"公式确认"按钮,公式结果如图7-18所示。单击"确定"按钮,退出公式设置。

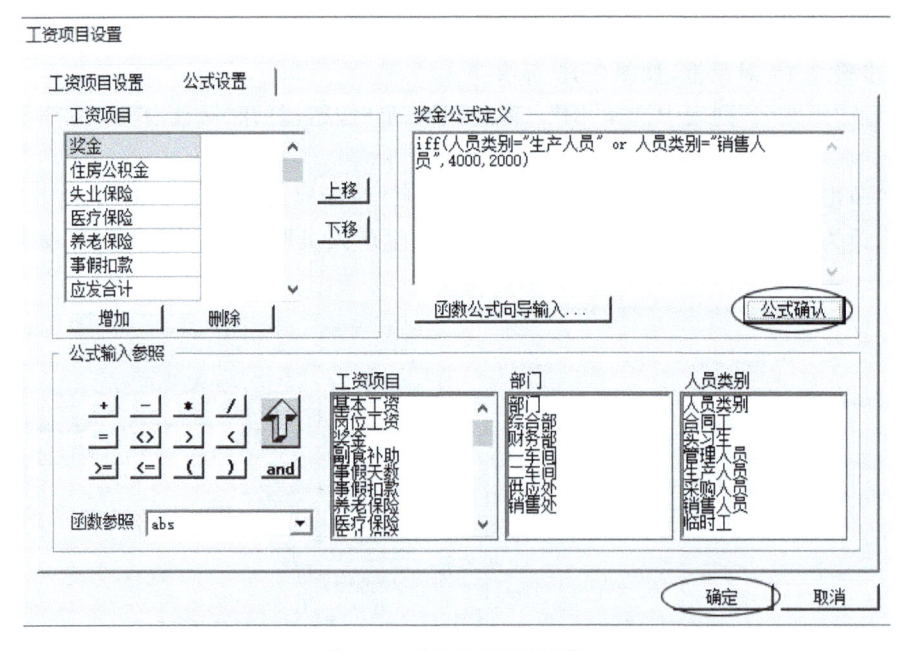

图7-18 奖金公式设置结果

## 七、临时职工工资设置

1. 打开工资类别

(1)执行"工资类别"→"打开工资类别"命令,打开"打开工资类别"对话框。

(2)选择"002 临时职工"工资类别,单击"确定"按钮,如图 7-19 所示。

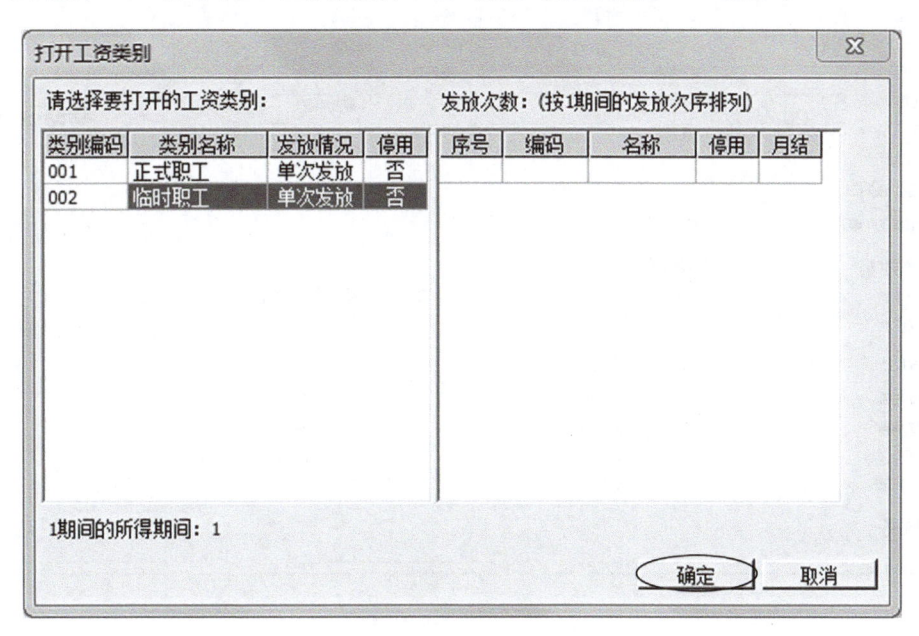

图 7-19 "打开工资类别"对话框

2. 工资项目设置

临时职工工资项目设置的操作与正式职工相同。

3. 人员档案设置

(1)增加临时职工人员档案与增加正式职工人员档案相同,过程不再叙述。执行"机构人员"→"人员类别"命令,增加"104 临时工"。如图 7-20 所示。

图 7-20 "人员类别"窗口

(2)进入"人员档案"窗口,按照表 7-3 信息增加人员档案,如图 7-21 所示。

图 7-21 "人员档案"窗口

(3)执行"人力资源"→"薪金管理"命令,进入"临时职工类别"窗口,执行"设置"→"人员档案"命令,增加人员并完善信息,如图 7-22 所示。

图 7-22 人员档案信息

4.设置"事假扣款＝事假天数×30 元/天"公式,操作与正式职工相同。

# 任务二　日常业务处理

## 任务资料

1. 本月正式职工工资(见表7-5)：

表7-5　　　　　　　正式职工工资

| 姓名 | 基本工资 | 岗位工资 |
|------|---------|---------|
| 王靖 | 4 200.00 | 500.00 |
| 张川 | 3 000.00 | 400.00 |
| 于方 | 2 200.00 | 200.00 |
| 李民 | 1 800.00 | 400.00 |
| 王明雨 | 2 000.00 | 300.00 |
| 李志诚 | 1 600.00 | 400.00 |
| 何军 | 3 200.00 | 500.00 |
| 王义 | 3 000.00 | 400.00 |
| 尹杰 | 2 800.00 | 400.00 |
| 陈杰 | 3 000.00 | 500.00 |
| 李丁 | 2 200.00 | 400.00 |
| 王一 | 1 700.00 | 300.00 |

2. 本月工资变动：本月李丁请假3天。本月李志诚请假2天。

生产部人员岗位工资在原有基础上增加500元，综合部人员副食补助增加800元。

临时职工基本工资为2 000元，本月奖金分别为1 000元、2 200元、1 500元、2 000元。

要求：

以"202 于方"的身份进行工资的日常处理。

## 任务指导

### 一、正式职工工资类别日常业务

1. 数据权限分配

以"201 张川"身份登录，进入企业应用平台，执行"权限"→"数据权限控制设置"命令，去掉"记录级"内"用户"和"工资权限"前"是否控制"选项，单击"确定"按钮。继续执行"权限"→"数据权限分配"命令，选择用户"202 于方"，业务对象选择"工资权限"，单击工具栏"授权"按钮,在弹出的记录权限设置中,选择"工资类别主管",单击"保存"按钮后退出。如图7-23所示。

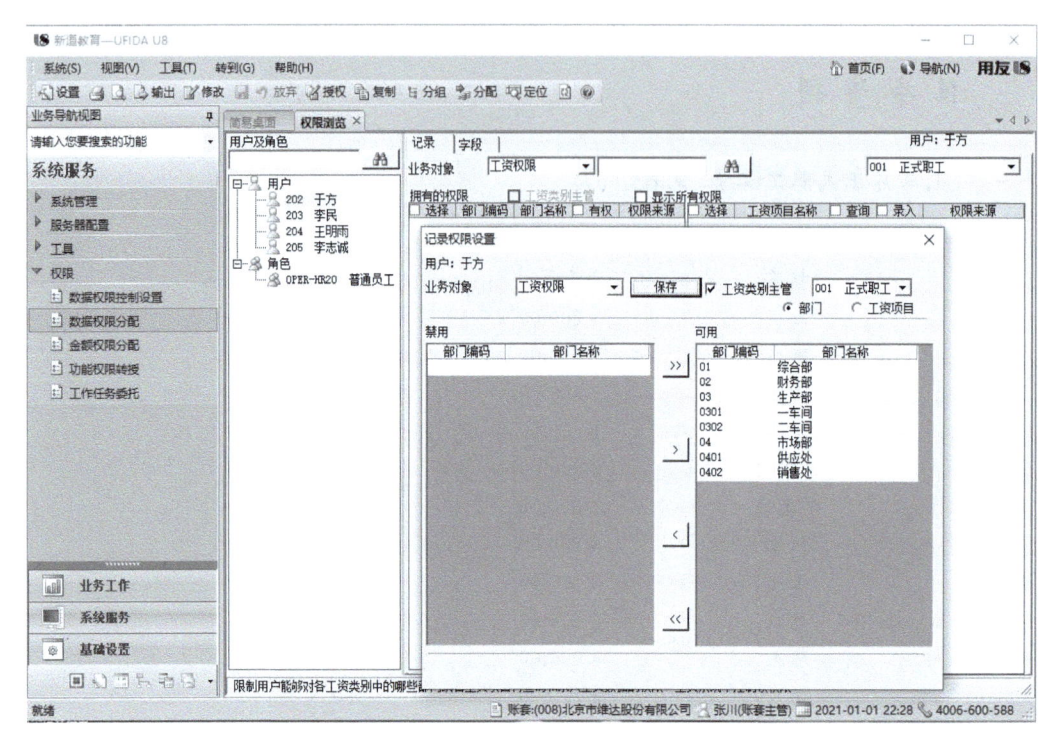

图7-23 权限浏览

2.输入正式职工基本工资数据

(1)更换操作员为"202 于方",打开"正式职工"工资类别,执行"业务处理"→"工资变动"命令,进入"工资变动"窗口。

(2)从"过滤器"栏的下拉列表框中选择"过滤设置"选项,打开"项目过滤"对话框。

(3)选择"工资项目"列表中的"基本工资"和"岗位工资"选项,单击">"按钮,将这两项选入"已选项目"列表中,如图7-24所示。

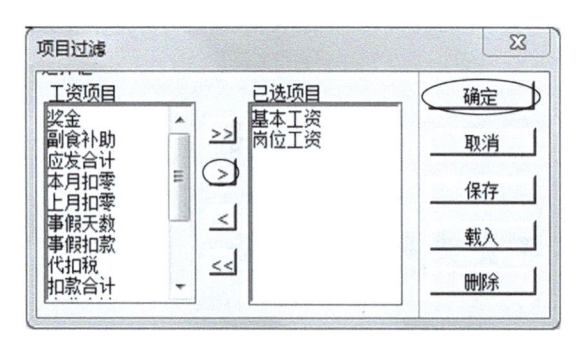

图7-24 "项目过滤"对话框

(4)单击"确定"按钮,返回"工资变动"窗口,此时每个人的工资项目只显示两项。

(5)按任务资料输入"正式职工"工资类别的工资数据,结果如图 7-25 所示。

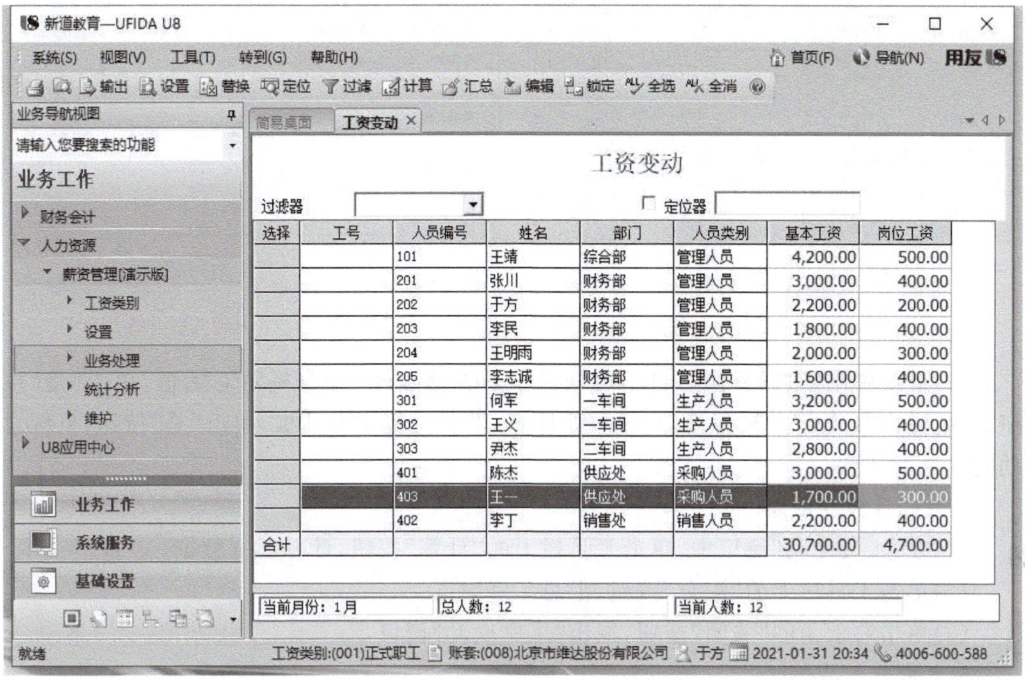

图 7-25　正式职工工资数据输入结果

### 应用提示

这里只需输入没有进行公式设定的项目,如基本工资、岗位工资和副食补助、请假天数,其余各项由系统根据计算公式自动计算生成。

(6)从"过滤器"栏的下拉列表框中选择"所有项目"选项,屏幕上显示所有工资项目。

3.输入正式职工工资变动数据

(1)输入考勤情况:李志诚请假 2 天,李丁请假 3 天。

(2)单击工资变动表前"选择"处,选择"生产部"的人员,单击工具栏上的"替换"按钮,从"将工资项目"栏的下拉列表框中选择"岗位工资"选项,在"替换成"文本框中输入"岗位工资＋500"。

(3)在"替换条件"文本框中分别选择"人员类别""＝""生产人员",单击"确定"按钮,如图 7-26 所示。

(4)系统弹出"数据替换后将不可恢复。是否继续？"信息提示对话框,单击"是"按钮,系统弹出"3 条记录被替换,是否重新计算？"信息提示对话框,单击"是"按钮,系统自动完成工资计算。

(5)单击"选择"按钮,选择"综合部"的人员,单击工具栏上的"替换"按钮,在"将工资项目"栏的下拉列表框中选择"副食补助"选项,在"替换成"文本框中输入"副食补助＋800"。单击"确定"按钮,如图 7-27 所示。

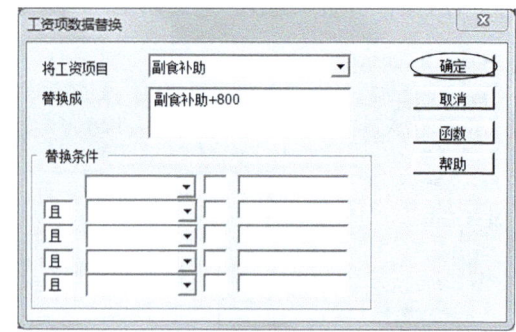

图7-26　岗位工资数据变动　　　　　　　　图7-27　副食补助数据变动

(6)系统弹出"数据替换后将不可恢复。是否继续？"信息提示对话框,单击"是"按钮,系统弹出"1条记录被替换,是否重新计算？"信息提示对话框,单击"是"按钮,系统自动完成工资计算。

4.数据计算与汇总

(1)在"工资变动"窗口中,单击工具栏上的"计算"按钮,计算工资数据。

(2)单击工具栏上的"汇总"按钮,汇总工资数据。

(3)单击右上角的"关闭"按钮,退出"工资变动"窗口。

5.工资分钱清单

(1)在业务处理中,双击"工资分钱清单",打开"票面额设置"对话框,单击"确定"按钮。

(2)在"部门分钱清单"选项卡中,查看各个部门需要不同面额钱币的数量,如图7-28所示。还可以查看"人员分钱清单"和"工资发放取款单"。

图7-28　"部门分钱清单"选项卡

6.查看个人所得税

(1)执行"设置"→"选项"命令,进入"选项"窗口。单击"编辑"按钮,选择"扣税设置"选项卡,单击"税率设置"按钮,打开"个人所得税申报表——税率表"对话框。

(2)基数调整为"5 000.00",附加费用为"0.00",由后向前调整税率表,调整后如图7-29所示。单击"确定"按钮后,再单击"确定"按钮退出。

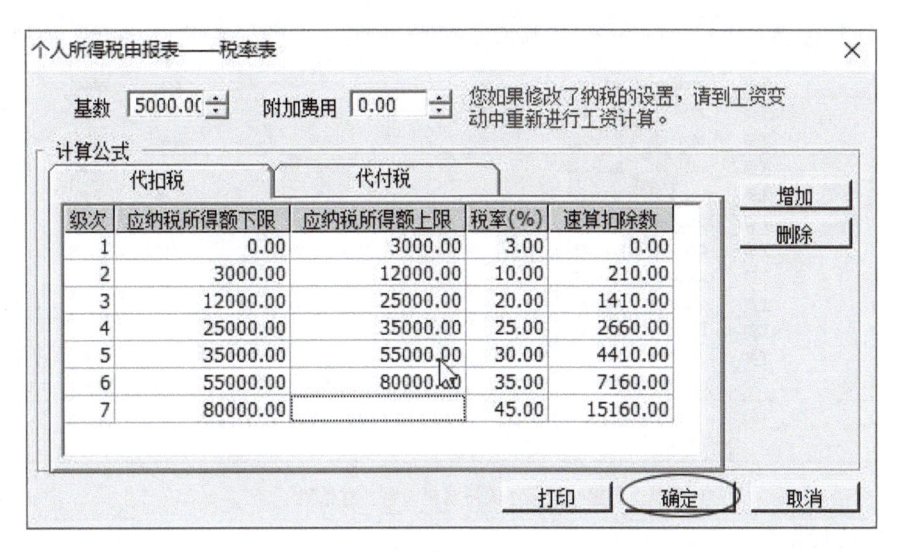

图7-29 "个人所得税申报表——税率表"对话框

(3)执行"业务处理"→"工资变动"命令,单击工具栏"计算"按钮,再单击"汇总"按钮后退出。

(4)执行"业务处理"→"扣缴所得税"命令,打开"个人所得税申报模板"对话框。单击"打开"按钮。

(5)打开"所得税申报"对话框,默认各项设置,如图7-30所示。单击"确定"按钮。

图7-30 "所得税申报"对话框

(6)系统自动计算个人所得税金额,如图7-31所示。查看后单击"退出"按钮。

| 姓名 | 证件号码 | 所得项目 | 所属期间... | 所属期间... | 收入额 | 减费用额 | 应纳税所... | 税率 | 速算扣除数 | 应纳税额 | 已扣缴税款 |
|---|---|---|---|---|---|---|---|---|---|---|---|
| 王靖 |  | 工资 | 20210101 | 20211231 |  |  | 835.00 | 3 | 0.00 | 25.05 | 25.05 |
| 张川 |  | 工资 | 20210101 | 20211231 |  |  | 0.00 | 0 | 0.00 | 0.00 | 0.00 |
| 于方 |  | 工资 | 20210101 | 20211231 |  |  | 0.00 | 0 | 0.00 | 0.00 | 0.00 |
| 李民 |  | 工资 | 20210101 | 20211231 |  |  | 0.00 | 0 | 0.00 | 0.00 | 0.00 |
| 王明雨 |  | 工资 | 20210101 | 20211231 |  |  | 0.00 | 0 | 0.00 | 0.00 | 0.00 |
| 李志诚 |  | 工资 | 20210101 | 20211231 |  |  | 0.00 | 0 | 0.00 | 0.00 | 0.00 |
| 何军 |  | 工资 | 20210101 | 20211231 |  |  | 1379.60 | 3 | 0.00 | 41.39 | 41.39 |
| 王义 |  | 工资 | 20210101 | 20211231 |  |  | 1146.20 | 3 | 0.00 | 34.39 | 34.39 |
| 尹杰 |  | 工资 | 20210101 | 20211231 |  |  | 990.60 | 3 | 0.00 | 29.72 | 29.72 |
| 陈杰 |  | 工资 | 20210101 | 20211231 |  |  | 0.00 | 0 | 0.00 | 0.00 | 0.00 |
| 李丁 |  | 工资 | 20210101 | 20211231 |  |  | 44.80 | 3 | 0.00 | 1.34 | 1.34 |
| 王一 |  | 工资 | 20210101 | 20211231 |  |  | 0.00 | 0 | 0.00 | 0.00 | 0.00 |
| 合计 |  |  |  |  |  |  | 4396.20 |  | 0.00 | 131.89 | 131.89 |

图7-31 个人所得税金额计算结果

7.银行代发

(1)执行"业务处理"→"银行代发"命令,打开"请选择部门范围"对话框,选择部门如图7-32所示。

(2)单击"确定"按钮,打开"银行文件格式设置"对话框,如图7-33所示。银行模板选择"中国工商银行",选择"人员编码"所在行,单击"插入行"按钮。

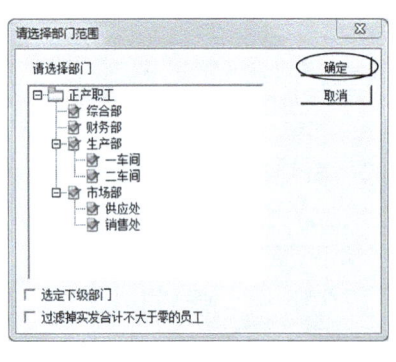

图7-32 "请选择部门范围"对话框 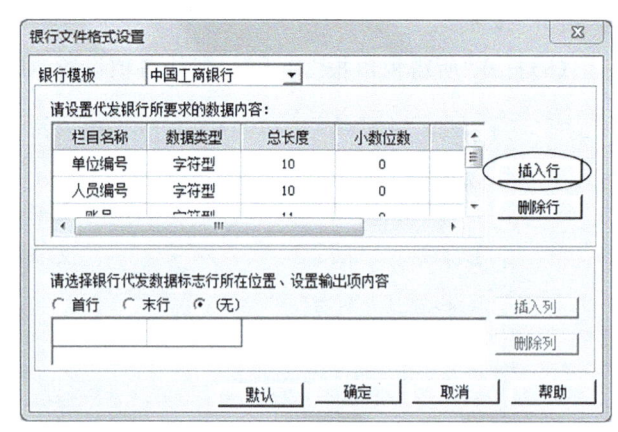    图7-33 "银行文件格式设置"对话框

(3)栏目名称输入"人员姓名",数据类型选择"字符型",总长度输入"10",数据来源选择"人员姓名",如图7-34所示。

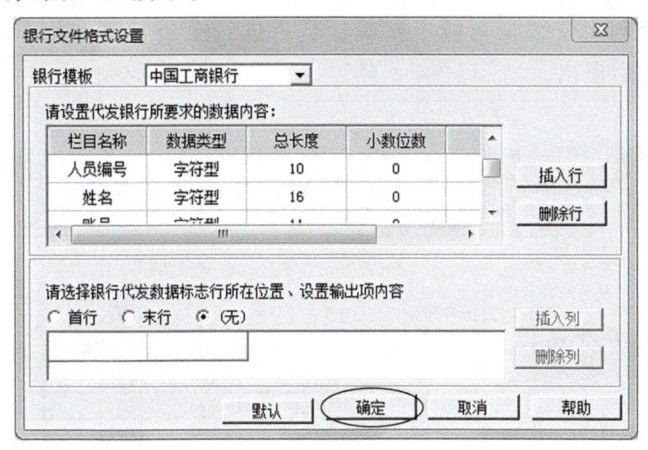

图7-34 银行文件格式设置

(4)单击"确定"按钮,系统提示"确认设置的银行文件格式",单击"是"按钮,如图7-35所示。

图7-35 银行代发一览表(1)

## 二 临时职工工资类别日常业务处理

**1.输入临时职工工资数据**

(1)以"202 于方"身份进入"临时职工类别"窗口,执行"业务处理"→"工资变动"命令,进入"工资变动"窗口。

(2)直接录入工资数据,"基本工资"均为2 000,"奖金"从上向下依次为1 000、2 200、1 500、2 000,结果如图7-36所示,单击"关闭"按钮,系统弹出"数据发生变动后请进行工资计算和汇总,否则工资数据可能不正确!是否进行工资计算和汇总?"信息提示对话框,单击"否"按钮后退出。

图7-36 临时职工工资数据

2.个人所得税计算与查看

(1)执行"设置"→"选项"命令,进入"选项"窗口,单击"编辑"按钮,选择"扣税设置"选项卡,单击"税率设置"按钮,打开"个人所得税申报表——税率表"对话框,按照前面正式职工工资数据调整税率表。

(2)执行"业务处理"→"工资变动"命令,单击工具栏"计算"按钮,再单击"汇总"按钮后退出。

3.银行代发

打开"银行文件格式设置"对话框,增加"人员姓名"列,生成"银行代发一览表",如图7-37所示。

图7-37 银行代发一览表(2)

## 任务三　工资分摊及月末处理

### 任务资料

1. 工资分摊（表7-6）

表7-6(1)　　　　　　　　　工资分摊(1)

| 部门 | 人员类别 | 应发工资(100%) | | 个人承担社会保险费(10.2%) | | 个人承担住房公积金(12%) | |
|------|----------|----------------|---|--------------------------|---|------------------------|---|
| 综合部 | 管理人员 | 660201 | 221101 | 221101 | 2241 | 221101 | 2241 |
| 财务部 | 管理人员 | 660201 | 221101 | 221101 | 2241 | 221101 | 2241 |
| 一车间 | 生产人员 | 50010102 | 221101 | 221101 | 2241 | 221101 | 2241 |
| 二车间 | 生产人员 | 50010102 | 221101 | 221101 | 2241 | 221101 | 2241 |
| 供应处 | 采购人员 | 660201 | 221101 | 221101 | 2241 | 221101 | 2241 |
| 销售处 | 销售人员 | 6601 | 221101 | 221101 | 2241 | 221101 | 2241 |

表7-6(2)　　　　　　　　　工资分摊(2)

| 部门 | 人员类别 | 单位承担社会保险(32%) | | 单位承担住房公积金(12%) | |
|------|----------|----------------------|---|------------------------|---|
| 综合部 | 管理人员 | 660204 | 221102 | 660204 | 221103 |
| 财务部 | 管理人员 | 660204 | 221102 | 660204 | 221103 |
| 一车间 | 生产人员 | 50010102 | 221102 | 50010102 | 221103 |
| 二车间 | 生产人员 | 50010102 | 221102 | 50010102 | 221103 |
| 供应处 | 采购人员 | 660204 | 221102 | 660204 | 221103 |
| 销售处 | 销售人员 | 6601 | 221102 | 6601 | 221103 |

2. 月末结账。

要求：

进行工资的期末处理。

### 任务指导

#### 一　正式职工工资分摊

1. 工资分摊类型设置

(1) 执行"业务处理"→"工资分摊"命令，打开"工资分摊"对话框，如图7-38所示。

(2) 单击"工资分摊设置"按钮，打开"分摊类型设置"对话框。

(3) 单击"增加"按钮，打开"分摊计提比例设置"对话框，如图7-39所示。

(4) 输入计提类型名称"分配工资"，单击"下一步"按钮，打开"分摊构成设置"对话框。

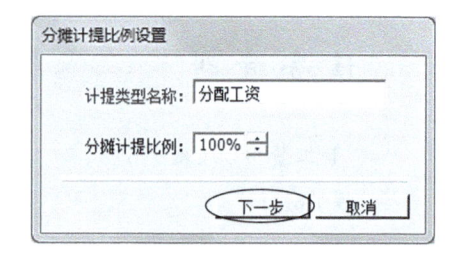

图 7-38 "工资分摊"对话框　　　　　图 7-39 "分摊计提比例设置"对话框

(5)按任务资料内容进行设置,结果如图 7-40 所示。单击"完成"按钮,返回"分摊类型设置"对话框。

图 7-40 分配工资分摊构成设置结果

(6)继续设置计提本月职工个人承担社会保险费,结果如图 7-41 所示。

图 7-41 个人承担社会保险费分摊构成设置结果

(7)个人承担住房公积金分摊构成设置、单位承担社会保险费分摊构成设置、单位承担住房公积金设置结果图省略。

2.分摊工资费用

(1)执行"业务处理"→"工资分摊"命令,打开"工资分摊"对话框。

(2)"计提费用类型"选择"分配工资","计提会计月份"为"2021-1"。

(3)"选择核算部门"选择"综合部""财务部""生产部""市场部"。

(4)选中"明细到工资项目"复选框。如图7-42所示。

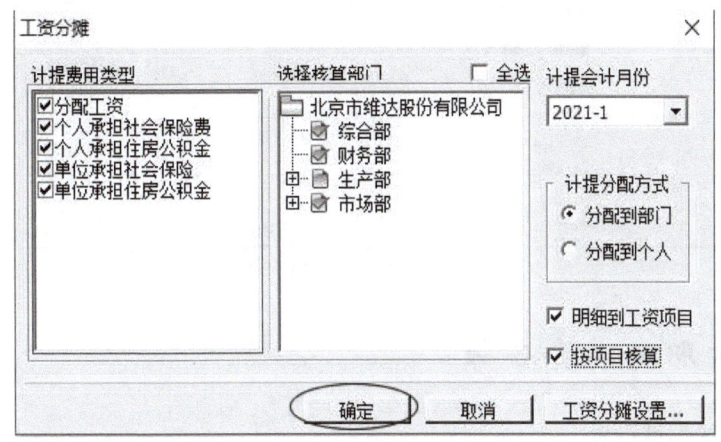

图7-42 "工资分摊"对话框

(5)单击"确定"按钮,进入"分配工资一览表"窗口。

(6)选中"合并科目相同、辅助项相同的分录"复选框,如图7-43所示。单击工具栏上的"制单"按钮,即可生成记账凭证,如图7-44所示。

图7-43 "分配工资一览表"窗口

(7)单击凭证左上角的"字"位置,选择"转账凭证",输入附单据数,单击"保存"按钮,凭证左上角出现"已生成"标志,代表该凭证已传递到总账。

(8)同理生成其他凭证,个人承担社会保险费生成凭证、个人承担住房公积金生成凭证、单位承担社会保险费生成凭证、单位承担住房公积金生成凭证图省略。

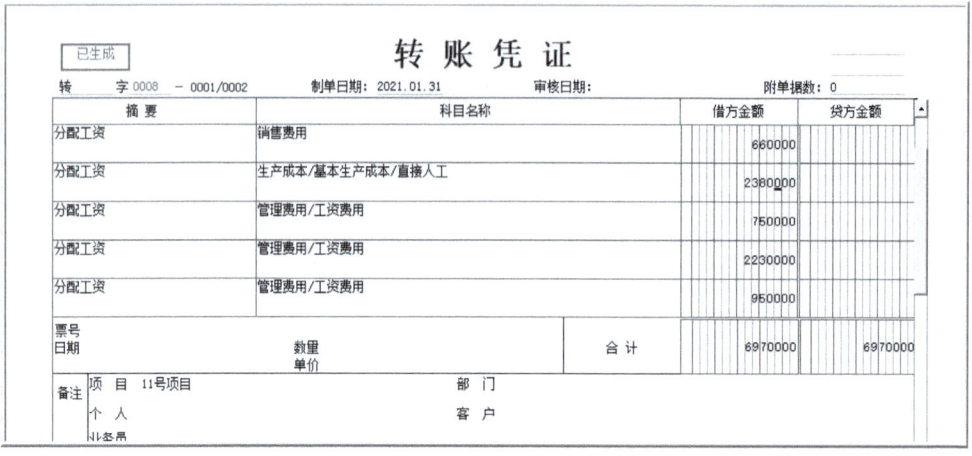

图 7-44　分配工资生成凭证

# 二、临时职工工资分摊

1.工资分摊类型设置

进入"临时职工类别"窗口,执行"业务处理"→"工资分摊"命令,完成工资分摊类型设置,操作参照正式职工,完成设置后,如图7-45所示。

图 7-45　临时职工工资分摊构成设置

2.分摊工资费用

执行"业务处理"→"工资分摊"命令,打开"工资分摊"对话框,选中"分配工资"复选框,选择核算部门"生产部",选中"明细到工资项目"和"按项目核算"复选框,如图7-46所示,单击"确定"按钮,进入"分配工资一览表"窗口,选中"合并科目相同、辅助项相同的分录"复选框,如图7-47所示,单击工具栏上的"制单"按钮,生成记账凭证,如图7-48所示。

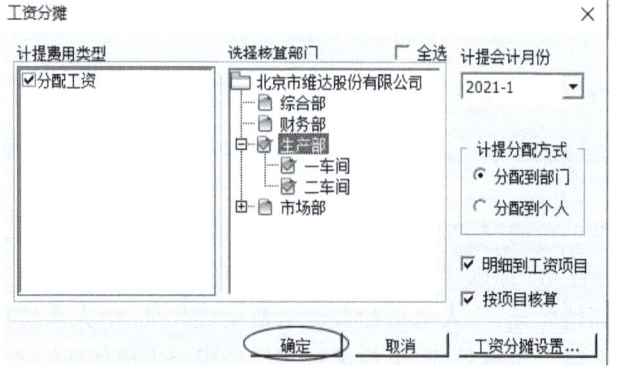

图 7-46　"工资分摊"对话框

图 7-47　分配工资一览表

图 7-48　生成记账凭证

## 三 汇总工资类别

1.执行"工资类别"→"关闭工资类别"命令。
2.执行"维护"→"工资类别汇总"命令,打开"选择工资类别"对话框。
3.选择要汇总的工资类别,单击"确定"按钮,完成工资类别汇总。
4.执行"工资类别"菜单中的"打开工资类别"命令,打开"选择工资类别"对话框。
5.选择"998汇总工资类别",单击"确定"按钮,查看工资类别汇总后的各项数据。

## 应用提示

该功能必须在关闭所有工资类别时才可以使用。所选工资类别中必须有汇总月份的工资数据。

如果是第一次进行工资类别汇总,需在汇总工资类别中设置工资项目计算公式。如果每次汇总的工资类别一致,则公式无须重新设置。如果与上一次所选择的工资类别不一致,则须重新设置计算公式。

## 四、账表查询

1. 工资分钱清单

本例中的"临时职工"的工资通过发放现金的方式支付,因此只查看此工资类别的分钱清单。

(1)执行"工资类别"→"打开工资类别"命令,打开"打开工资类别"对话框。选择"001 正式职工"工资类别,单击"确定"按钮。

(2)执行"业务处理"→"工资分钱清单"命令,打开"票面额设置"对话框。

(3)单击"确定"按钮,进入"分钱清单"窗口,可以查看"部门分钱清单""人员分钱清单"和"工资发放取款单"。

2. 个人所得税扣缴申报表

(1)执行"工资类别"→"打开工资类别"命令,打开"打开工资类别"对话框。选择"001 正式职工"工资类别,单击"确定"按钮。

(2)执行"业务处理"→"扣缴所得税"命令,打开"个人所得税申报模板"对话框,查看"个人所得税申报表"。

(3)同理,可以查看"临时职工"的"个人所得税申报表"。

3. 各种工资表

(1)执行"工资类别"→"打开工资类别"命令,打开"打开工资类别"对话框。选择"001 正式职工"工资类别,单击"确定"按钮。

(2)执行"统计分析"→"账表"→"工资表"命令,打开"工资表"对话框。选择"人员类别汇总表",如图7-49所示。

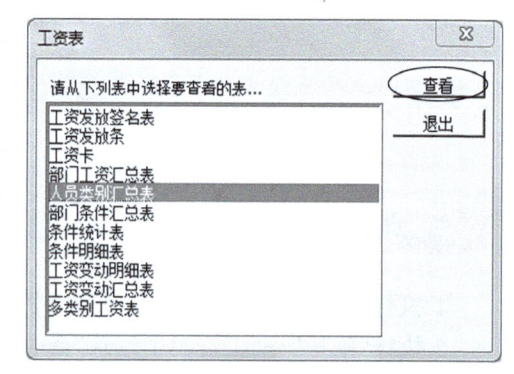

图7-49 "工资表"对话框

（3）单击"查看"按钮，结果如图 7-50 所示。

图 7-50　查看人员类别汇总表

（4）在系统提示下可分别查看各种工资表。

## 五　月末处理

正式职工工资类别月末处理如下：

（1）执行"工资类别"→"打开工资类别"命令，打开"打开工资类别"对话框。选择"001 正式职工"工资类别，单击"确定"按钮。

（2）执行"业务处理"→"月末处理"命令，打开"月末处理"对话框，如图 7-51 所示。

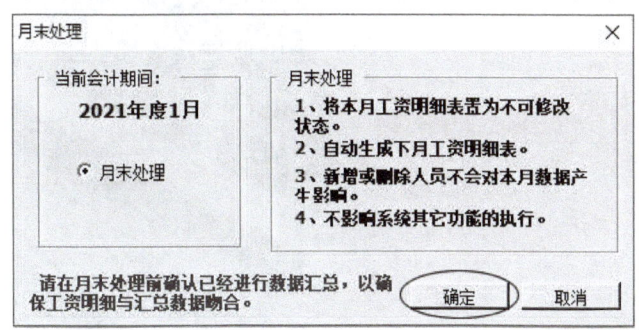

图 7-51　"月末处理"对话框

（3）单击"确定"按钮，系统弹出"月末处理之后，本月工资将不许变动！继续月末处理吗？"信息提示对话框。

（4）单击"是"按钮，系统继续弹出"是否选择清零项？"信息提示对话框。

（5）单击"否"按钮，系统弹出"月末处理完毕！"信息提示对话框，单击"确定"按钮返回。

### 应用提示

进行期末处理后，当月数据将不再允许变动。

# 项目八
# 固定资产管理系统

**知识目标**
1. 掌握固定资产折旧的计算方法;
2. 掌握固定资产增减变化的处理方法。

**技能目标**
1. 能正确进行固定资产管理系统的初始化处理;
2. 能正确进行固定资产管理系统的日常业务处理;
3. 能正确进行固定资产管理系统的月末处理。

**素养目标**
1. 具有严谨细致的工作作风,确保固定资产入账价值准确;
2. 了解宏观经济和国家相关政策,正确地对固定资产投资作出评价。

# 任务一　固定资产管理系统初始化

## 任务资料

1.根据下列内容设置账套参数

启用日期：2021.01；

计提折旧主要方法：平均年限法（一）；

汇总分配期间：1个月，当（月初已计提月份＝可使用月份－1）时，将剩余折旧全部提足；

类别编码：2-1-1-2，自动编码；

序号长度：5位；

与账务系统对账，固定资产对账科目："1601 固定资产"；累计折旧对账科目："1602 累计折旧"。

2.基础设置

（1）账套选项

选择"业务发生后立即制单"，缺省科目：1601，1602。

（2）部门对应折旧科目（见表8-1）：

表8-1　　　　　　　　　　部门对应折旧科目

| 部门编码 | 部门名称 | 折旧科目 |
| --- | --- | --- |
| 01 | 综合部 | 660203，管理费用——折旧费用 |
| 02 | 财务部 | 660203，管理费用——折旧费用 |
| 0301 | 一车间 | 5101，制造费用 |
| 0302 | 二车间 | 5101，制造费用 |
| 0401 | 供应处 | 660203，管理费用——折旧费用 |
| 0402 | 销售处 | 6601，销售费用 |

（3）固定资产类别（见表8-2）：

表8-2　　　　　　　　　　固定资产类别

| 类别编码 | 类别名称 | 计提属性 | 折旧方法 | 净残值率 |
| --- | --- | --- | --- | --- |
| 01 | 房屋及建筑物 | 正常计提 | 平均年限法（一） | 4% |
| 011 | 厂房 | 正常计提 | 平均年限法（一） | 4% |
| 02 | 专用设备 | 正常计提 | 平均年限法（一） | 4% |
| 021 | 数控车床 | 正常计提 | 平均年限法（一） | 4% |
| 03 | 通用设备 | 正常计提 | 平均年限法（一） | 4% |
| 031 | 铣床 | 正常计提 | 平均年限法（一） | 4% |
| 04 | 交通运输设备 | 正常计提 | 平均年限法（一） | 4% |
| 041 | 小车 | 正常计提 | 平均年限法（一） | 4% |
| 05 | 电气设备 | 正常计提 | 平均年限法（一） | 4% |
| 06 | 其他 | 正常计提 | 平均年限法（一） | 4% |

(4)增减方式(见表8-3):

表8-3　　　　　　　　　　　增减方式

| 增加方式 ||| 减少方式 |||
|---|---|---|---|---|---|
| 编码 | 方式 | 对应科目 | 编码 | 方式 | 对应科目 |
| 101 | 直接购入 | 100201 | 201 | 出售 | 1606 |
| 102 | 投资者投入 | 4001 | 202 | 盘亏 | 190102 |
| 103 | 捐赠 | 6301 | 203 | 投资转出 | 1511 |
| 104 | 盘盈 | 190102 | 204 | 捐赠转出 | 6711 |
| 105 | 在建工程转入 | 1604 | 205 | 报废 | 1606 |
| 106 | 融资租入 | 2701 | 206 | 毁损 | 1606 |

(5)录入原始卡片(见表8-4):

表8-4　　　　　　　　　　　原始卡片

| 名称(所属类别) | 原值 | 增加方式 | 部门 | 累计折旧 | 月累计折旧率 | 年限 | 开始使用日期 |
|---|---|---|---|---|---|---|---|
| 办公楼(厂房) | 400 000 | 在建工程转入 | 综合部 | 151 200 | 0.5% | 16 | 2014.01.20 |
| 铣床(铣床) | 23 000 | 直接购入 | 一车间 | 1 380 | 0.5% | 16 | 2019.12.18 |
| 小车(小车) | 200 000 | 直接购入 | 销售处 | 0 | 1% | 8 | 2020.12.20 |
| 数控车床(数控车床) | 200 000 | 直接购入 | 二车间 | 6 000 | 1% | 8 | 2020.09.25 |
| 计算机(其他) | 50 000 | 直接购入 | 财务部 | 1 580 | 1% | 8 | 2020.09.26 |

系统默认固定资产卡片项目、卡片样式,并根据上述资料设置固定资产类别,并完成固定资产原始卡片的录入工作。

要求:

1.完成账套的基本信息设置;

2.完成固定资产账套的初始设置。

# 任务指导

## 一　系统启用及相关参数

### 1.启用固定资产管理系统

(1)执行"开始"→"程序"→"用友 U8V10.1"→"企业应用平台"命令,打开"登录"对话框。

(2)输入操作员"201 张川"、密码"1","账套"选择"[008](default)北京市维达股份有限公司","操作日期"为"2021-01-01",单击"登录"按钮,进入企业应用平台。

(3)如果没有启用固定资产管理系统,执行"基础信息"→"基本信息"→"系统启用"命令,打开"系统启用"对话框,选中"FA 固定资产管理"复选框,弹出"日历"对话框,选择固定资产管理系统启用日期"2021 年 01 月 01 日",单击"确定"按钮,系统弹出"确实要启用当前系统吗?"信息提示对话框,单击"是"按钮。

(4)执行"财务会计"→"固定资产"命令,系统弹出"这是第一次打开此账套,还未进行过初始化,是否进行初始化?"信息提示对话框,如图8-1所示。单击"是"按钮,打开"初始化账套向导"对话框。

项目八　固定资产管理系统

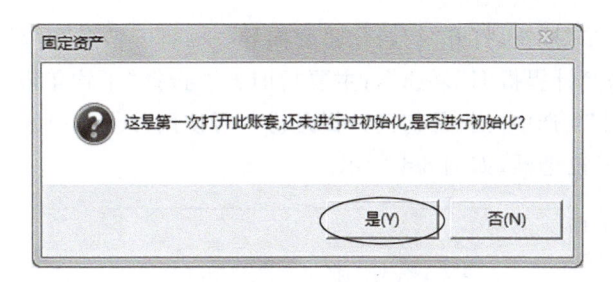

图 8-1　启用固定资产管理系统

2.固定资产初始化向导操作

(1)打开"初始化账套向导——约定及说明"对话框,如图 8-2 所示。

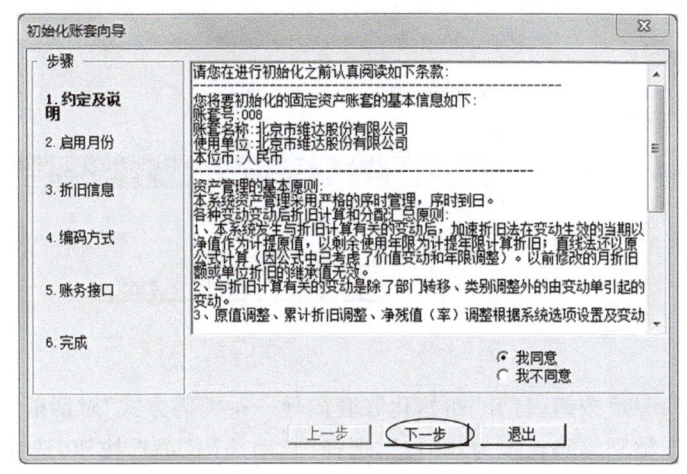

图 8-2　"初始化账套向导——约定及说明"对话框

(2)单击"下一步"按钮,打开"初始化账套向导——启用月份"对话框。

(3)账套启用月份选择"2021.01",如图 8-3 所示。

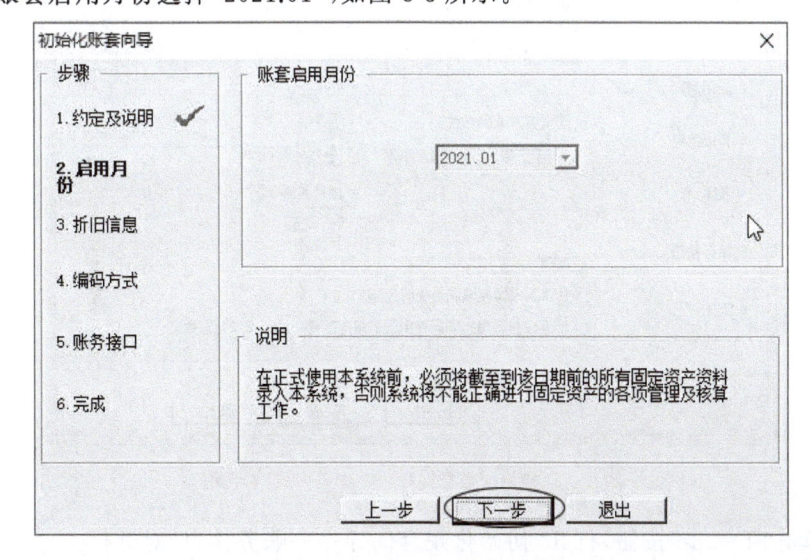

图 8-3　"初始化账套向导——启用月份"对话框

(4)单击"下一步"按钮,打开"初始化账套向导——折旧信息"对话框。

(5)选中"本账套计提折旧"复选框;主要折旧方法选择"平均年限法(一)",折旧汇总分配周期为"1个月",选中"当(月初已计提月份＝可使用月份－1)时将剩余折旧全部提足(工作量法除外)"复选框,如图8-4所示。

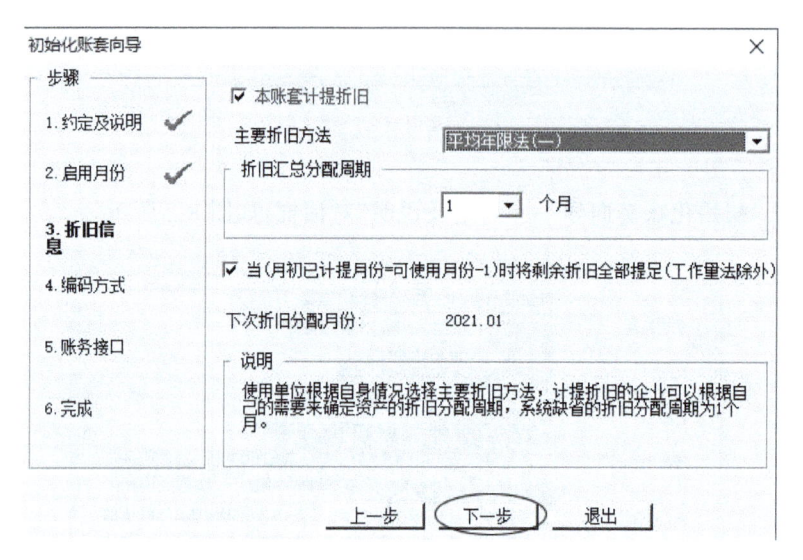

图8-4 "初始化账套向导——折旧信息"对话框

(6)单击"下一步"按钮,打开"初始化账套向导——编码方式"对话框。

(7)确定资产类别编码长度为"2112",选择"自动编码"单选按钮,选择序号长度"5",如图8-5所示。

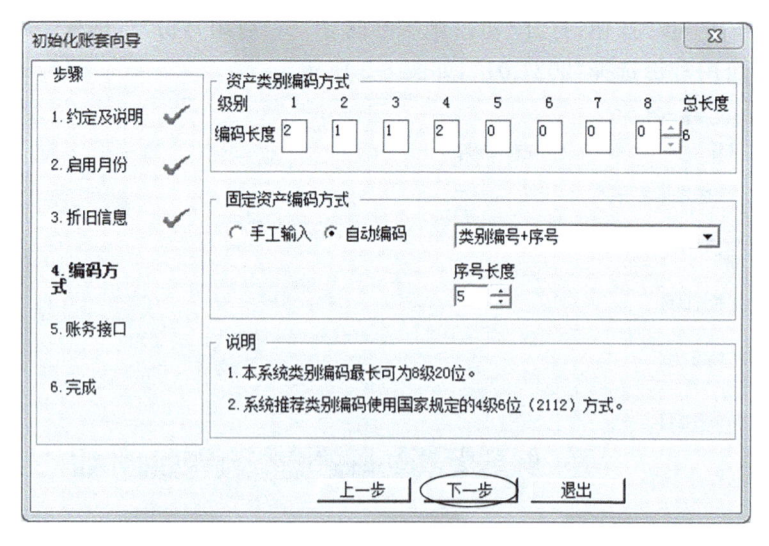

图8-5 "初始化账套向导——编码方式"对话框

(8)单击"下一步"按钮,打开"初始化账套向导——账务接口"对话框。

(9)选中"与账务系统进行对账"复选框,选择固定资产对账科目"1601,固定资产"、累计折旧对账科目"1602,累计折旧",选中"在对账不平情况下允许固定资产月末结账"复选框,如图8-6所示。

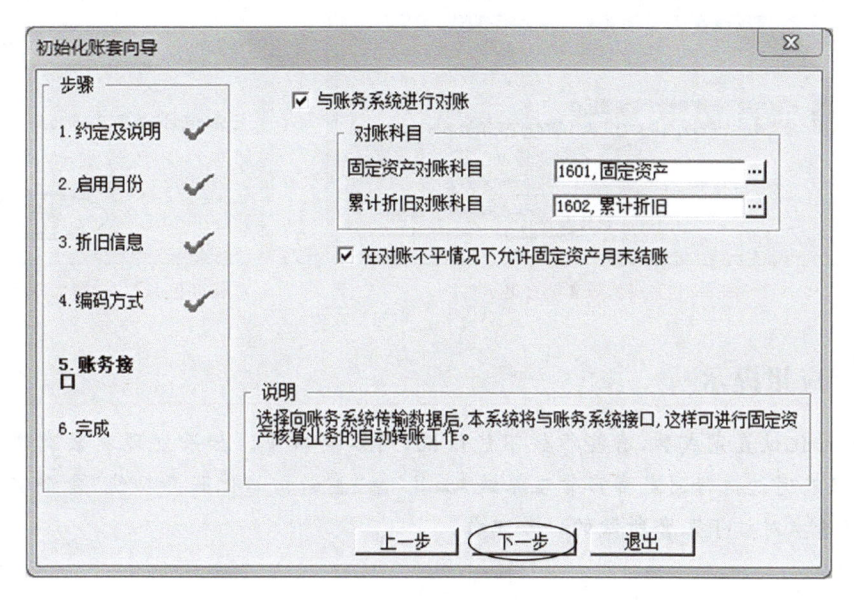

图8-6 "初始化账套向导——账务接口"对话框

(10)单击"下一步"按钮,打开"初始化账套向导——完成"对话框,如图8-7所示。

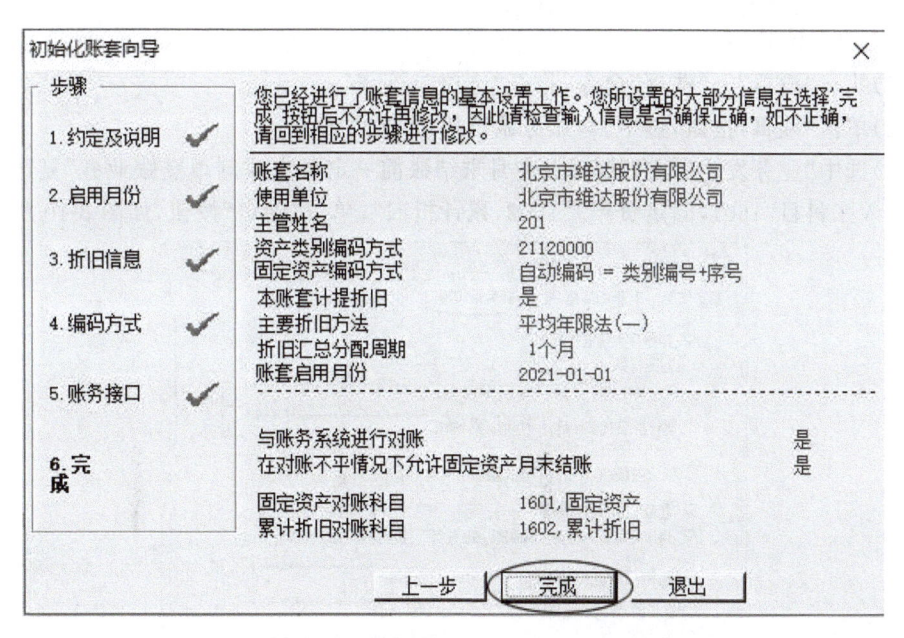

图8-7 "初始化账套向导——完成"对话框

(11)单击"完成"按钮,完成本账套的初始化,系统弹出"已经完成了新账套的所有设置工作,是否确定所设置的信息完全正确并保存对新账套的所有设置?"信息提示对话框,如图8-8所示。

(12)单击"是"按钮,系统弹出"已成功初始化本固定资产账套!"信息提示对话框,如图8-9所示。单击"确定"按钮。

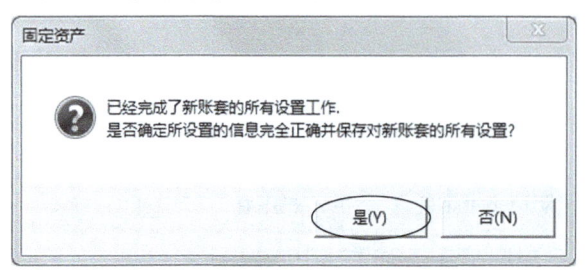

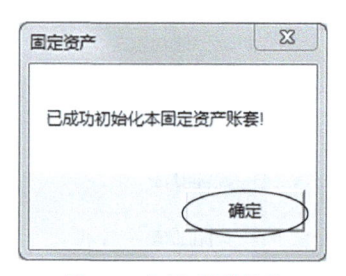

图8-8 完成新账套设置提示

图8-9 成功初始化提示

### 应用提示

初始化设置完成后,有些参数不能修改,所以要慎重。如果发现参数有错,必须改正,只能通过执行固定资产管理系统"工具"→"重新初始化账套功能"命令实现,该操作将清空对该子账套所做的一切工作。

## 二、固定资产管理系统相关设置

### 1.选项卡设置

(1)执行"设置"→"选项"命令,打开"选项"对话框。

(2)单击"编辑"按钮,选中"与账务系统接口"选项卡。

(3)选中"业务发生后立即制单"和"月末结账前一定要完成制单登账业务"复选框,选择缺省入账科目"1601,固定资产""1602,累计折旧",单击"确定"按钮,如图8-10所示。

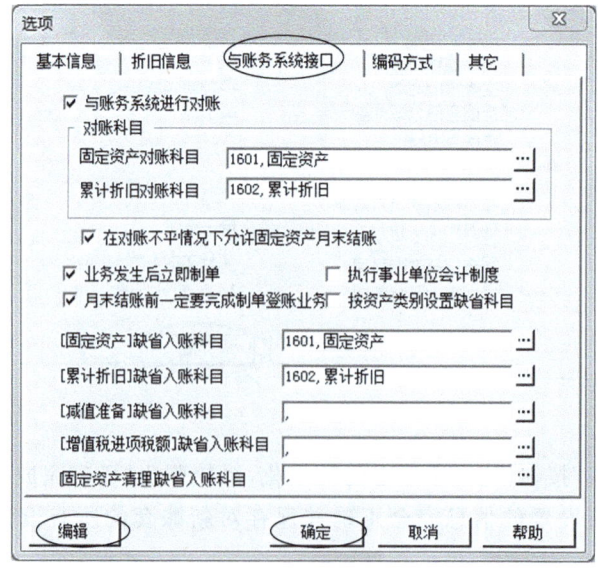

图8-10 "与账务系统接口"选项卡

## 2.设置部门对应折旧科目

(1)执行"设置"→"部门对应折旧科目设置"命令,进入"部门对应折旧科目"窗口。

(2)选择部门"综合部",单击"修改"按钮。

(3)选择折旧科目"660203,折旧费用",单击"保存"按钮。

(4)同理,完成其他部门折旧科目的设置,结果如图 8-11 所示。

图 8-11 "部门对应折旧科目"窗口

## 3.设置资产类别

(1)执行"设置"→"资产类别"命令,进入"资产类别"窗口。

(2)单击"增加"按钮,输入类别名称"房屋及建筑物"、净残值率"4%",选择计提属性"正常计提"、折旧方法"平均年限法(一)"、卡片样式"通用样式(二)",如图 8-12 所示,单击"保存"按钮。

(3)同理,完成其他资产类别的设置。

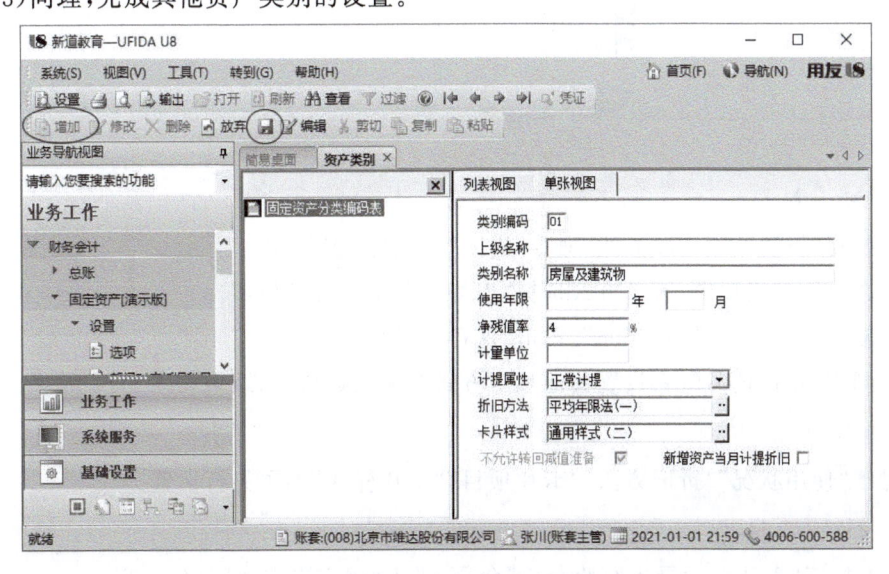

图 8-12 "资产类别"窗口

## 应用提示

资产类别编码不能重复,同一级的类别名称不能相同。类别编码、类别名称、计提属性、卡片样式不能为空。已使用过的类别不能设置新下级。

### 4.设置增减方式

(1)增加方式

①执行"设置"→"增减方式"命令,进入"增减方式"窗口。

②在左侧列表框中,增加方式选择"直接购入",单击"修改"按钮。

③输入对应入账科目"100201",如图8-13所示,单击"保存"按钮。

④同理,根据任务资料设置其他增加方式对应入账科目。

图8-13 "增减方式"窗口

(2)减少方式

①执行"设置"→"增减方式"命令,进入"增减方式"窗口。

②在左侧列表框中,减少方式选择"出售",单击"修改"按钮。

③输入对应入账科目"1606",单击"保存"按钮。

④同理,根据任务资料设置其他减少方式对应入账科目,结果如图8-14所示。

### 5.其他设置

对于"使用状况""折旧方法""卡片项目""卡片样式"不再另行设置。

### 6.录入原始卡片

(1)执行"卡片"→"录入原始卡片"命令,进入"固定资产类别档案"窗口。

图 8-14 增减方式设置结果

（2）资产类别选择"房屋及建筑物"的下级项目"厂房"，如图 8-15 所示。单击"确定"按钮，进入"固定资产卡片"窗口。

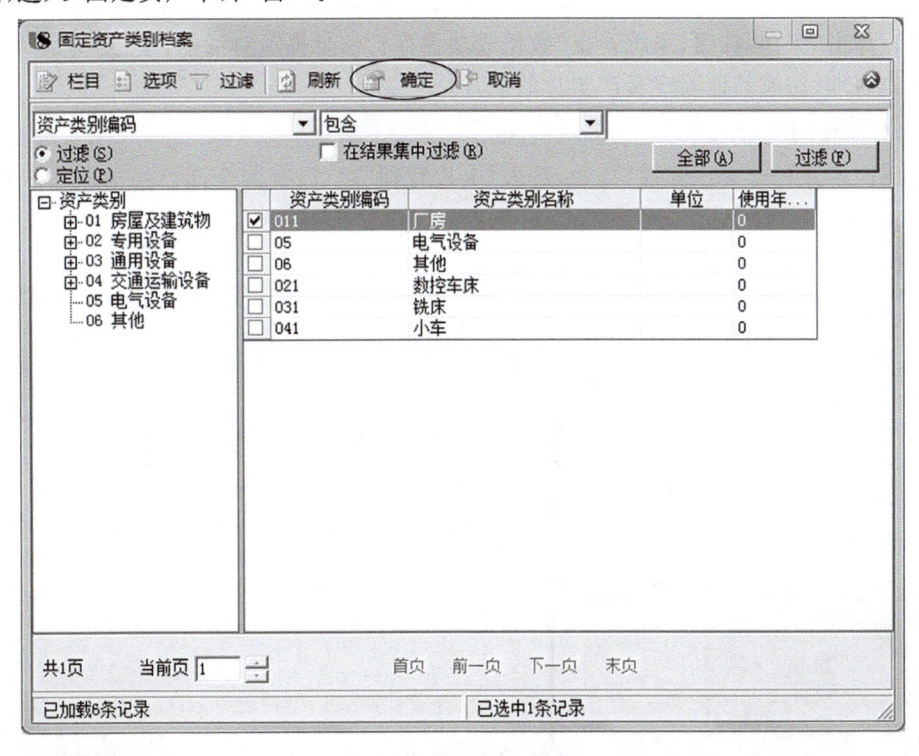

图 8-15 "固定资产类别档案"窗口

（3）"固定资产编号"自动产生，输入固定资产名称"办公楼"、开始使用日期"2014-01-20"、原值"400 000.00"，双击"增加方式"选择"在建工程转入"，双击"使用部门"选择"综合部"，双击"使用状况"选择"在用"，输入累计折旧"151 200.00"、使用年限（月）"192"，其他信息自动计算出。如图8-16所示。

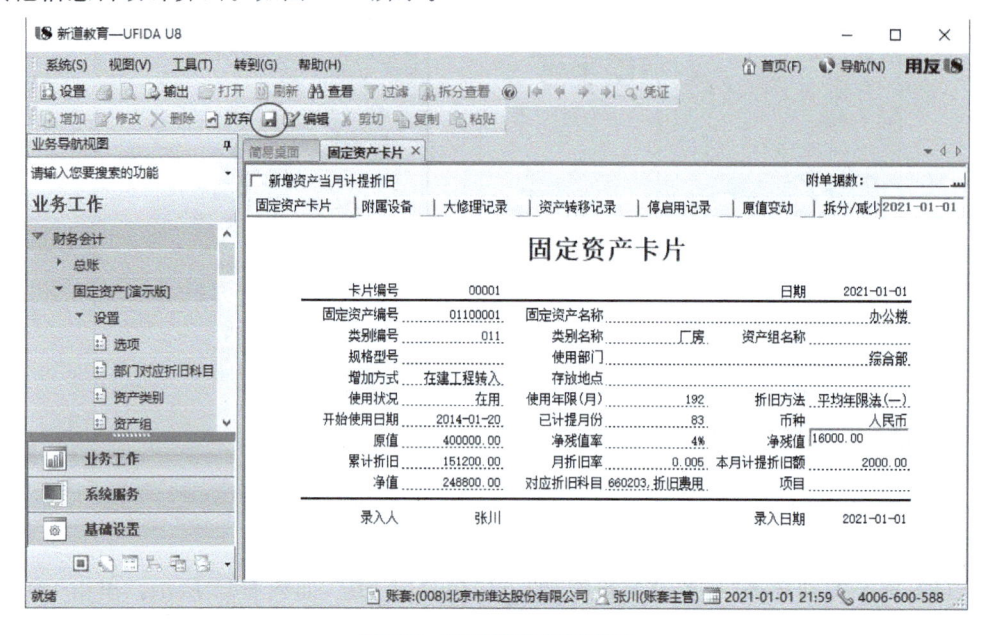

图8-16 "固定资产卡片"窗口

（4）单击"保存"按钮，系统弹出"数据成功保存！"信息提示对话框，单击"确定"按钮。
（5）同理，完成其他固定资产卡片的录入。

### 7.卡片查询

执行"卡片"→"卡片管理"命令，进入"卡片管理"窗口，查询全部已经录入的卡片，如图8-17所示。

图8-17 查询全部已经录入的卡片

## 应用提示

(1)开始使用日期一定要采用"2014-01-20"的方式。

(2)如果使用系统编号,要删除一张卡片且其不是最后一张时,系统将保留空号。

(3)已计提月份由系统根据开始使用日期自动计算出。

(4)月折旧率、本月计提折旧额,在输入与计算折旧有关的项目后,系统会根据输入的内容自动计算出并显示在相应项目内,可与手工计算的值比较,核对是否有错误。

# 任务二　日常业务处理

## 任务资料

2021年1月发生固定资产业务如下:

1.1月31日,财务部购入计算机1台,价值20 000元,预计使用年限为8年,净残值率为4%。

2.1月31日,对办公楼进行资产评估,评估结果为原值430 000元,累计折旧为151 200元。

3.1月31日,财务部一台价值50 000元的计算机毁损。

要求:

1.完成固定资产增加设置;

2.完成固定资产减少设置;

3.完成固定资产其他设置。

## 任务指导

1.资产增加(1月31日,财务部购入计算机1台,价值20 000元,预计使用年限为8年,净残值率为4%)

(1)更换操作员"202 于方"登录系统,执行"卡片"→"资产增加"命令,进入"资产类别参照"窗口。

(2)选择资产类别"其他",单击"确定"按钮,进入"固定资产卡片"窗口。

(3)输入固定资产名称"计算机",双击"使用部门"选择"单部门使用",单击"确定"按钮,选择"财务部",双击"增加方式"选择"直接购入",双击"使用状况"选择"在用",输入原值"20 000.00"、使用年限(月)"96"、开始使用日期"2021-01-31"。如图8-18所示。

(4)单击"保存"按钮,进入"填制凭证"窗口。

(5)凭证类型选择"付款凭证",修改制单日期,如图8-19所示。单击"保存"按钮。

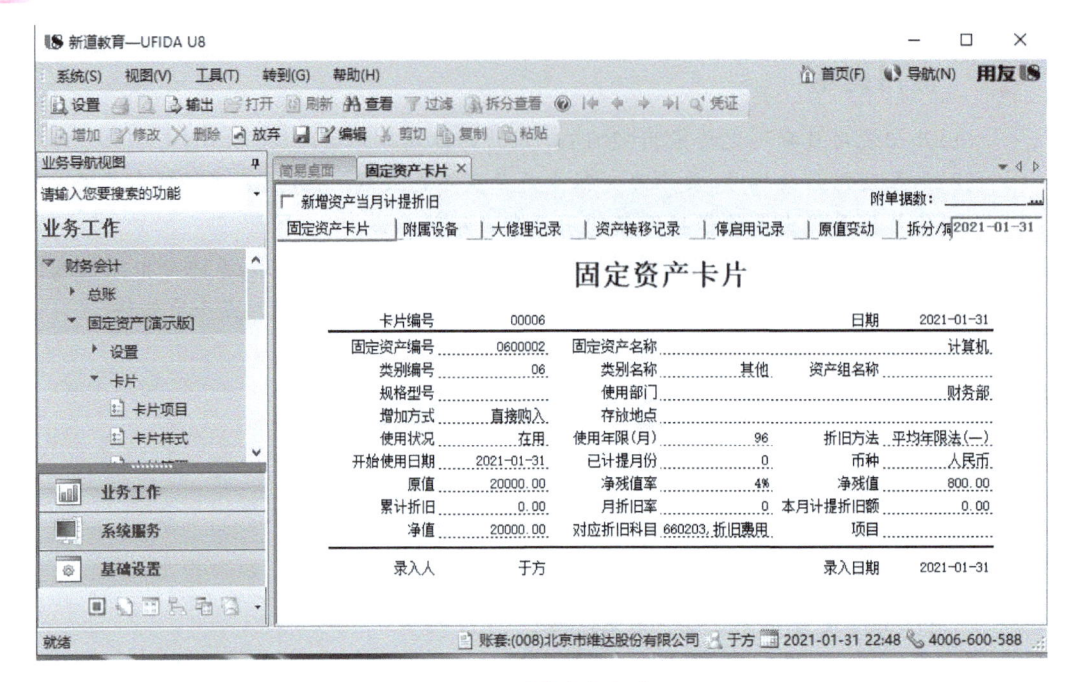

图8-18 "固定资产卡片"窗口

图8-19 生成购入固定资产凭证

### 应用提示

新卡片第一个月不计提折旧,累计折旧为空或0。卡片输入完成后,也可以不立即制单,月末可以批量制单。

2.资产评估(1月31日,对办公楼进行资产评估,评估结果为原值430 000元,累计折旧为151 200元)

(1)执行"卡片"→"资产评估"命令,进入"资产评估"窗口。

(2)单击"增加"按钮,打开"评估资产选择"对话框。

(3)选择可评估项目"原值"和"累计折旧",其他是系统默认的,如图8-20所示。单击"确定"按钮。

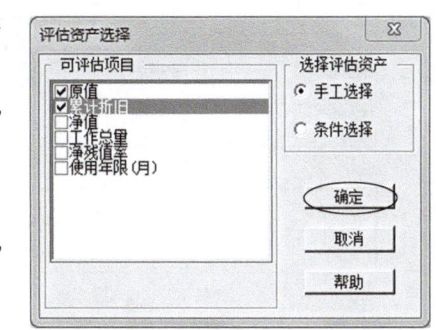

图8-20 "评估资产选择"对话框

(4)在"资产评估"窗口中,卡片编号选择"00001",输入评估后数据。在"评估后原值"栏输入"430 000.00",在"评估后累计折旧"栏输入"151 200.00",如图8-21所示。

图8-21 "资产评估"窗口

(5)单击"保存"按钮,系统弹出"是否确认要进行资产评估?"信息提示对话框,如图8-22所示。单击"是"按钮,进入"填制凭证"窗口,如图8-23所示。填好后,单击"保存"按钮,系统提示"数据保存成功"。

图8-22 资产评估确认提示

图 8-23　生成资产评估凭证

## 应用提示

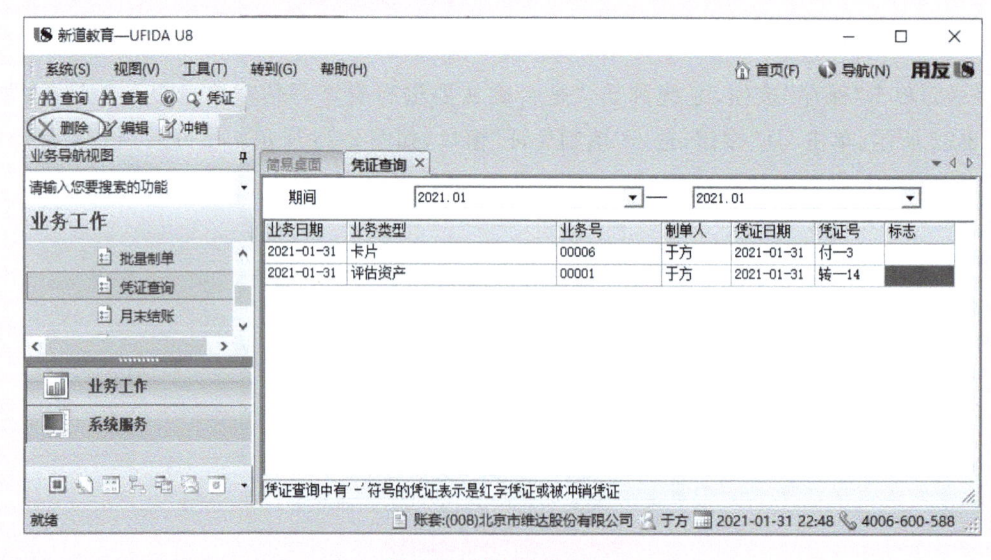

（1）如果想删除已经处理完的评估记录，就要首先删除已经生成的凭证，删除生成的凭证不能在总账中进行，要在固定资产管理系统中执行"处理"→"凭证查询"命令，进入"凭证查询"窗口，如图 8-24 所示。然后，单击要删除的记录"转-14"，再单击 ✕删除按钮，系统弹出"确定要删除吗？删除后不可恢复！"信息提示对话框，如图 8-25 所示。单击"是"按钮，完成删除凭证的工作。删除生成的凭证后，就可以删除资产评估的记录了。

图 8-24　"凭证查询"窗口

# 项目八　固定资产管理系统

（2）如果在删除凭证后，又要重新编制凭证，就按如下步骤操作：执行"处理"→"批量制单"命令，进入"批量制单"窗口，在"评估资产"行和"选择"列的交叉单元位置双击，出现"Y"，如图8-26所示。再选择"制单设置"选项卡，在"科目"栏中分别输入"1601"和"4002"，单击"制单"按钮，选择凭证类别后，保存此凭证。

图8-25　删除提示

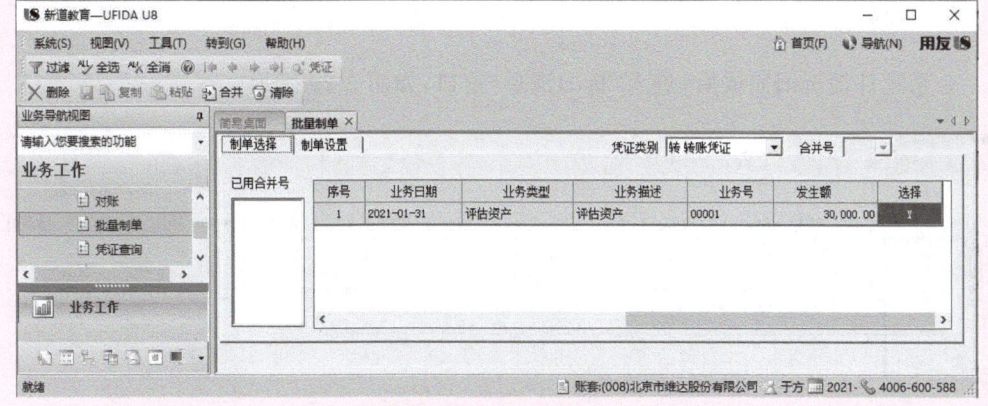

图8-26　"批量制单"窗口

## 任务三　期末处理

### 任务资料

1. 1月31日，计提本月折旧费用。
2. 公司遭受水灾，导致财务部电脑发生毁损。

要求：
1. 完成固定资产折旧费用计提；
2. 完成固定资产期末对账、结账。

### 任务指导

#### 一　折旧处理（计提本月折旧费用）

1. 执行"处理"→"计提本月折旧"命令，系统弹出"是否要查看折旧清单？"信息提示对话框，如图8-27所示。单击"是"按钮。
2. 系统继续弹出"本操作将计提本月折旧，并花费一定时间，是否要继续？"信息提示对话框，如图8-28所示。单击"是"按钮。

179

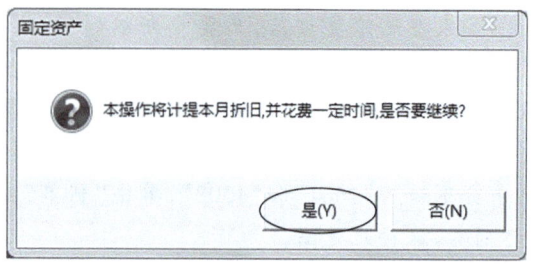

图 8-27　查看提示　　　　　　　　　图 8-28　计提折旧提示

3. 系统计提折旧完成后,进入"折旧清单"窗口,如图 8-29 所示。

图 8-29　"折旧清单"窗口

4. 单击"退出"按钮,进入"折旧分配表"窗口,如图 8-30 所示。

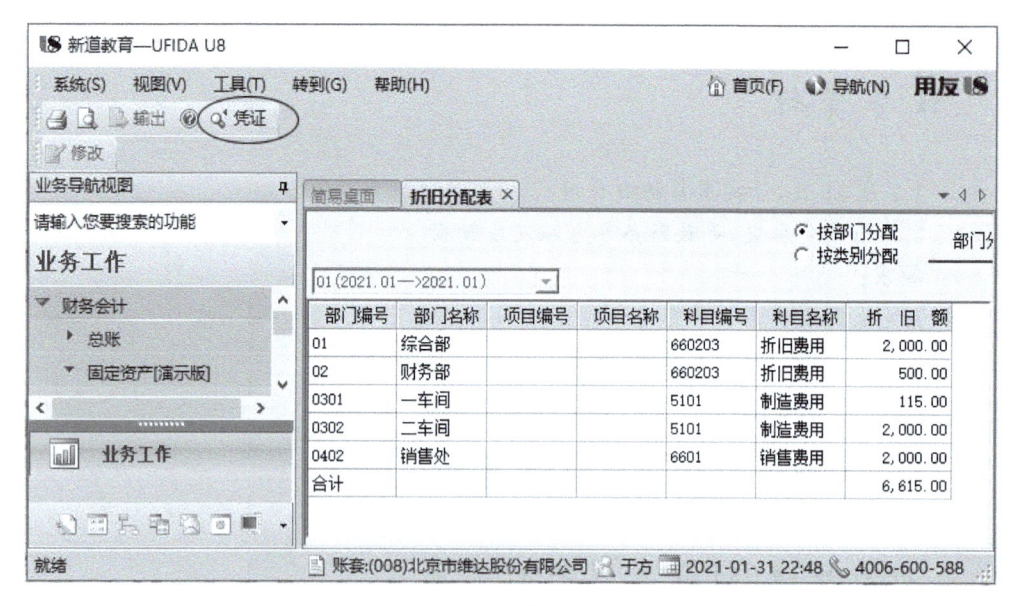

图 8-30　"折旧分配表"窗口

5. 单击"凭证"按钮,进入"填制凭证"窗口,选择凭证类别,按任务资料修改其他项目,单击"保存"按钮,如图 8-31 所示。退出后,系统提示"折旧计提完成"。

图 8-31　生成计提折旧凭证

### 应用提示

如果上次计提折旧已通过记账凭证把数据传递到账务系统,则必须删除该凭证才能重新计提折旧。计提折旧后,如果又对账套进行了影响折旧计算或分配的操作,则必须重新计提折旧,否则系统不允许结账。

## 二　资产减少

企业会计制度规定本月减少的固定资产照提折旧,因此,本账套需要在计提折旧后才能减少资产。

1. 执行"卡片"→"资产减少"命令,进入"资产减少"窗口。
2. 选择卡片编号"00005",单击"增加"按钮,如图 8-32 所示。

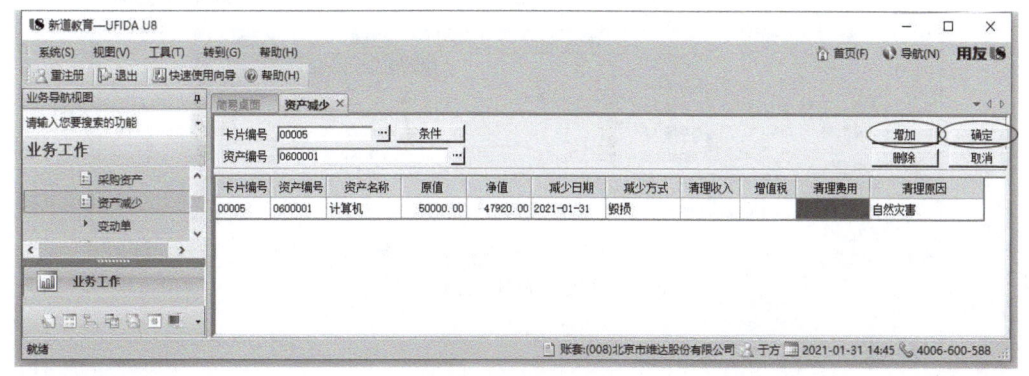

图 8-32　"资产减少"窗口

3. 选择减少方式"毁损",单击"确定"按钮,系统提示"所选卡片减少成功",单击"确定"按钮,进入"填制凭证"窗口。

4.选择凭证类别,单击"保存"按钮。如图8-33所示。

图8-33　生成资产减少凭证

## 三　账表管理

1.执行"账表"→"我的账表"命令,进入"固定资产报表"窗口。

2.单击"折旧表",选择"(部门)折旧计提汇总表"。

3.双击"(部门)折旧计提汇总表"按钮,打开"条件-(部门)折旧计提汇总表"对话框。

4.选择期间为"2021.01—2021.01",部门级次为"1—1",如图8-34所示。单击"确定"按钮,如图8-35所示。

图8-34　"条件-(部门)折旧计提汇总表"对话框

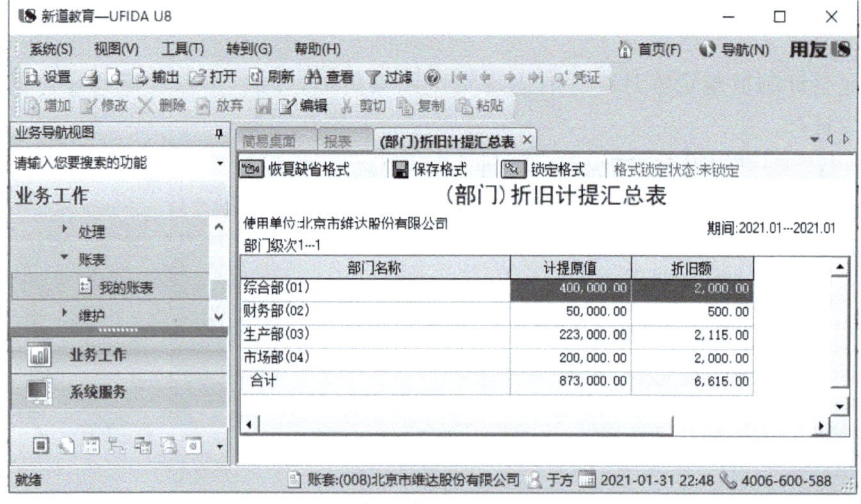

图8-35　"(部门)折旧计提汇总表"窗口

## 四　对账

1.执行"处理"→"对账"命令,系统弹出"与账务对账结果"信息提示对话框。

2.单击"确定"按钮。

### 应用提示

当总账记账完毕时，固定资产管理系统才可以进行对账。对账平衡，开始月末结账。如果在初始设置时，选择了"与账务系统对账"功能，对账的操作不限制执行时间，任何时候都可以进行对账。

若在账务接口中选中"在对账不平情况下允许固定资产月末结账"复选框，则可以直接进行月末结账。

## 五 结账

1. 执行"处理"→"月末结账"命令，打开"月末结账"对话框，如图 8-36 所示。
2. 单击"开始结账"按钮，系统弹出"月末结账成功完成！"信息提示对话框。
3. 单击"确定"按钮。

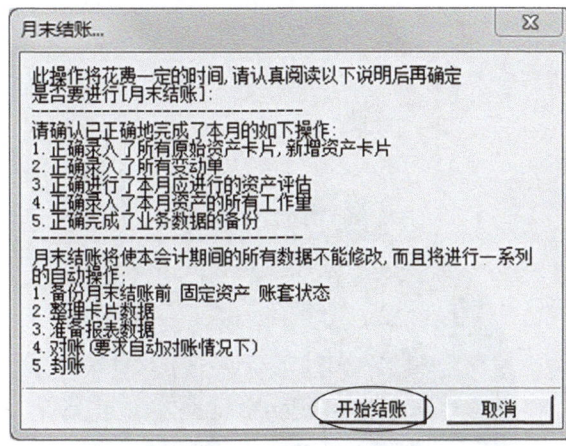

图 8-36 "月末结账"对话框

### 应用提示

本会计期间做完月末结账工作后，所有数据资料将不能再进行修改。

本会计期间不做完月末结账工作，系统将不允许处理下一个会计期间的数据。月末结账前一定要进行数据备份，否则数据一旦丢失，将造成无法挽回的后果。

## 六 取消结账

1. 执行"工具"→"恢复月末结账前状态"命令，系统弹出"是否继续？"信息提示对话框。
2. 单击"是"按钮，系统弹出"成功恢复月末结账前状态！"信息提示对话框。
3. 单击"确定"按钮。

### 应用提示

如果在结账后发现结账前操作有误，必须修改结账前的数据，则可以使用"恢复结账前状态"功能，又称"反结账"，即将数据恢复到月末结账前状态，结账时所做的所有工作都被无痕迹删除。

在总账管理系统未进行月末结账时，才可以使用恢复结账前状态功能。一旦成本系统提取了某期的数据，该期不能反结账。如果当前的账套已经做了年末处理，那么就不允许再执行恢复月初状态功能。

# 项目九
# 应收款管理系统

**知识目标**
1. 掌握企业信用标准的内容；
2. 掌握企业应收账款的催收方法；
3. 掌握应收款管理系统与总账系统的联系。

**技能目标**
1. 能正确进行应收款管理系统的初始化处理；
2. 能正确进行应收款管理系统的日常业务处理。

**素养目标**
1. 关注市场变化，能有效地进行应收账款的催收；
2. 具有必要的严谨性，尽可能减少企业坏账的发生。

# 任务一　应收款管理系统初始化

## 任务资料

**1.参数设置**

应收账款核销方式为"按单据",单据审核日期依据为"单据日期",坏账处理方式为"应收余额百分比法",代垫费用类型为"其他应收单",应收款核算类型为"详细核算",受控科目制单依据为"明细到客户",非受控科目制单方式为"汇总方式";按信用方式根据单据提前10天自动报警。

**2.存货分类(表9-1)**

表9-1　　　　存货分类

| 存货分类编码 | 存货分类名称 |
| --- | --- |
| 01 | 原材料 |
| 02 | 辅助材料 |
| 03 | 库存商品 |

**3.计量单位(表9-2)**

表9-2　　　　计量单位

| 计量单位组 | 计量单位 |
| --- | --- |
| 基本计量单位<br>(无换算率) | 吨 |
| | 台 |
| | 桶 |
| | 公里 |
| | 件 |
| | 公斤 |

**4.存货档案(表9-3)**

表9-3　　　　存货档案

| 存货编码 | 存货名称 | 所属分类码 | 计量单位 | 税率 | 存货属性 |
| --- | --- | --- | --- | --- | --- |
| 01 | 甲材料 | 01 | 公斤 | 13% | 外购、生产耗用 |
| 02 | 乙材料 | 01 | 公斤 | 13% | 外购、生产耗用 |
| 03 | A产品 | 03 | 件 | 13% | 自制、外销、内销 |
| 04 | B产品 | 03 | 件 | 13% | 自制、外销、内销 |
| 05 | 丙材料 | 02 | 吨 | 13% | 外购、生产耗用 |

5.基本科目设置

应收科目为"1122应收账款",销售收入科目为"6001主营业务收入",税金科目为"22210105应交税费——应交增值税(销项税额)",销售退回科目为"6001主营业务收入",商业承兑科目为"1121应收票据",银行承兑科目为"1121应收票据",现金折扣科目为"660302财务费用——其他",票据费用科目为"660302财务费用——其他",收支费用科目为"6601销售费用"。

6.结算方式科目设置

现金结算方式科目为"1001库存现金",现金支票结算方式科目为"100201银行存款——工行存款",转账支票结算方式科目为"100201银行存款——工行存款",电汇结算方式科目为"100201银行存款——工行存款"。

7.坏账准备设置

坏账准备提取比例为0.5%,坏账准备期初余额为贷方500元,坏账准备科目为"1231坏账准备",坏账准备对方科目为"6701资产减值损失"。

8.账龄区间设置

账期内账龄区间设置总天数分别为10天、30天、45天、60天。

9.逾期账龄区间设置

逾期账龄区间设置总天数分别为30天、60天、90天。

10.设置报警级别(表9-4)

表9-4　　　　　　报警级别

| 序　号 | 起止比率 | 总比率(%) | 级别名称 |
| --- | --- | --- | --- |
| 01 | 0~10% | 10 | A |
| 02 | 10%~20% | 20 | B |
| 03 | 20%~30% | 30 | C |
| 04 | 30%~40% | 40 | D |
| 05 | 40%~50% | 50 | E |
| 06 | 50%以上 |  | F |

11.单据编号设置

将销售专用发票、其他应收单及收款单,单据编号详细信息设置为"手工改动,重号时自动重取"。

12.本单位开户银行设置

增加本单位开户银行相关信息(表9-5)。

表9-5　　　　　　开户银行信息

| 编码 | 银行账号 | 账户名称 | 币种 | 开户银行 | 所属银行 |
| --- | --- | --- | --- | --- | --- |
| 01 | 230106198002 | 北京市维达股份有限公司 | 人民币 | 工商银行 | 01 |

13.期初余额（表9-6）

表9-6　　　　　　　　　　期初余额

| 单据名称 | 方向 | 开票日期 | 票号 | 客户名称 | 销售部门 | 科目编码 | 货物名称 | 数量 | 价税合计 |
|---|---|---|---|---|---|---|---|---|---|
| 销售专用发票 | 正 | 12.28 |  | 胜利 | 0402 | 1121 | A产品 | 300 | 42 120 |
| 销售专用发票 | 正 | 12.28 |  | 金辉 | 0402 | 1122 | A产品 | 600 | 84 240 |

要求：

1.正确进行参数设置；

2.能够正确进行初始化操作。

# 任务指导

## 一、启用系统

1.以"201 张川"的身份登录系统，在用友 U8V10.1 企业应用平台中，打开"基础设置"选项卡，执行"基本信息"→"系统启用"命令，打开"系统启用"对话框。

2.启用"应收款管理"及"应付款管理"系统，启用自然日期为"2021-01-01"。如图 9-1 所示。

图 9-1　"系统启用"对话框

## 二、设置应收款系统参数

应收账款核销方式为"按单据"，单据审核日期依据为"单据日期"，坏账处理方式为

"应收余额百分比法",代垫费用类型为"其他应收单",应收款核算类型为"详细核算",受控科目制单依据为"明细到客户",非受控科目制单方式为"汇总方式",按信用方式根据单据提前10天自动报警。

1.以"201 张川"的身份登录系统,在用友 U8V10.1 企业应用平台中,打开"业务工作"选项卡,执行"财务会计"→"应收款管理"→"设置"→"选项"命令,打开"账套参数设置"对话框。

2.单击"编辑"按钮,单击"坏账处理方式"栏的下三角按钮,选择"应收余额百分比法",如图9-2所示。

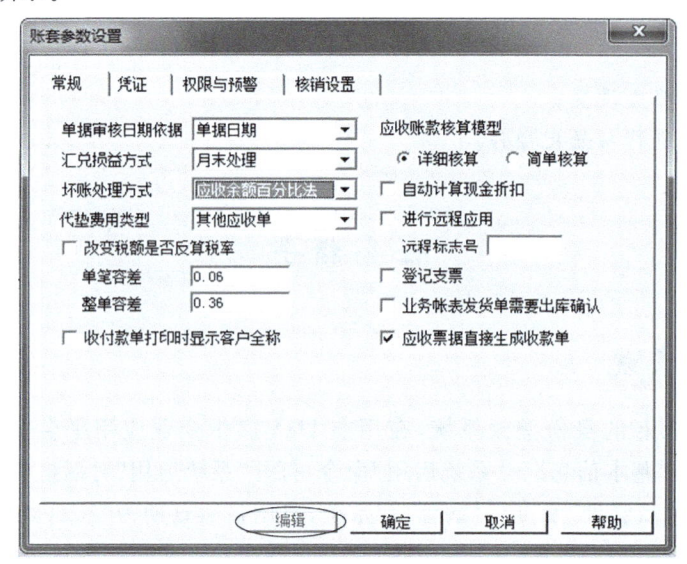

图 9-2 账套参数设置——常规

3.打开"权限与预警"选项卡。单据报警选择"信用方式",在"提前天数"栏选择提前天数"10",如图9-3所示。单击"确定"按钮。

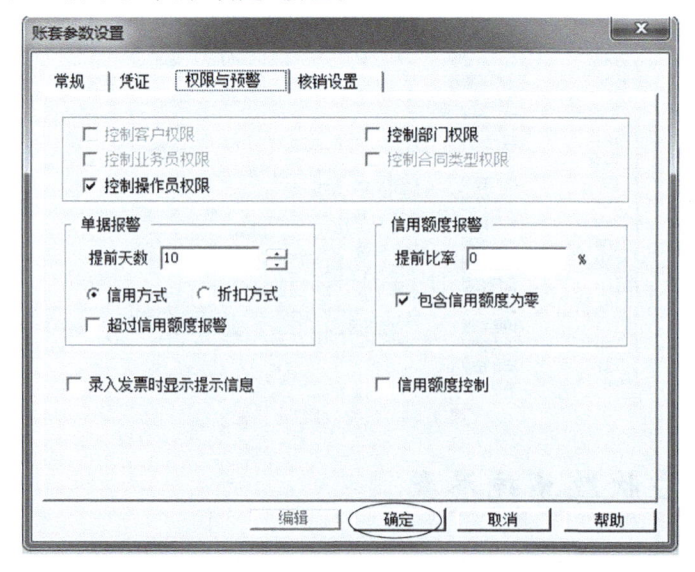

图 9-3 账套参数设置——权限与预警

## 三 设置存货分类

1.在用友U8V10.1企业应用平台中,打开"基础设置"选项卡,执行"基础档案"→"存货"→"存货分类"命令,进入"存货分类"窗口。

2.单击"增加"按钮,输入分类编码和分类名称等分类信息,如图9-4所示,单击"保存"按钮。

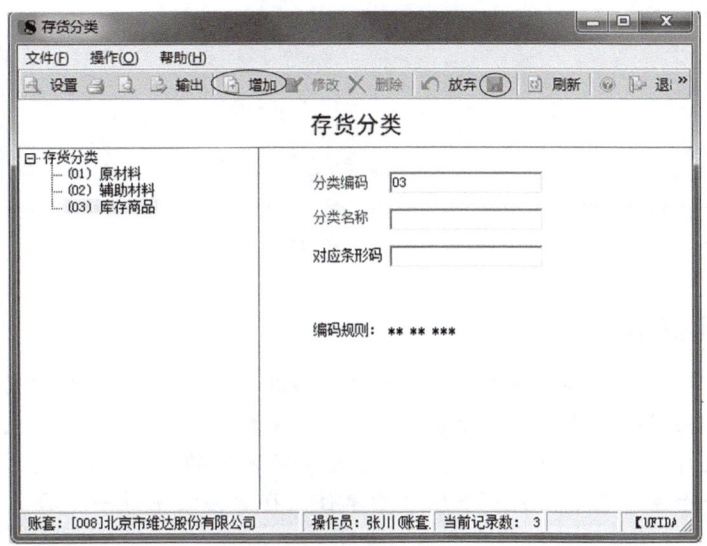

图9-4 "存货分类"窗口

### 应用提示

有下级分类编码的"存货分类"前面会出现带框的"+"符号,双击该分类编码时,会出现或取消下级分类编码。

新增的存货分类的分类编码必须与[编码原则]中设定的编码级次结构相符。例如,编码级次结构为"××-×××",那么,"001"是一个错误的存货分类编码。

存货分类必须逐级增加。除了一级存货分类之外,新增的存货分类的分类编码必须有上级分类编码。例如,编码级次结构为"××-×××",那么"01001"这个编码只有在编码"01"已存在的前提下才是正确的。

## 四 设置计量单位

1.在用友U8V10.1企业应用平台中,打开"基础设置"选项卡,执行"基础档案"→"存货"→"计量单位"命令,进入"计量单位"窗口。

2.单击"分组"按钮,打开"计量单位组"对话框,单击"增加"按钮,输入计量单位组编码"1"、计量单位组名称"基本计量单位",计量单位组类别选择"无换算率",如图9-5所示。单击"保存"按钮后,单击"退出"按钮。

图 9-5 "计量单位组"对话框

### 应用提示

无换算率计量单位组：该组下的计量单位都以单独形式存在，即相互之间不需要输入换算率，而且全部缺省为主计量单位。固定换算率的计量单位组：包括多个计量单位，一个主计量单位和多个辅计量单位。浮动换算率的计量单位组：只能包括两个计量单位，一个主计量单位和一个辅计量单位。存货档案中每一个存货只能选择一个计量单位组。计量单位组保存后不可修改。

3.单击"单位"按钮，打开"计量单位"对话框，单击"增加"按钮，输入计量单位编码"1"、计量单位名称"吨"，单击"保存"按钮。输入其他计量单位后，单击"保存"按钮，如图9-6所示。再单击"退出"按钮。

图 9-6 "计量单位"对话框

## 五 存货档案

1.打开"基础设置"选项卡,执行"基础档案"→"存货"→"存货档案"命令,进入"存货档案"窗口。

2.单击"增加"按钮,打开"增加存货档案"对话框,单击"增加"按钮,输入存货编码"01"、存货名称"甲材料",存货分类选择"原材料",计量单位组选择"1-基本计量单位",主计量单位选择"6-公斤",单击"保存",如图9-7所示。继续增加其他存货。增加完毕,单击"退出"按钮,如图9-8所示。

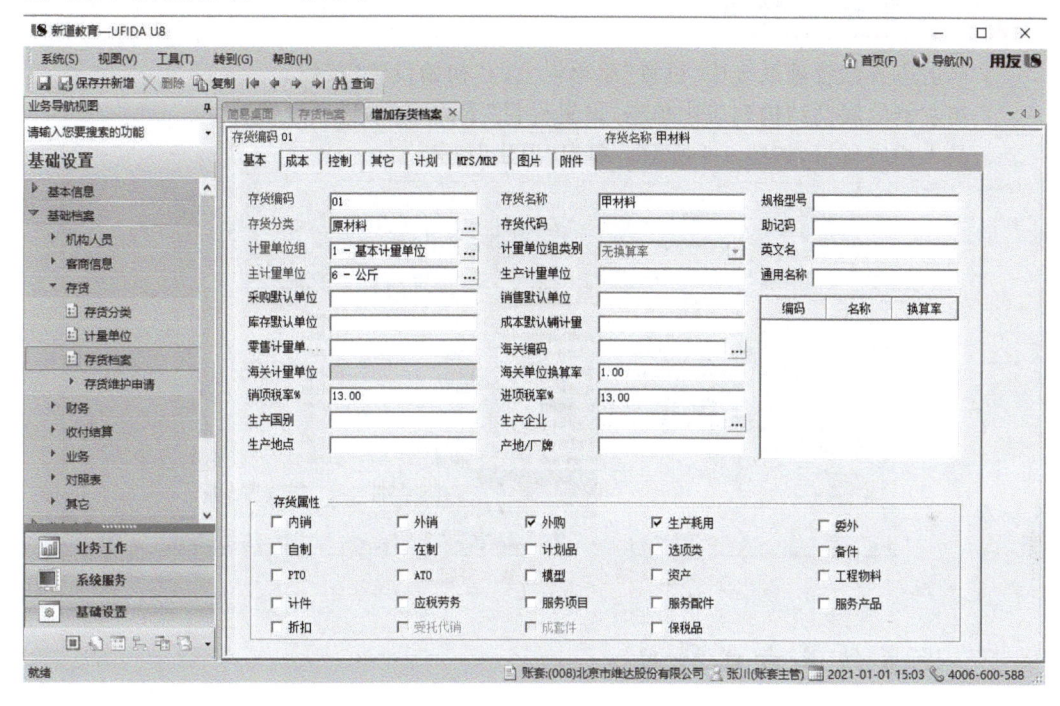

图9-7 增加存货档案

图9-8 存货档案列表

### 应用提示

系统提供自动复制功能。单击"拷贝"按钮,则每增加一个存货时,自动复制上一条存货内容。存货编号、代码、名称不复制。保存存货记录时,若发现该条记录的存货名称+规格型号与别的记录相同,则系统会提示用户"该存货记录的名称+规格型号与×××记录重复,是否继续进行?"。若选择继续进行,则保存该记录,否则不予保存该记录,且将焦点停留在存货名称输入框中。

## 六 设置基本科目

1. 单击应收款管理系统中"设置"菜单栏上的"初始设置"按钮。
2. 在左侧的属性结构列表中单击"设置科目"下的"基本科目设置"。
3. 录入相应科目,如图9-9所示。单击"退出"按钮。

图9-9 设置基本科目

## 七 设置结算方式科目

1. 在应收款管理系统中,执行"设置"→"初始设置"→"结算方式科目设置"命令,进入"账套参数设置"窗口。
2. 单击"结算方式"栏的下三角按钮,选择"现金支票",单击"币种"栏,选择"人民币",在"科目"栏输入或选择"100201",按回车键。继续录入其他科目设置,如图9-10所示。

图9-10 设置结算方式科目

### 应用提示

科目所核算的币种必须与所输入的币种一致。科目必须是最明细科目。结算科目不能是已经在科目档案中指定为应收款管理系统或者应付款管理系统的受控科目。

## 八  设置坏账准备

1.在应收款管理系统中,执行"设置"→"初始设置"→"坏账准备设置"命令,进入"坏账准备设置"窗口。

2.输入提取比率"0.500"、坏账准备期初余额"500.00"、坏账准备科目"1231"、对方科目"6701",单击"确定"按钮。系统提示"储存完毕",单击"确定"按钮。如图9-11所示。

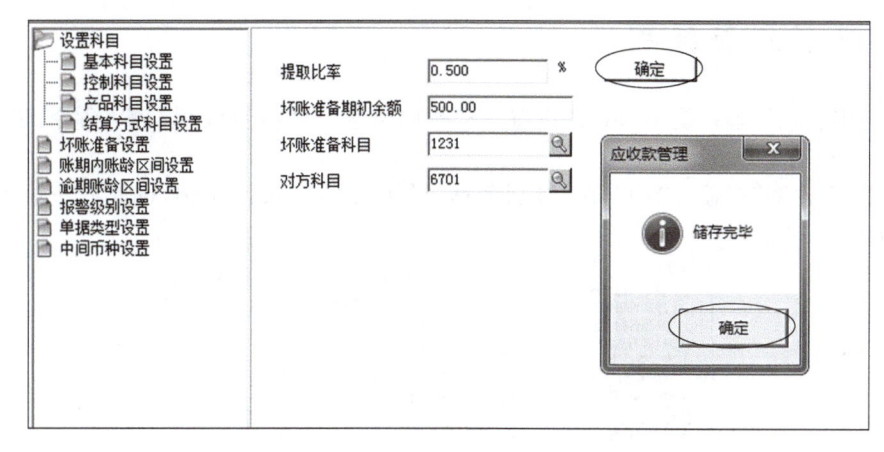

图9-11  设置坏账准备

## 九  设置账龄区间

1.在应收款管理系统中,执行"设置"→"初始设置"→"账期内账龄区间设置"命令,进入"账期内账龄区间设置"窗口。

2.在"总天数"栏输入"10",按回车键,接着在"总天数"栏输入"30",按此方法输入其他内容,如图9-12所示。

图9-12  设置账龄区间

## 十　设置逾期账龄区间

1.在应收款管理系统中,执行"设置"→"初始设置"→"逾期账龄区间设置"命令,进入"逾期账龄区间设置"窗口。

2.在"总天数"栏输入"30",按回车键,接着在"总天数"栏输入"60",按此方法输入其他内容,如图9-13所示。

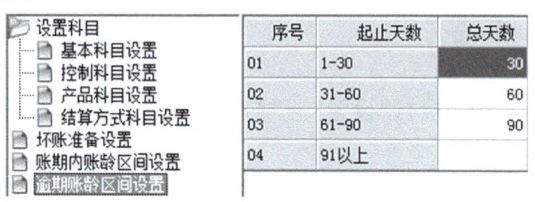

图9-13　设置逾期账龄区间

## 十一　设置报警级别

1.在应收款管理系统中,执行"设置"→"初始设置"→"报警级别设置"命令,进入"报警级别设置"窗口。

2.在"总比率"栏输入"10",在"级别名称"栏输入"A",按回车键,按此方法输入其他内容,如图9-14所示。

图9-14　设置报警级别

## 十二　设置单据编号

1.在企业应用平台中,执行"基础设置"→"单据设置"→"单据编号设置"命令,进入"单据编号设置"窗口。

2.执行"单据类型"→"销售管理"→"销售专用发票"命令,打开"单据编号设置-[销售专用发票]"对话框。

3.单击"修改"按钮,选择"手工改动,重号时自动重取"复选框,如图9-15所示。

4.单击"保存"按钮,单击"退出"按钮。按此方法设置应收款管理系统中的"其他应收单"和"收款单",编号允许修改。

## 十三　设置开户银行

1.在企业应用平台中,执行"基础设置"→"基础档案"→"收付结算"→"本单位开户银行"命令,进入"本单位开户银行"窗口。

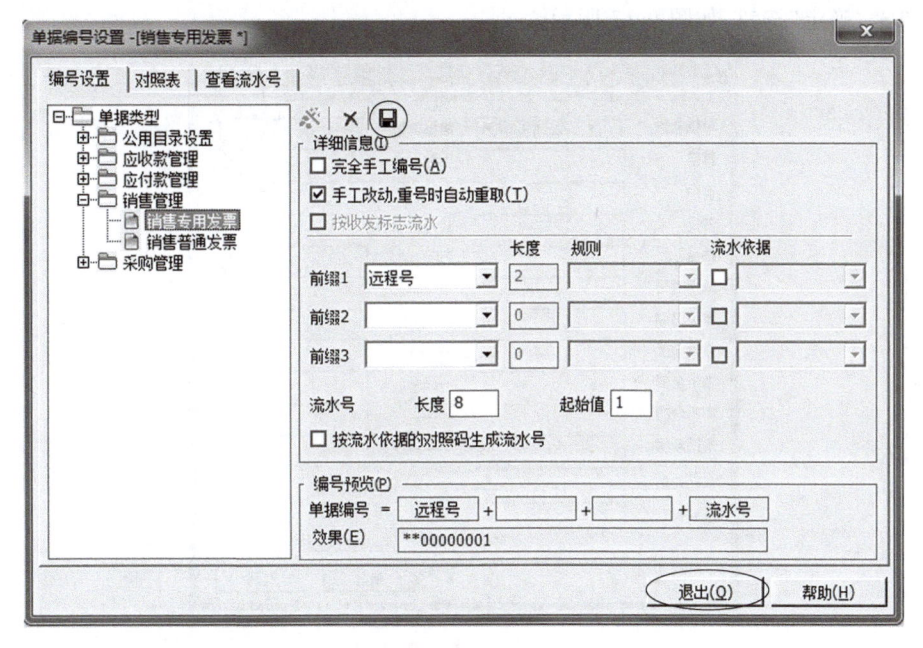

图 9-15 "单据编号设置-[销售专用发票]"对话框

2.单击"增加"按钮,打开"修改本单位开户银行"对话框,输入开户银行资料,单击"保存"按钮,如图 9-16 所示。单击"退出"按钮。

图 9-16 "修改本单位开户银行"对话框

## 十四 录入期初销售发票

1.在应收款管理系统中,执行"设置"→"期初余额"命令,打开"期初余额—查询"对话

框。单击"确定"按钮,如图9-17所示。

图9-17 "期初余额—查询"对话框

2.单击"增加"按钮,打开"单据类别"对话框,单据名称选择"销售发票",单据类型选择"销售专用发票",方向选择"正向",单击"确定"按钮,如图9-18所示。

图9-18 "单据类别"对话框

3.单击"增加"按钮,修改开票日期为"2020-12-28",输入发票号"0000000001",客户名称选择"胜利",系统自动带出该公司信息。在"税率"栏输入"13.00",在"科目"栏输入"1121","销售部门"选择"销售处"。输入货物编号"03"、数量"300.00"、无税单价"120.00",如图9-19所示。

4.单击"保存"按钮,录入下一张发票,如图9-20所示。

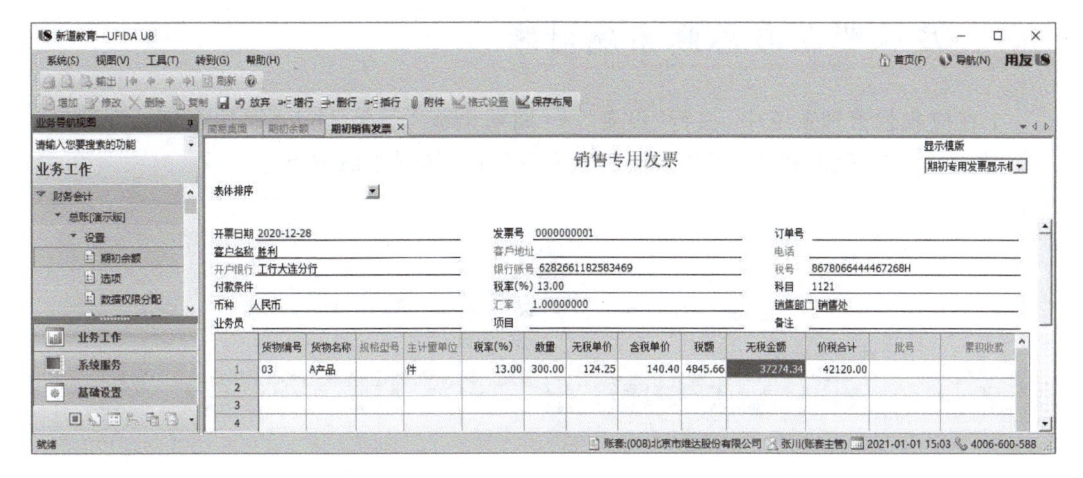

图 9-19  录入销售专用发票(1)

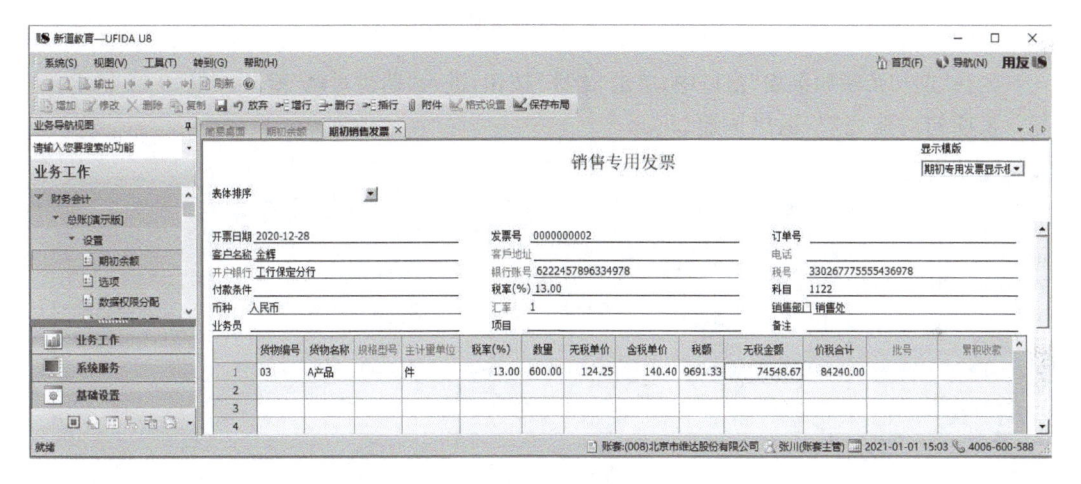

图 9-20  录入销售专用发票(2)

## 应用提示

单据日期必须小于该账套启用日期(第一年使用)或者该年度会计期初(以后年度使用)。单据中的"科目"栏,用于输入该笔业务的入账科目,该科目可以为空。建议在录入期初单据时,最好录入科目信息,这样可以执行与总账对账功能,而且可以查询正确的科目明细账。

发票和应收单的方向包括正向和负向,类型包括系统预置的各类型以及用户定义的类型。如果是预收款和应收票据,则不用选择方向,系统均默认为正向。增加预收款时,可以选择单据类型(收款单、付款单)。若当月已结账,则不允许再增加、修改、删除期初数据了。

## 十五 应收账款与总账系统对账

1.在应收款管理系统中,执行"设置"→"期初余额"命令,进入"期初余额—查询"窗口。单击"确定"按钮,进入"期初余额明细表"窗口。如图9-21所示。

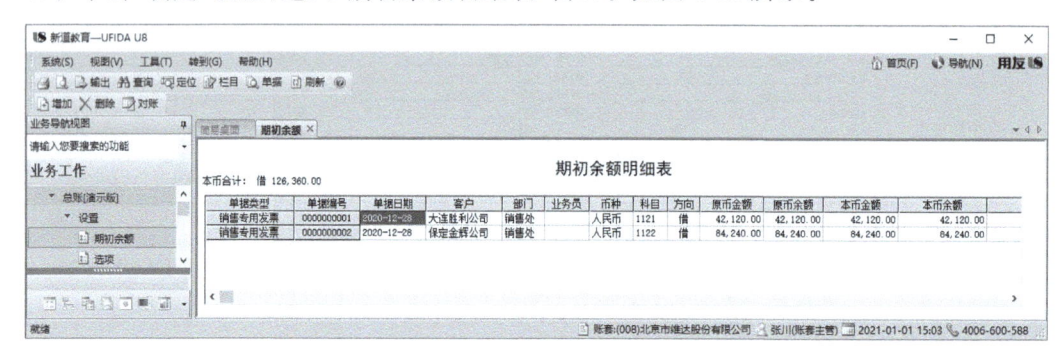

图9-21 "期初余额明细表"窗口

2.在"期初余额明细表"窗口中,单击"对账"按钮,进入"期初对账"窗口,如图9-22所示。
3.期初对账完成,退出该窗口。

图9-22 "期初对账"窗口

# 任务二 单据处理

## 任务资料

1.2021年1月10日,向烟台宝乐公司销售A产品50件,无税单价为120元/件,增值税税率为13%,销售专用发票号码为123456。

2.2021年1月15日，向大连胜利公司销售A产品100件，无税单价为150元/件，增值税税率为13%，销售专用发票号码为234567。

3.2021年1月20日，向保定金辉公司销售A产品100件，无税单价为120元/件，增值税税率为13%，销售专用发票号码为456789。以现金代垫运费500元。

4.2021年1月20日，向烟台宝乐公司销售A产品150件，无税单价为120元/件，增值税税率为13%，销售专用发票号码为789012。以转账支票代垫运费800元。

5.2021年1月20日，发现1月15日向大连胜利公司销售A产品100件，销售专用发票号码为234567的无税单价应为120元/件。

6.2021年1月20日，发现1月10日向烟台宝乐公司销售A产品50件，无税单价为120元/件，增值税税率为13%，号码为123456的销售专用发票填制错误，应该删除。

7.2021年1月26日，收到大连胜利公司以电汇方式支付原欠款项42 120元。

8.2021年1月26日，收到保定金辉公司以转账支票支付款项14 060元。

要求：

1.录入应收单据、收款单据；

2.修改应收单据、收款单据；

3.删除应收单据；

4.核销收款单据。

## 任务指导

### 一 填写第一笔业务

1.以"205 李志诚"的身份登录企业应用平台，在应收款管理系统中，执行"应收单据处理"→"应收单据录入"命令，打开"单据类别"对话框。确认各项目内容，单击"确定"按钮，如图9-23所示。

图9-23 "单据类别"对话框

2.单击"增加"按钮,修改开票日期为"2021-01-10",录入发票号"123456",单击"销售类型"参照按钮,进入"销售类型基本参照"窗口,单击"编辑"按钮,单击"增加"按钮,输入销售类型编码"01"、销售类型名称"批发销售",单击"出库类别"参照按钮,单击"编辑"按钮,单击"增加"按钮,输入收发类别编码"1"、收发类别名称"销售出库",继续输入其他内容,如图9-24所示。

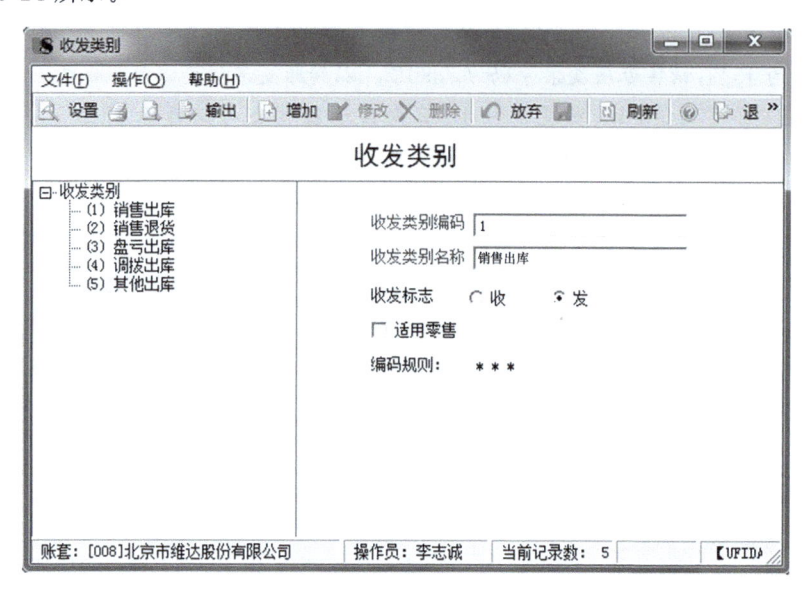

图9-24 "收发类别"窗口

3.单击"退出"按钮。回到"收发类别档案基本参照"窗口,如图9-25所示。选择"销售出库",单击"确定"按钮。回到"销售类型"窗口,单击"保存"按钮。

图9-25 "收发类别档案基本参照"窗口

4.录入其他销售类型,如图 9-26 所示。单击右上方"关闭"按钮,关闭该窗口。

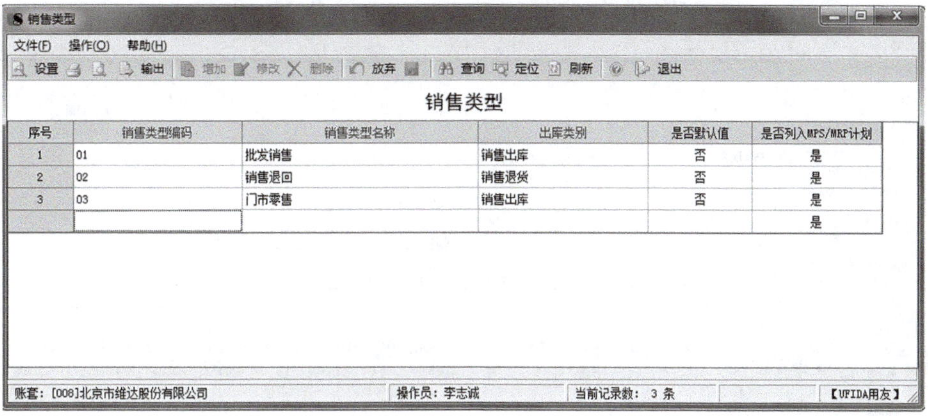

图 9-26 "销售类型"窗口

5.回到"销售类型基本参照"窗口,选择"批发销售",单击"确定"按钮,如图 9-27 所示。

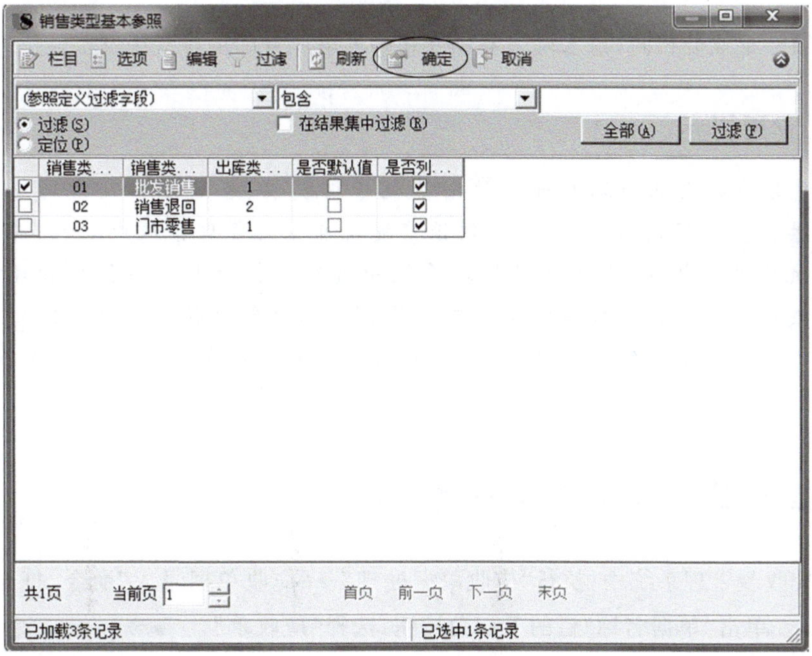

图 9-27 "销售类型基本参照"窗口

6.在"客户简称"栏输入"03",或查看参照,选择"宝乐",销售部门选择"销售处",税率输入"13.00"。在"存货编码"栏输入"03",在"存货名称"栏输入"A 产品",在"数量"栏输入"50.00",在"无税单价"栏输入"120.00",如图 9-28 所示,单击"保存"按钮。

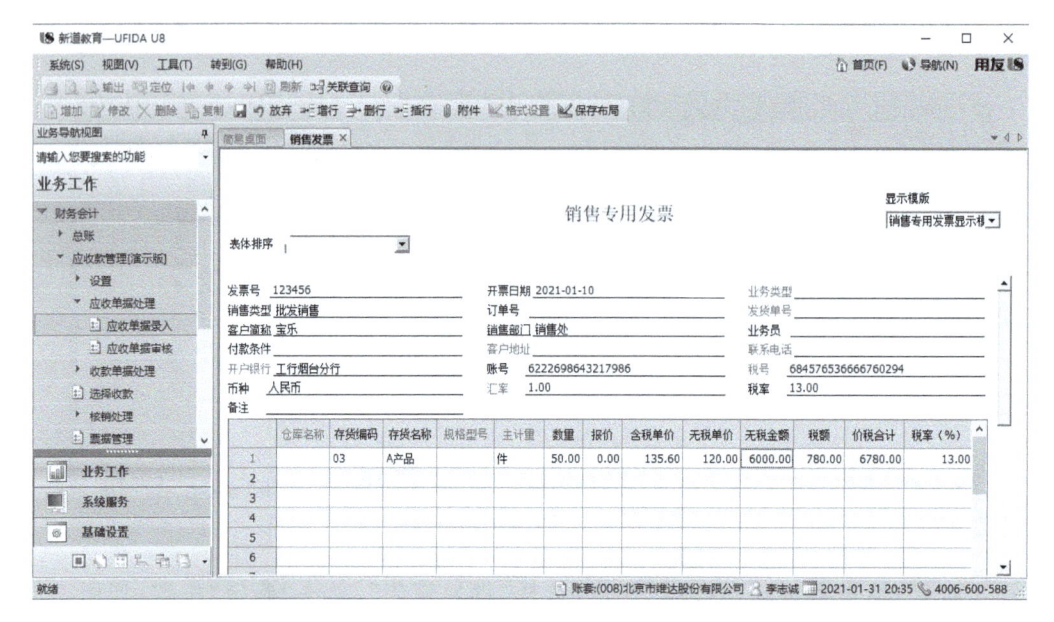

图 9-28　销售专用发票

7. 与第一笔业务相同，录入第二笔业务和第三笔业务的销售专用发票。

## 应用提示

销售发票是企业给客户开具的增值税专用发票、普通发票及所附清单等原始销售票据。启用销售管理系统，则销售发票在销售管理系统中录入，并在销售管理系统中进行复核，在应收款管理系统中进行审核记账。在销售管理系统中录入的发票在应收款管理系统中不能修改、删除，只能到销售管理系统中进行修改操作。若没有启用销售管理系统，则销售发票在应收款管理系统中录入，它的修改、删除与应收单相同。

## 二 填写第三笔业务应收单

1. 在应收款管理系统中，执行"应收单据处理"→"应收单据录入"命令，打开"单据类别"对话框。单击"单据名称"栏的下三角按钮，选择"应收单"，如图 9-29 所示。单击"确定"按钮，进入"应收单"窗口。

2. 单击"增加"按钮，修改单据日期为"2021-01-20"，客户选择"金辉"，在"金额"栏输入"500.00"，在"摘要"栏输入"代垫运费"，在"科目"栏输入"1122"，如图 9-30 所示。单击"保存"按钮。

图 9-29　"单据类别"对话框

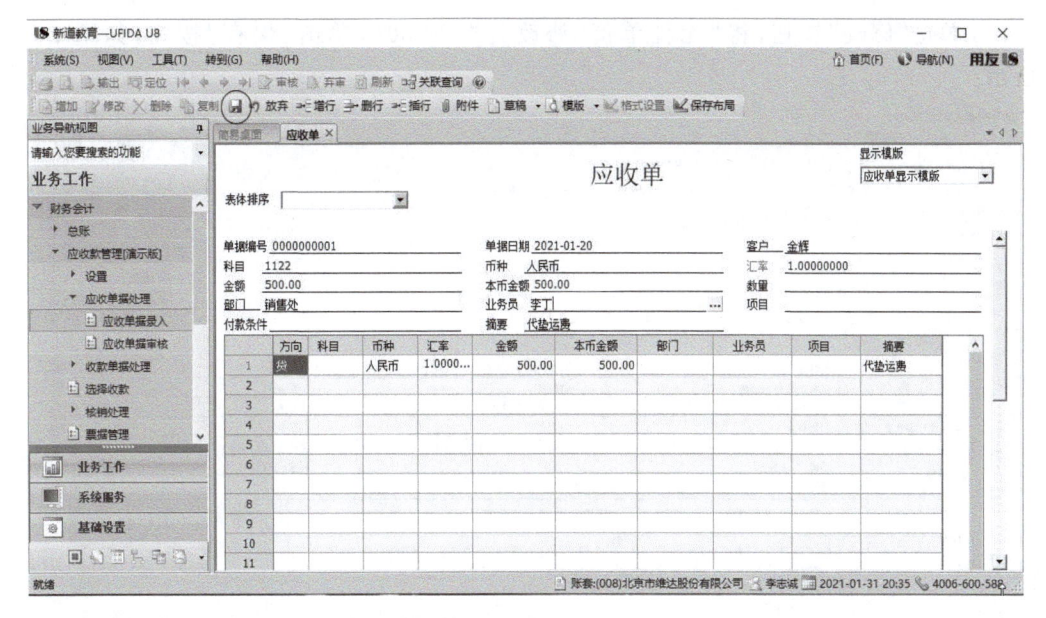

图 9-30 "应收单"窗口(1)

3.录入第四笔业务的销售专用发票,按照上述方法录入"应收单"。如图 9-31 所示。

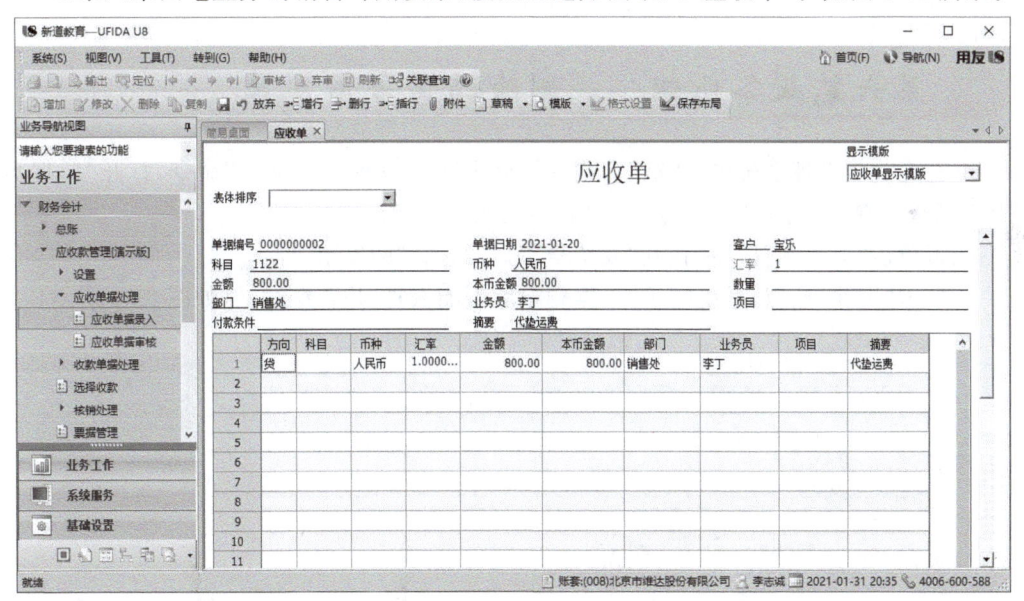

图 9-31 "应收单"窗口(2)

## 三 第五笔业务处理——修改销售专用发票

1.在应收款管理系统中,执行"应收单据处理"→"应收单据录入"命令,打开"单据类别"对话框。单击"确定"按钮,进入"销售专用发票"窗口。

2.再单击"上一张"按钮,找到"发票号"为"234567"的发票。

3.单击"修改"按钮,将"无税单价"修改为"120.00",单击"保存"按钮,如图9-32所示。

图9-32 修改销售专用发票

## 四 第六笔业务处理——删除销售专用发票

1.在应收款管理系统中,执行"应收单据处理"→"应收单据录入"命令,打开"单据类别"对话框。单击"确定"按钮,进入"销售专用发票"窗口。

2.再单击"上一张"按钮,找到"发票号"为"123456"的发票。

3.单击"删除"按钮,系统提示"单据删除后不能恢复,是否继续?",如图9-33所示。

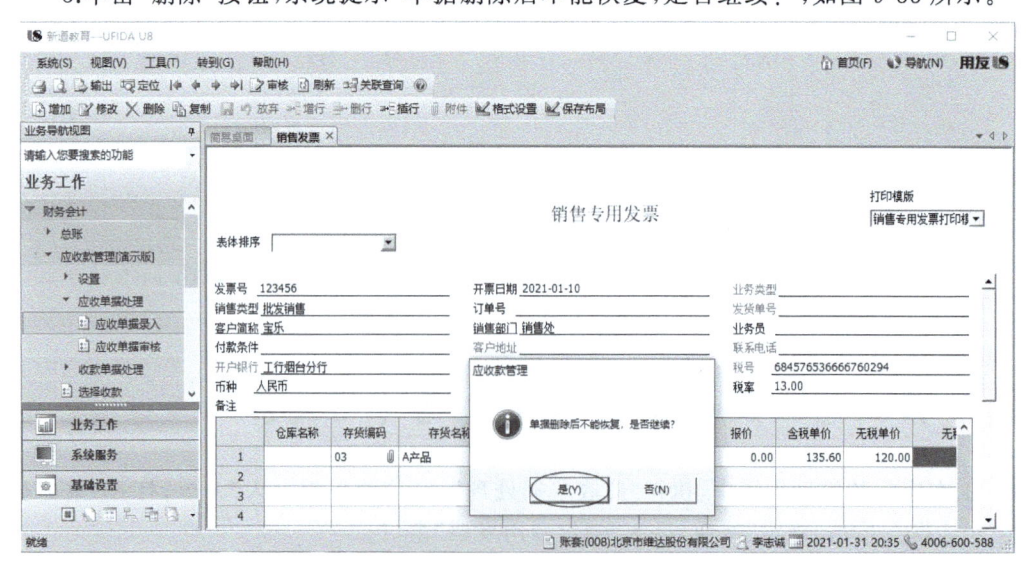

图9-33 销售专用发票删除提示

4.单击"是"按钮。

## 五 审核应收单据

1.在应收款管理系统中,执行"应收单据处理"→"应收单据审核"命令,进入"单据过滤条件"窗口。单击"确定"按钮,进入"应收单据列表"窗口。

2.在"应收单据列表"窗口,单击"全选"按钮,如图9-34所示。

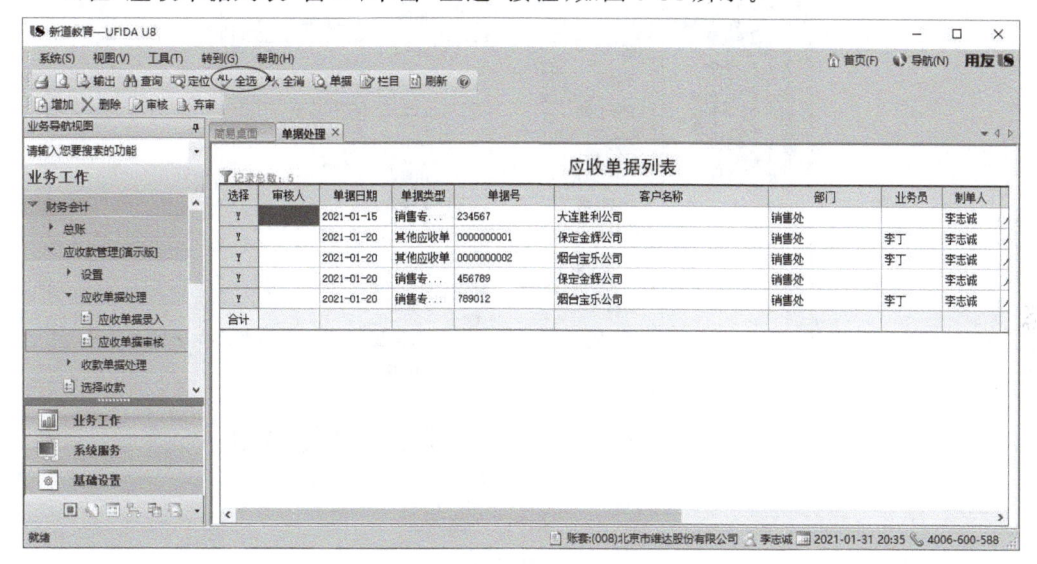

图9-34 "应收单据列表"窗口

3.单击"审核"按钮,系统提示"本次审核成功单据[5]张",单击"确定"按钮,如图9-35所示。

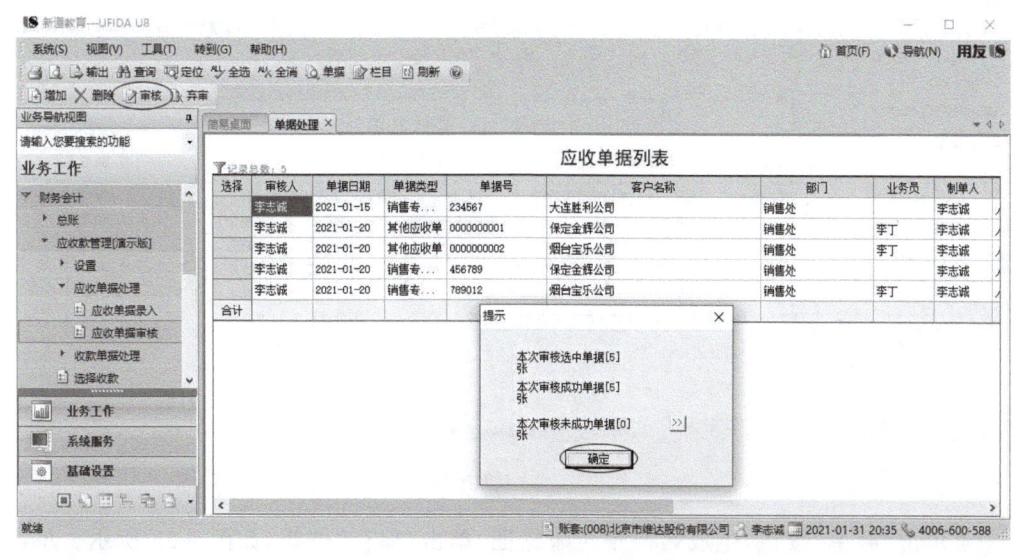

图9-35 审核成功提示

## 六、制单

1.在应收款管理系统中,执行"制单处理"命令,打开"制单查询"对话框。
2.在"制单查询"对话框中,选中"发票制单"和"应收单制单",如图9-36所示。

图9-36 "制单查询"对话框

3.单击"确定"按钮,进入"应收制单"窗口。单击"全选"按钮,单击"凭证类别"栏下三角按钮,选择"转账凭证",如图9-37所示。

图9-37 "应收制单"窗口

4.单击"制单"按钮,生成第一张转账凭证,单击"保存"按钮,如图9-38所示。单击"下一张"按钮,再单击"保存"按钮,生成凭证如图9-39至图9-42所示。

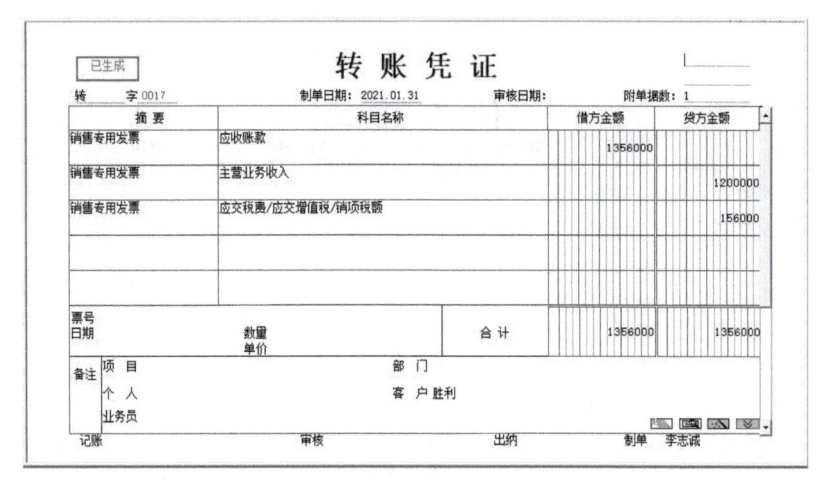

图 9-38　制单1——第2笔业务凭证（依据发票）

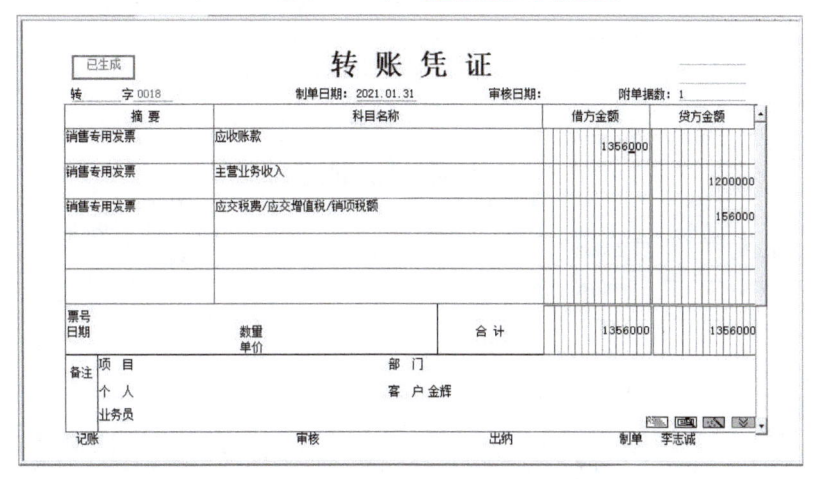

图 9-39　制单2——第3笔业务凭证（依据发票）

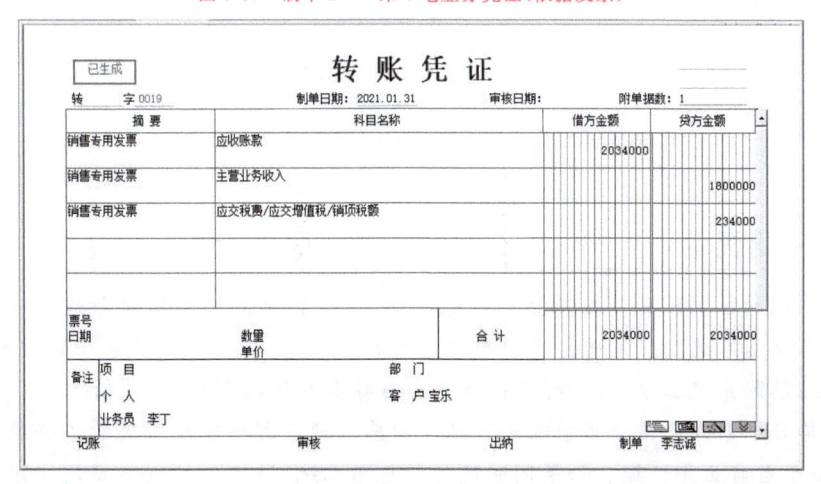

图 9-40　制单3——第4笔业务凭证（依据发票）

图9-41 制单4——第3笔业务运费凭证（依据运费应收单）

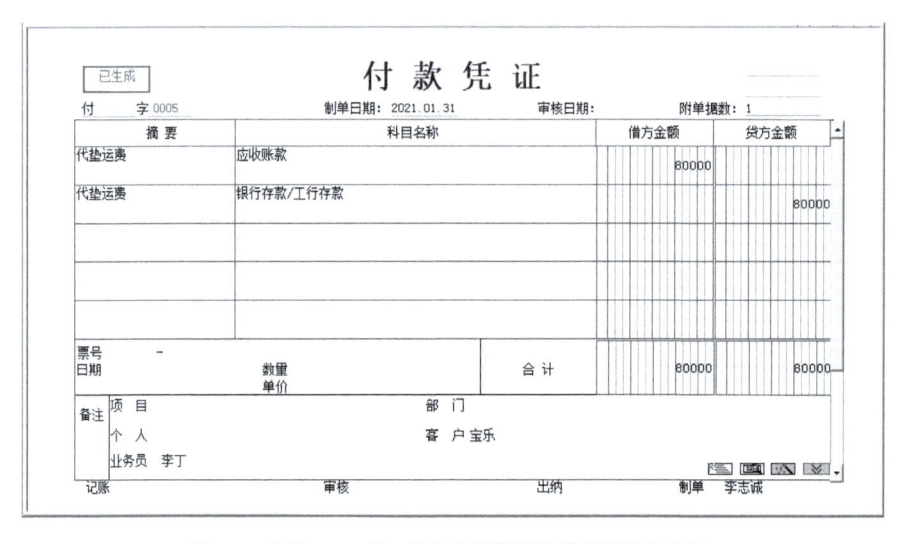

图9-42 制单5——第4笔业务运费凭证（依据运费应收单）

## 应用提示

本系统的控制科目可在其他系统进行制单，在其他系统制单则会造成应收款管理系统与总账系统对账不平。在本系统制单时，若要使用存货核算系统的控制科目，则需要在总账系统选项中选择"可以使用存货核算系统控制科目"选项。

制单日期系统默认为当前业务日期。制单日期应大于等于所选的单据的最大日期，但小于当前业务日期。如果同时使用了总账系统，所输入的制单日期应该满足总账制单日期序时要求，即大于同月同凭证类别的日期。

一张原始单据制单后，将不能再次制单。如果在退出凭证界面时，还有未生成的凭证，则系统会提示用户是否放弃对这些凭证的操作。如果选择"是"，则系统会取消本次对这些业务的制单操作。

## 七、第七笔业务处理——填写收款单

1. 在应收款管理系统中，执行"收款单据处理"→"收款单据录入"命令，进入"收款单"窗口。

2. 单击"增加"按钮，修改日期为"2021-01-26"，客户选择"胜利"，结算方式选择"电汇"，在"金额"栏输入"42 120.00"，摘要选择"销售商品"，单击"科目"栏，修改为"1121"，单击"保存"按钮，如图9-43所示。

图9-43 "收款单"窗口(1)

3. 继续录入第二张收款单。如图9-44所示。

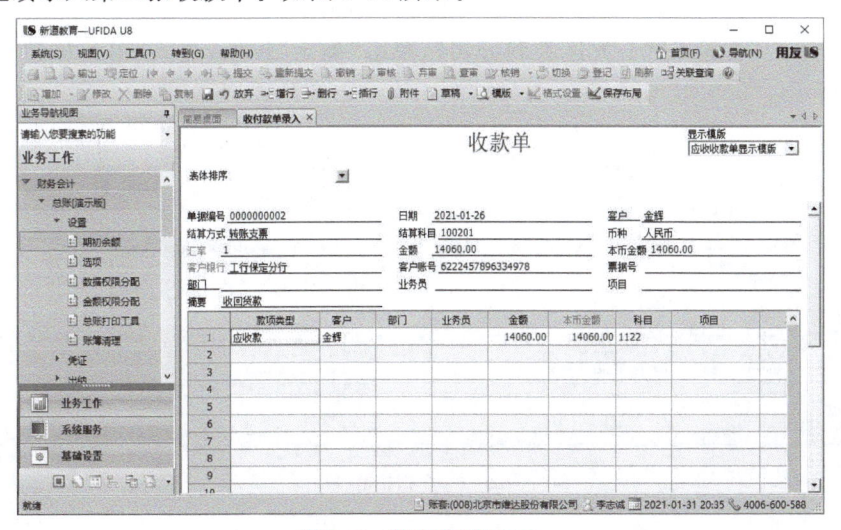

图9-44 "收款单"窗口(2)

## 八、审核收款单

1.在应收款管理系统中,执行"收款单据处理"→"收款单据审核"命令,打开"结算单过滤条件"对话框。

2.单击"确定"按钮,进入"收付款单列表"窗口,单击"全选"按钮,单击"审核"按钮,系统提示"本次审核成功单据[2]张",单击"确定"按钮。

## 九、核销收款单

1.在应收款管理系统中,执行"核销处理"→"手工核销"命令,打开"核销条件"对话框,如图9-45所示。

图9-45 "核销条件"对话框

2.在"客户"栏输入"01-大连胜利公司",单击"确定"按钮,进入"单据核销"窗口,如图9-46所示。

图9-46 单据核销(1)

3.在下方找到单据日期为"2020-12-28"的业务单据所在行,双击,在"本次结算"栏自动出现"42 120.00",如图9-47所示。单击"保存"按钮,系统自动核销,已核销单据消失。

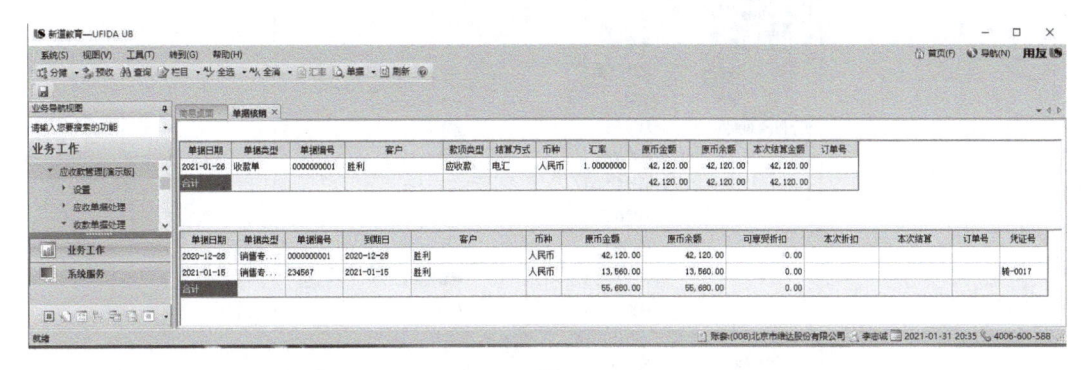

图9-47 单据核销(2)

4.打开"核销条件"对话框,在"客户"栏输入"02-保定金辉公司",单击"确定"按钮,进入"单据核销"窗口,如图9-48所示。下方双击要核销的两条记录,"本次结算"栏显示数据,单击"保存"按钮。

图9-48 单据核销(3)

## 应用提示

手工核销时一次只能显示一个客户的单据记录,且收付款单列表根据表体记录明细显示。当收付款单有代付处理时,只显示当前所选客户的记录。若需要对代付款进行处理,则需要在过滤条件中输入该代付单位,进行核销。一次只能对一种收付款单类型进行核销,即在手工核销的情况下需要将收款单和付款单分开核销。

## 十 制单

1.在应收款管理系统中,执行"制单处理"→"制单查询"命令,打开"制单查询"对话框,选中"收付款单制单",如图9-49所示。

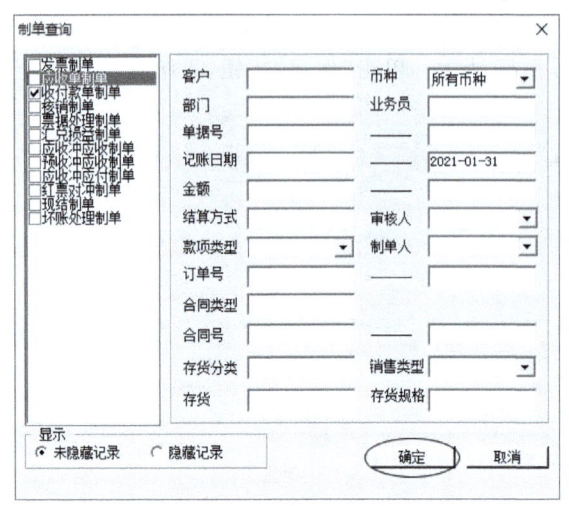

图 9-49 "制单查询"对话框

2.单击"确定"按钮,进入"收付款单制单"窗口,单击"全选"按钮,如图 9-50 所示。

图 9-50 "收付款单制单"窗口

3.单击"制单"按钮,单击"保存"按钮,如图 9-51 所示。进入下一张,保存后,如图 9-52 所示。

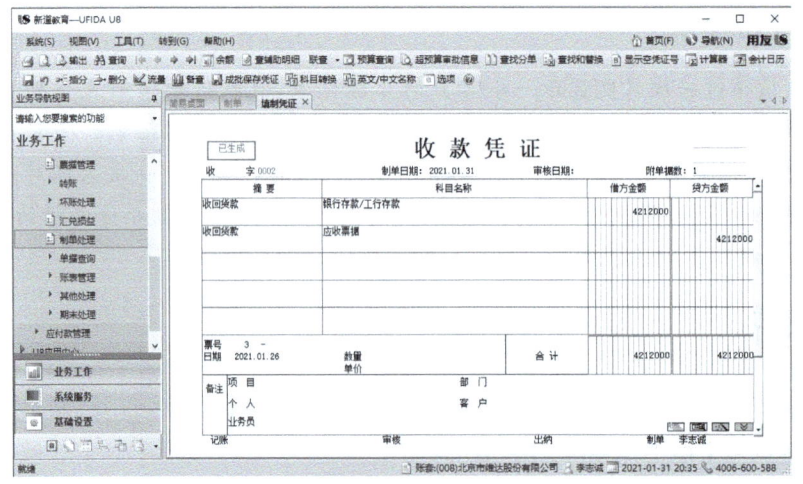

图 9-51 大连胜利公司收款单生成凭证

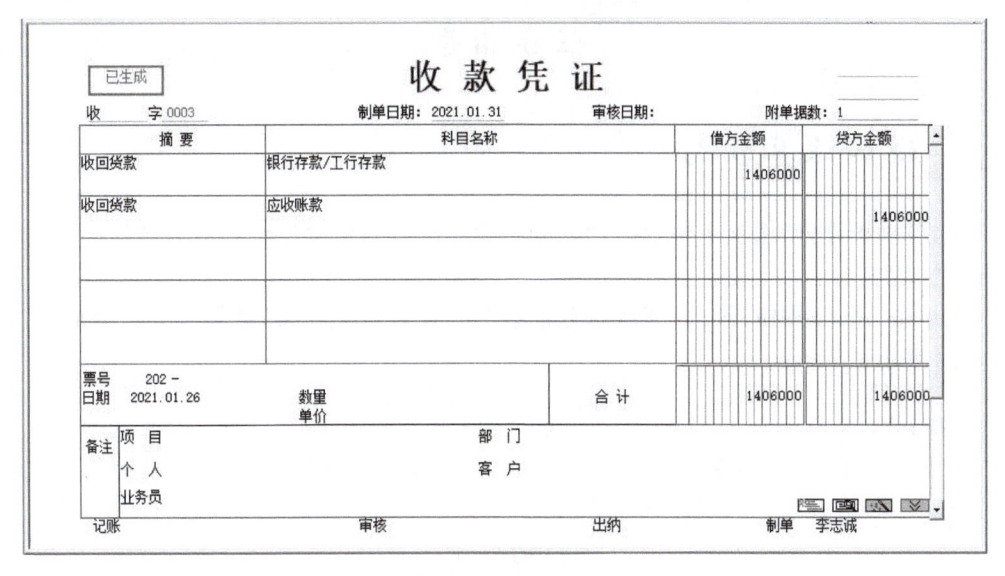

图 9-52　保定金辉公司收款单生成凭证

4.在总账系统中进行凭证出纳签字、审核和记账工作。

# 任务三　票据管理

## 任务资料

1.新增加结算方式"商业承兑汇票"和"银行承兑汇票"。

2.2021年1月6日,收到保定金辉公司签发并承兑的商业承兑汇票一张,票号98765,面值84 240元,到期日2021年1月31日。

3.2021年1月25日,收到大连胜利公司签发并承兑的商业承兑汇票一张,票号90068,面值13 560元,到期日2021年4月25日。

4.2021年1月28日,将收到的大连胜利公司签发并承兑的商业承兑汇票(票号90068)到银行贴现,贴现率为5%。

5.2021年1月31日,将2021年1月6日收到的保定金辉公司签发并承兑的商业承兑汇票(票号98765)进行结算。

要求:

1.填写商业承兑汇票;

2.商业汇票贴现并制单;

3.商业汇票结算并制单;

4.对上述业务进行制单;

5.进行应收款管理系统月末结账。

## 任务指导

### 一、增加结算方式

1. 在"基础设置"选项卡中，执行"基础档案"→"收付结算"→"结算方式"命令，进入"结算方式"窗口。

2. 单击"增加"按钮，录入"商业承兑汇票"和"银行承兑汇票"结算方式。增加后，如图9-53所示。

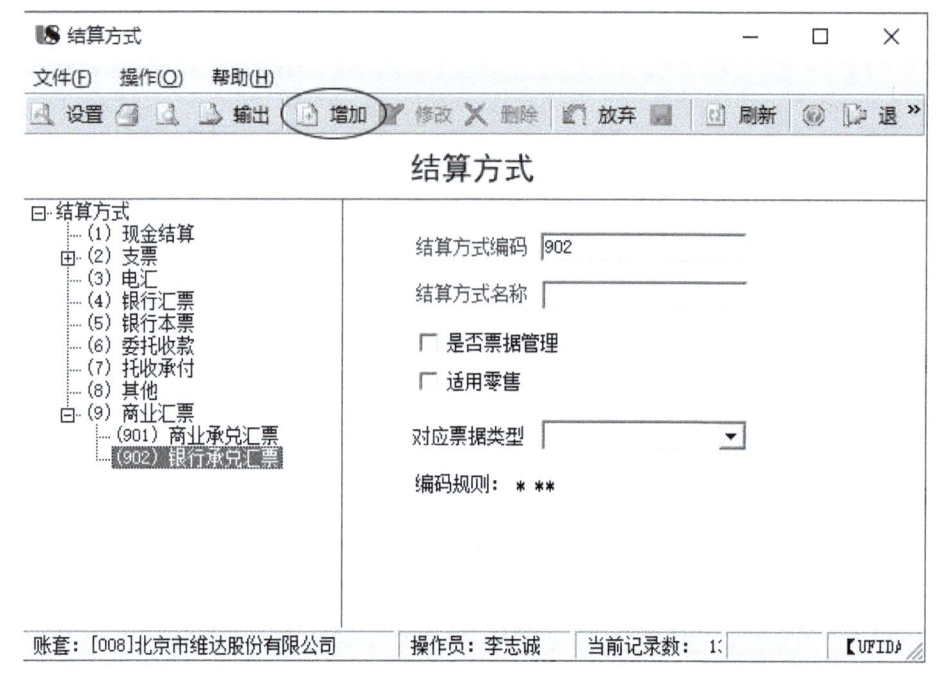

图9-53 增加结算方式

3. 单击"退出"按钮退出系统。

### 二、填制商业承兑汇票

1. 在应收款管理系统中，双击"票据管理"，打开"票据查询"对话框。

2. 单击"确定"按钮，进入"票据管理"窗口。

3. 单击"增加"按钮，进入"商业汇票"窗口。在"收到日期"栏输入"2021-01-06"，结算方式选择"商业承兑汇票"，在"票据编号"栏输入"98765"，出票人选择"保定金辉公司"，在"金额"栏输入"84 240.00"，出票日期选择"2021-01-06"，到期日选择"2021-01-31"，在"票据摘要"栏输入"收到商业承兑汇票"，单击"保存"按钮，如图9-54所示。

4. 按上述方法录入第二张商业汇票，如图9-55所示。

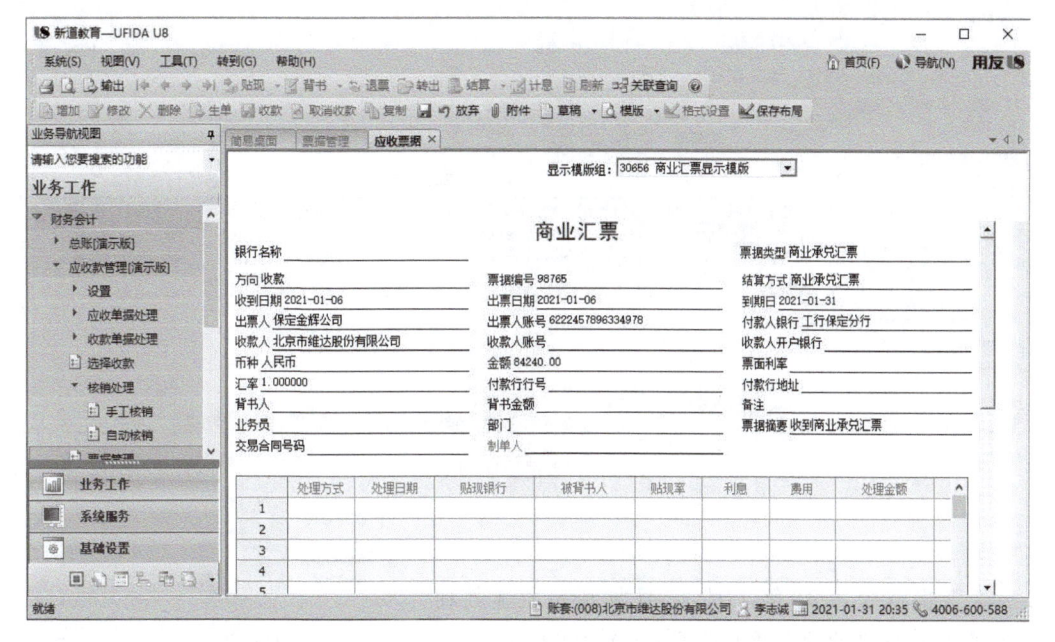

图 9-54　商业汇票（1）

图 9-55　商业汇票（2）

## 三　商业承兑汇票贴现

1.在应收款管理系统中，执行"票据管理"命令，打开"票据查询"对话框，单击"确定"按钮，进入"票据管理"窗口，如图 9-56 所示。

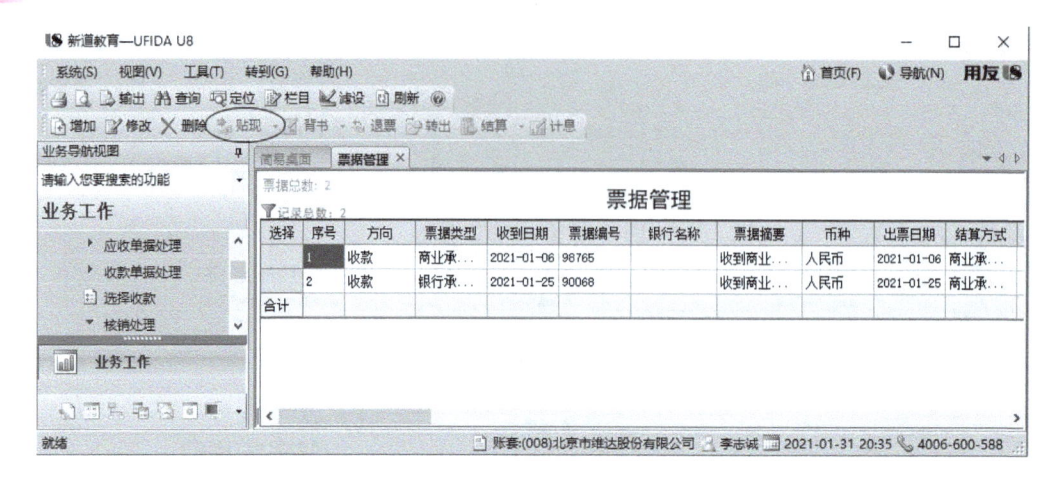

图 9-56 "票据管理"窗口(1)

2.双击选中 2021 年 1 月 25 日收到的大连胜利公司签发并承兑的商业承兑汇票(票号 90068)。

3.单击"贴现"按钮,打开"票据贴现"对话框,如图 9-57 所示。

4.在"贴现率"栏输入"5",在"结算科目"栏输入"100201",单击"确定"按钮,系统弹出"是否立即制单?"信息提示对话框。

5.单击"是"按钮,生成贴现的记账凭证,单击"保存"按钮,如图 9-58 所示。

图 9-57 "票据贴现"对话框

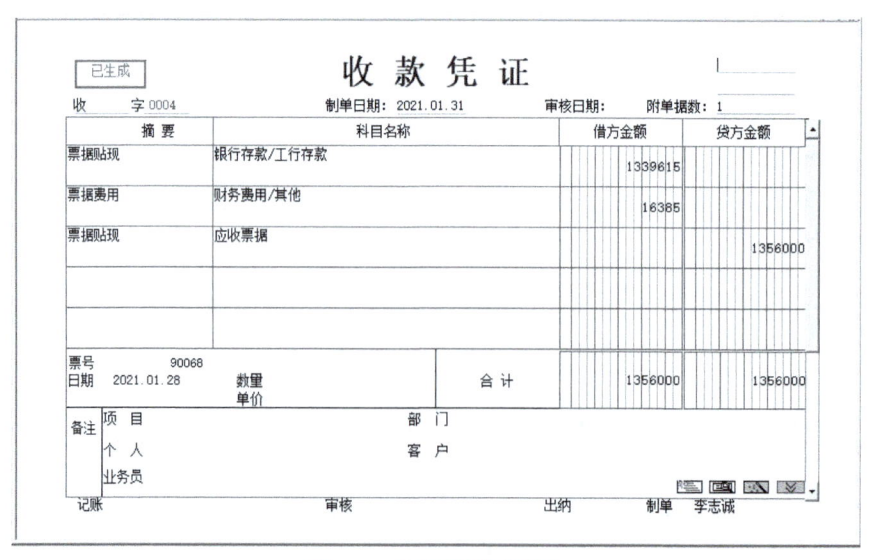

图 9-58 生成票据贴现凭证

> **应用提示**
>
> 票据贴现后,将不能再对其进行其他处理。

## 四 商业承兑汇票结算

1.在应收款管理系统中,执行"票据管理"命令,打开"票据查询"对话框,单击"确定"按钮,进入"票据管理"窗口,如图9-59所示。

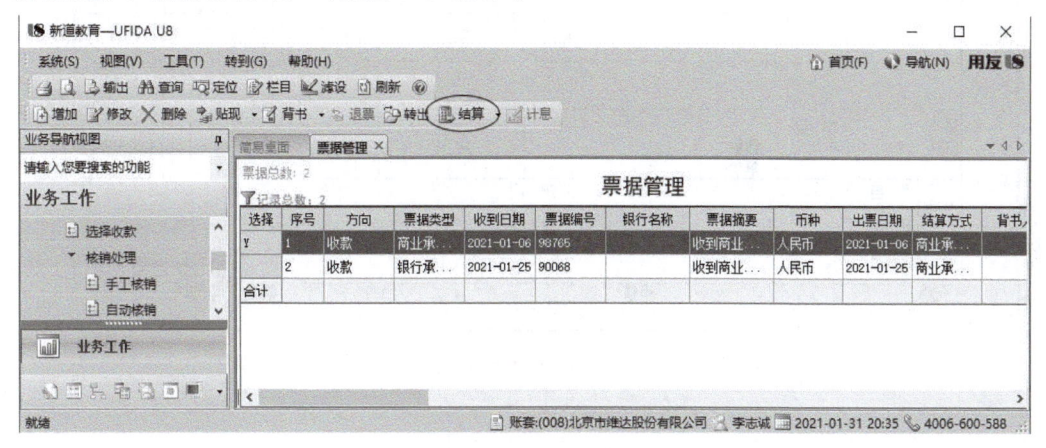

图9-59 "票据管理"窗口(2)

2.单击"选择"栏,选中保定金辉公司签发并承兑的商业承兑汇票,单击"结算"按钮,打开"票据结算"对话框。修改结算日期为"2021-01-31",输入结算金额"84 240.00",输入结算科目"100201",如图9-60所示。单击"确定"按钮,系统提示"是否立即制单?",单击"是"按钮。

图9-60 "票据结算"对话框

3.生成一张记账凭证,调整凭证类型为"收款凭证",单击"保存"按钮,如图9-61所示。

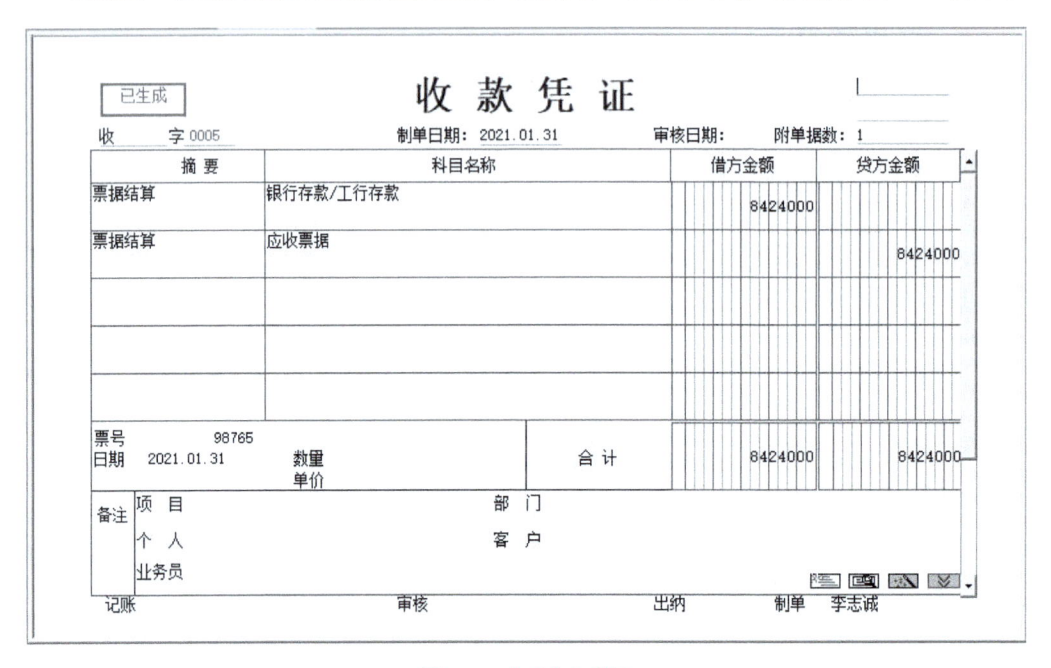

图9-61 生成收款凭证

## 五 审核收款单

1.在应收款管理系统中,执行"收款单据处理"→"收款单据审核"命令,打开"付款单过滤条件"对话框,单击"确定"按钮,进入"收付款单列表"窗口,如图9-62所示。

2.单击"全选"按钮,单击"审核"按钮,系统提示"本次审核成功单据[2]张",如图9-63所示。单击"确定"按钮。

图9-62 "收付款单列表"窗口

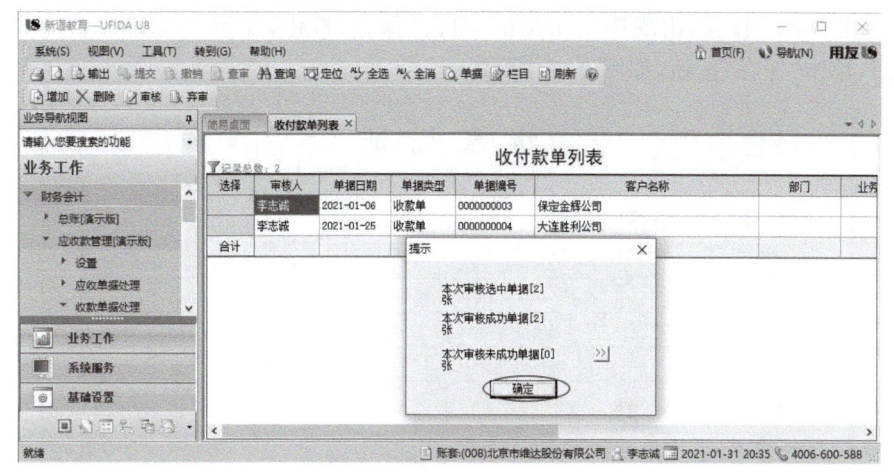

图9-63 收付款单审核成功提示

## 六 制单

1.在应收款管理系统中,执行"制单处理"命令,打开"制单查询"对话框,选择"收付款单制单",如图9-64所示。单击"确定"按钮,进入"收付款单制单"窗口。单击"凭证类别"栏下三角按钮,选择"转账凭证",再单击"全选"按钮,如图9-65所示。

图9-64 "制单查询"对话框

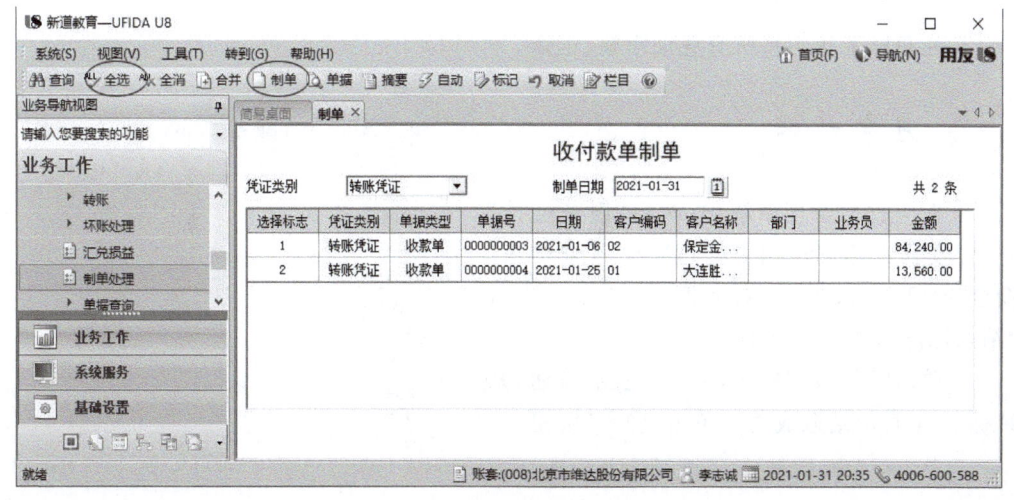

图9-65 "收付款单制单"窗口

2.单击"制单"按钮,出现第一张凭证,单击"保存"按钮,如图9-66所示。单击"下一张"按钮,单击"保存"按钮,如图9-67所示。

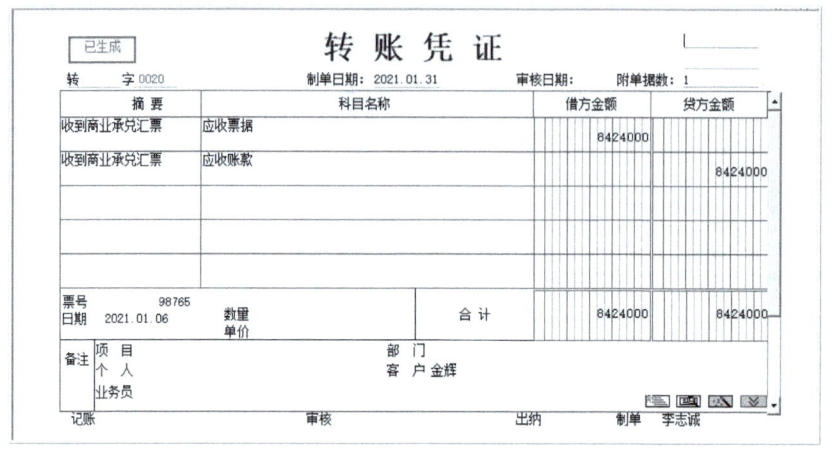

图9-66 生成转账凭证(1)

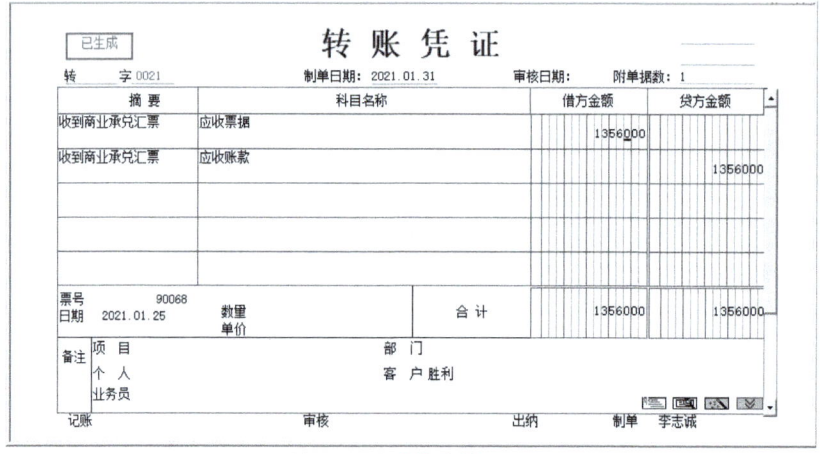

图9-67 生成转账凭证(2)

3.在总账系统中将所有凭证审核、记账。

## 七 月末结账

1.在应收款管理系统中,执行"财务会计"→"应收款管理"→"期末处理"→"月末结账"命令,打开"月末处理"对话框,双击"一月"后"结账标志",如图9-68所示。

2.单击"下一步"按钮,单击"完成"按钮,系统提示"1月份结账成功",单击"确定"按钮。

图9-68 "月末处理"对话框

# 项目十
# 应付款管理系统

**知识目标**
1. 掌握应付款管理系统与总账系统的联系;
2. 掌握应付账款管理的方法。

**技能目标**
1. 能正确地进行应付款管理系统的初始化处理;
2. 能正确地进行应付款管理系统的日常业务处理。

**素养目标**
1. 具有诚实守信职业素养,按约定进行债务清偿;
2. 具有风险意识,能准确分析企业负债所面临的风险。

# 任务一　应付款管理系统初始化

## 任务资料

**1. 参数设置**

应付账款核销方式为"按单据",单据审核日期依据为"业务日期",应付款核算类型为"详细核算",受控科目制单依据为"明细到供应商",非受控科目制单方式为"汇总方式";启用供应商权限,并且按信用方式根据单据提前10天自动报警。

**2. 基本科目设置**

应付科目为"2202 应付账款",采购科目为"1403 原材料",税金科目为"22210101 应交税费——应交增值税(进项税额)",商业承兑科目为"2201 应付票据",银行承兑科目为"2201 应付票据",现金折扣科目为"660302 财务费用",收支费用科目为"660204 管理费用——其他费用"。

**3. 结算方式科目设置**

现金结算方式科目为"1001 库存现金",现金支票结算方式科目为"100201 银行存款——工行存款",转账支票结算方式科目为"100201 银行存款——工行存款",信汇结算方式科目为"100201 银行存款——工行存款",电汇结算方式科目为"100201 银行存款——工行存款",银行汇票、银行本票结算方式科目为"1012 其他货币资金"。

**4. 逾期账龄区间设置**

逾期账龄区间设置总天数分别为30天、60天、90天。

**5. 报警级别**

A级时的总比率为10%,B级时的总比率为20%,C级时的总比率为30%,D级时的总比率为40%,E级时的总比率为50%,F级时的总比率为50%以上。

**6. 期初余额**(见表10-1)

表10-1　　　　　　　　　　期初余额

| 单据名称 | 开票日期 | 票号 | 供应商名称 | 采购部门 | 科目编码 | 货物名称 | 数量 | 价税合计 |
| --- | --- | --- | --- | --- | --- | --- | --- | --- |
| 采购专用发票 | 11.18 | | 亚龙 | 0401 | 2202 | 甲材料 | 1 277.26 | 37 360 |
| 采购专用发票 | 12.31 | | 九华 | 0401 | 2202 | 甲材料 | 1 709.40 | 50 000 |

**要求:**

1. 引入项目九结束账套;
2. 正确进行参数设置;
3. 能够正确进行初始化操作。

# 项目十　应付款管理系统

## 任务指导

### 一、设置应付款系统参数

应付账款核销方式为"按单据",单据审核日期依据为"业务日期",应付款核算类型为"详细核算",受控科目制单依据为"明细到供应商",非受控科目制单方式为"汇总方式";单据报警为提前10天自动报警。

1. 以账套管理员"201 张川"身份进入系统,在用友 U8V10.1 企业应用平台中,打开"业务工作"选项卡,执行"财务会计"→"应付款管理"→"设置"→"选项"命令,打开"账套参数设置"对话框。

2. 单击"编辑"按钮,按照参数设置要求进行设置,单击"确定"按钮,如图10-1所示。

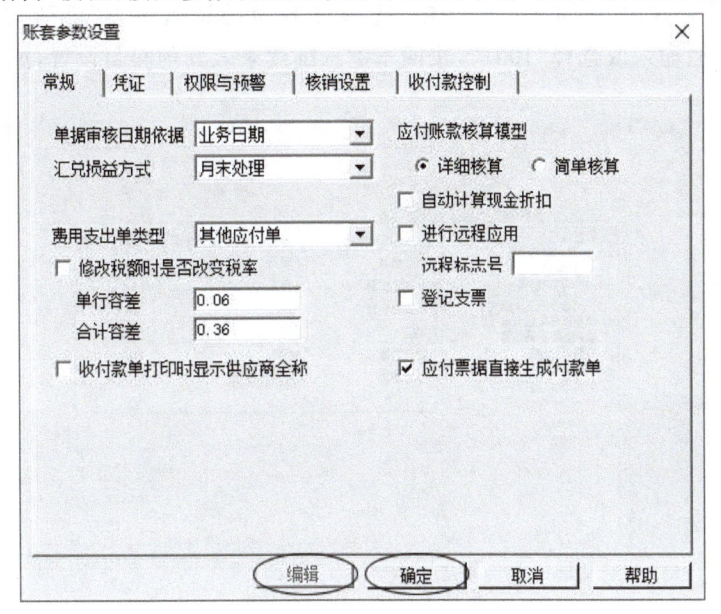

图10-1　"账套参数设置"对话框

### 二、设置基本科目

1. 在应付款管理系统中,执行"设置"→"初始设置"命令,进入"初始设置"窗口。
2. 在左侧的属性结构列表中单击"设置科目"下的"基本科目设置"。
3. 录入相应科目,如图10-2所示。

### 三、设置结算方式科目

1. 在应付款管理系统中,执行"设置"→"初始设置"→"结算方式科目设置"命令,进入"初始设置—结算方式科目设置"窗口。

图 10-2　基本科目设置

2.单击"结算方式"栏的下三角按钮,选择"1 现金结算",单击"币种"栏,选择"人民币",在"科目"栏输入或选择"1001",按回车键。继续录入其他科目设置,如图10-3所示。

图 10-3　设置结算方式科目

## 应用提示

科目所核算的币种必须与所输入的币种一致。科目必须是最明细科目。结算科目不能是已经在科目档案中指定为应收系统或者应付系统的受控科目。

## 四　设置逾期账龄区间

1.在应付款管理系统中,执行"设置"→"初始设置"→"逾期账龄区间设置"命令,进入"初始设置—逾期账龄区间设置"窗口。

2.在"总天数"栏输入"30",按回车键,接着在"总天数"栏输入"60",按此方法输入其他内容,如图10-4所示。

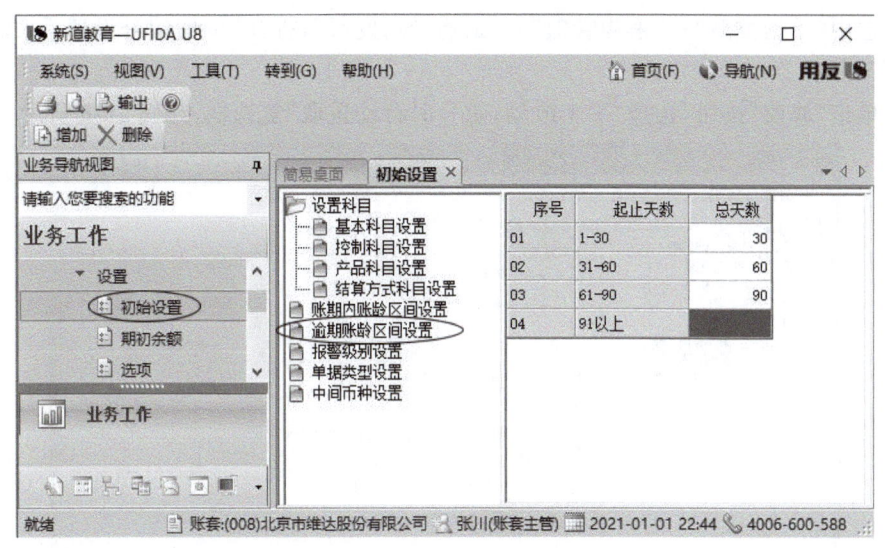

图 10-4　设置逾期账龄区间

## 五　设置报警级别

1.在应付款管理系统中,执行"设置"→"初始设置"→"报警级别设置"命令,进入"初始设置—报警级别设置"窗口。

2.在"总比率"栏输入"10",在"级别名称"栏输入"A",按回车键,按此方法输入其他内容,如图 10-5 所示。

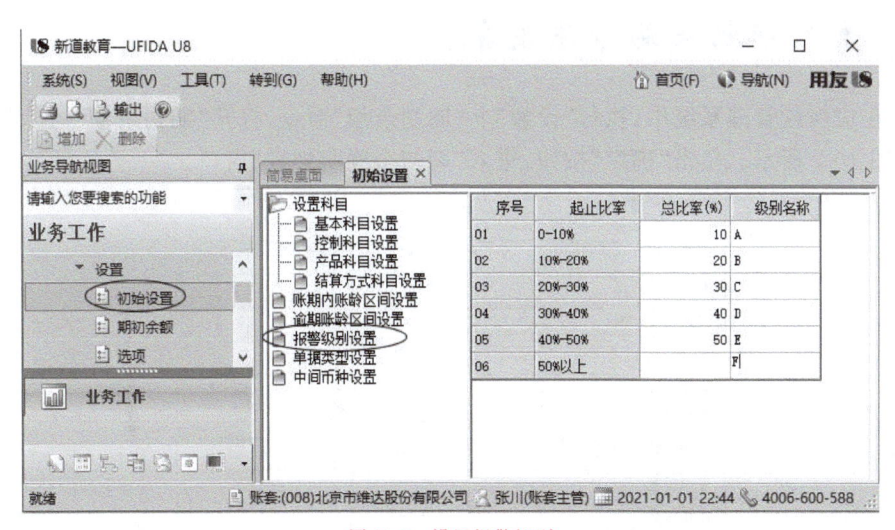

图 10-5　设置报警级别

## 六　设置单据编号

1.在企业应用平台中,执行"基础设置"→"单据设置"→"单据编号设置"命令,进入"单据编号设置"窗口。

2.选中"单据类型"—"采购管理"—"采购专用发票",打开"单据编号设置-[采购专用发票]"对话框。

3.单击"修改"按钮,选择"手工改动,重号时自动重取"复选框,如图10-6所示。

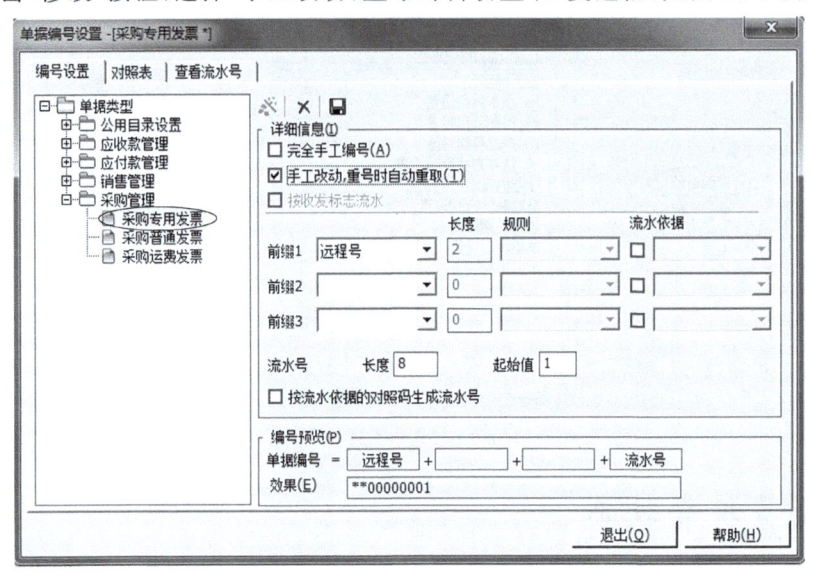

图10-6 设置单据编号

4.单击"保存"按钮。按此方法设置应付款管理系统中的"其他应付单"和"付款单",编号允许修改。

## 七 录入期初采购专用发票

1.在应付款管理系统中,执行"设置"→"期初余额"命令,打开"期初余额—查询"对话框,如图10-7所示。单击"确定"按钮,进入"期初余额明细表"窗口。

图10-7 "期初余额—查询"对话框

2.单击"增加"按钮,打开"单据类别"对话框,单据名称选择"采购发票",单据类型选择"采购专用发票",方向选择"正向",单击"确定"按钮,如图10-8所示。

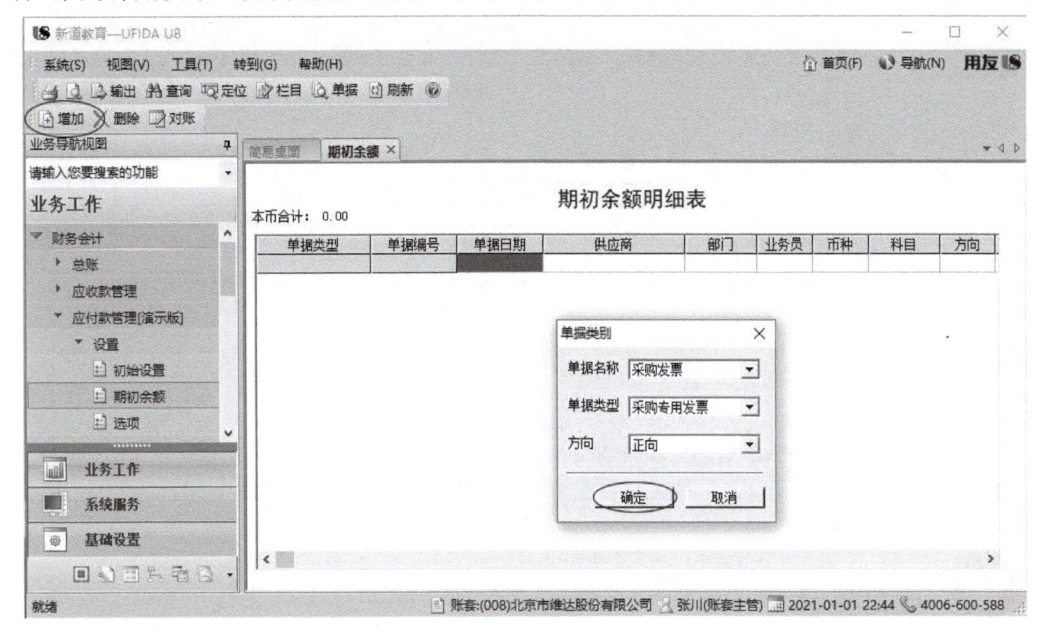

图10-8 "单据类别"对话框

3.单击"增加"按钮,修改开票日期为"2020-11-18",供应商选择"亚龙",系统自动带出该公司信息。在"税率"栏输入"13.00",在"科目"栏输入"2202",部门选择"供应处",在"存货编码"栏输入"01",在"原币单价"栏输入"24.00",在"原币价税合计"栏输入"37 360.00",数量自动计算。如图10-9所示。

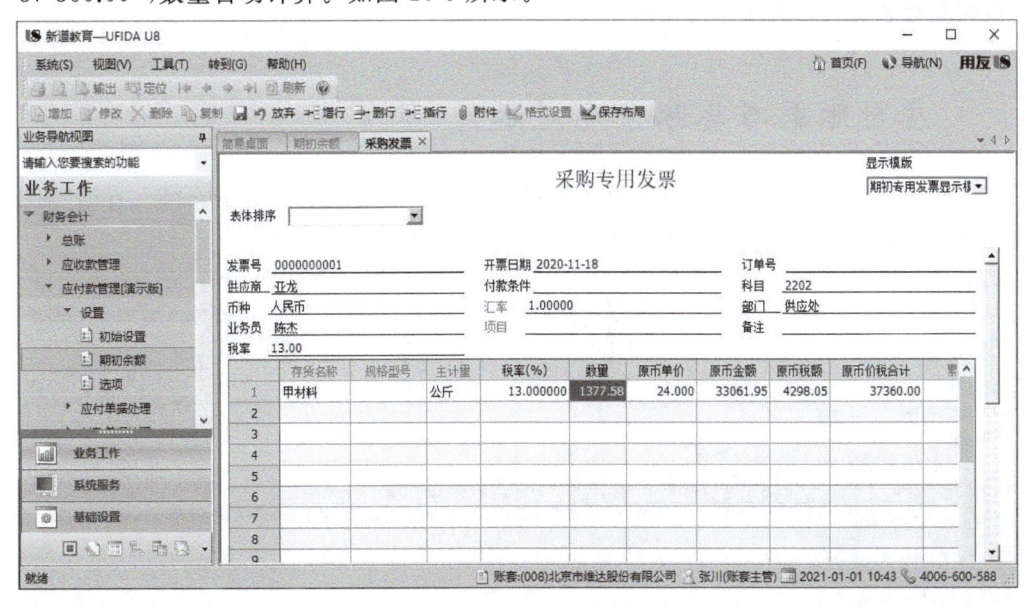

图10-9 录入采购专用发票(1)

4.单击"保存"按钮,录入下一张发票,如图10-10所示。

图 10-10　录入采购专用发票(2)

## 应用提示

单据日期必须小于该账套启用日期(第一年使用)或者该年度会计期初(以后年度使用)。单据中的科目栏,用于输入该笔业务的入账科目,该科目可以为空。建议在录入期初单据时,最好录入科目信息,这样不仅可以执行与总账对账功能,而且可以查询正确的科目明细账、总账。发票和应付单的方向包括正向和负向,类型包括系统预置的各类型以及用户定义的类型。

## 八　应付账款与总账系统对账

1.在应付款管理系统中,执行"设置"→"期初余额"命令,打开"期初余额—查询"对话框。单击"确定"按钮,进入"期初余额明细表"窗口。如图 10-11 所示。

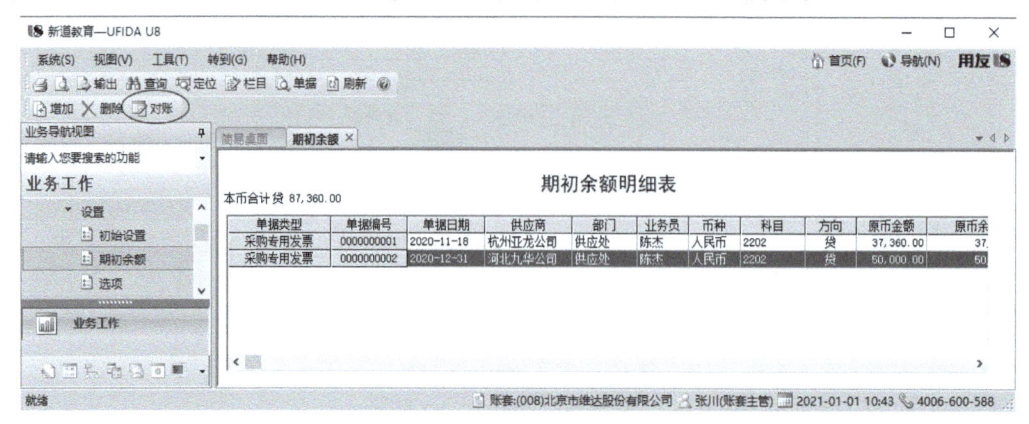

图 10-11　"期初余额明细表"窗口

**2.** 在"期初余额明细表"窗口中,单击"对账"按钮,进入"期初对账"窗口,如图 10-12 所示。

图 10-12 "期初对账"窗口

# 任务二　单据处理

## 任务资料

1.2021 年 1 月 6 日,向辽宁海特公司采购甲材料 100 公斤,原币单价为 24 元/公斤,增值税税率为 13%,采购专用发票号码为 500134。

2.2021 年 1 月 10 日,向河北九华公司采购甲材料 120 公斤,原币单价为 29 元/公斤,增值税税率为 13%,采购专用发票号码为 230106。

3.2021 年 1 月 12 日,向杭州亚龙公司采购甲材料 200 公斤,原币单价为 22 元/公斤,增值税税率为 13%,采购专用发票号码为 610987。运费 100 元,取得普通发票。

4.2021 年 1 月 18 日,向河北九华公司采购甲材料 1 000 公斤,原币单价为 21 元/公斤,增值税税率为 13%,采购专用发票号码为 230118。

5.2021 年 1 月 20 日,发现 2021 年 1 月 10 日向河北九华公司采购甲材料 120 公斤,原币单价应为 23 元/公斤,采购专用发票号码为 230106。

6.2021 年 1 月 23 日,发现 1 月 18 日向河北九华公司采购甲材料 1 000 公斤,原币单价为 21 元/公斤,增值税税率为 13%,采购专用发票号码为 230118。采购专用发票填制错误,应该删除。

7.2021 年 1 月 26 日,以电汇方式支付向杭州亚龙公司采购甲材料的款项和运费 5 072 元。

8.2021 年 1 月 28 日,以转账支票支付辽宁海特公司采购甲材料款项 2 712 元。

要求:

1.录入采购发票、应付单据、付款单据;

2.修改采购发票、应付单据、付款单据;

3.核销付款单据。

# 任务指导

## 一 填写第一笔业务

1.以"201 张川"的身份登录企业应用平台,在应付款管理系统中,执行"应付单据处理"→"应付单据录入"命令,打开"单据类别"对话框。确认各项目内容后,单击"确定"按钮,如图 10-13 所示。

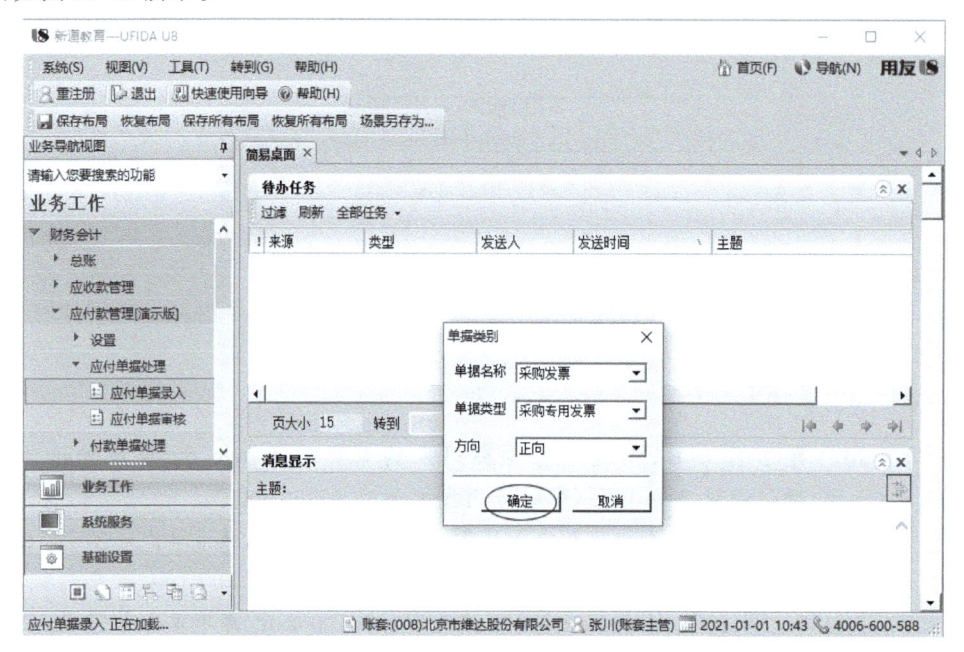

图 10-13 "单据类别"对话框

2.单击"增加"按钮,修改发票日期为"2021-01-06",输入发票号"500134",选择供应商"辽宁海特公司",单击"采购类型"参照按钮,进入"参照"窗口,单击"编辑"按钮,进入"采购类型"窗口,单击"增加"按钮,输入采购类型编码"1"、采购类型名称"厂商采购",单击"入库类别"参照按钮,单击"编辑"按钮,单击"增加"按钮,"收发类别编码"为"6","收发类别名称"为"采购入库",收发标志为"收",单击"保存"按钮,继续输入其他内容,如图 10-14 所示。

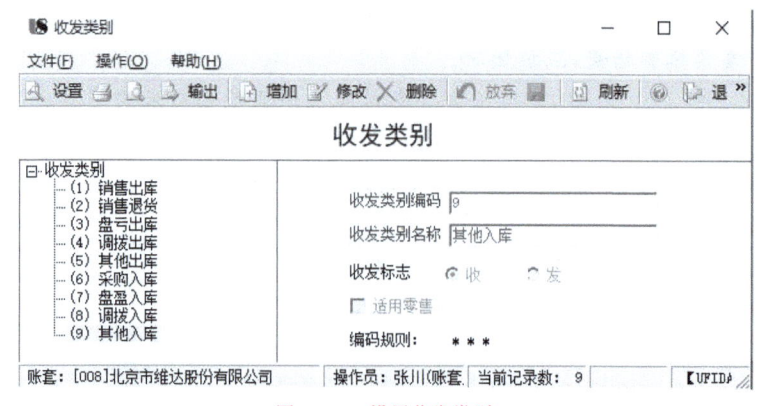

图 10-14 设置收发类别

3.单击"退出"按钮,回到"收发类别档案基本参照"窗口,如图 10-15 所示。选择"采购入库",单击"确定"按钮,回到"采购类型"窗口,单击"保存"按钮。

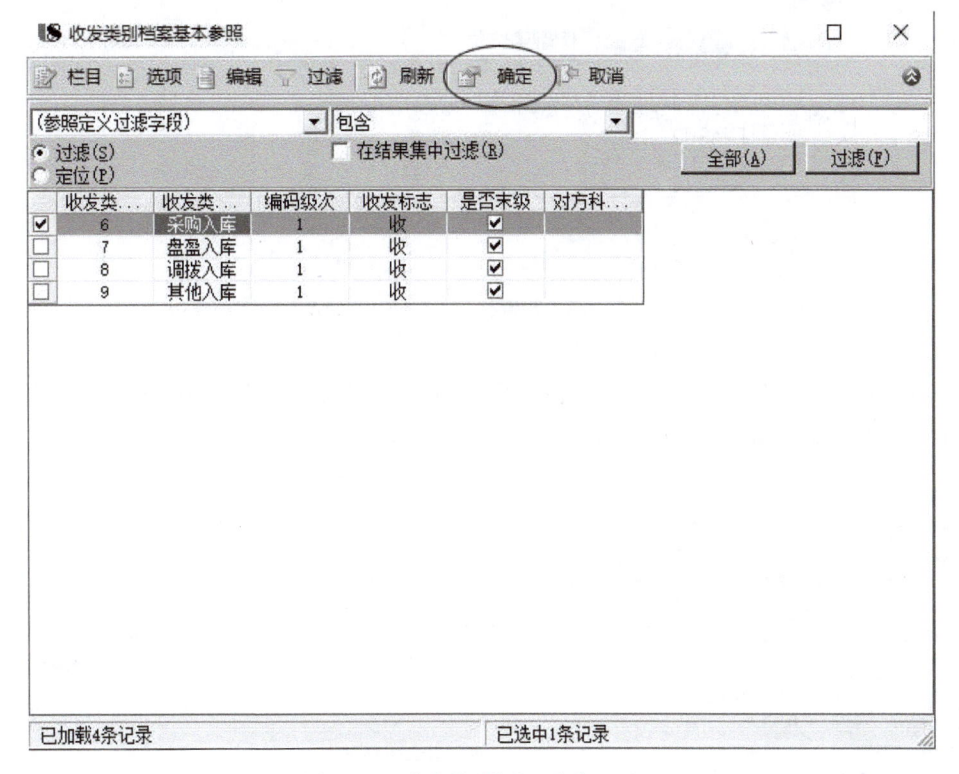

图 10-15 "收发类别档案基本参照"窗口

4.录入其他采购类型,如图 10-16 所示。单击"退出"按钮,关闭该窗口。

| 序号 | 采购类型编码 | 采购类型名称 | 入库类别 | 是否默认值 | 是否委外默认值 | 是否列入MPS/MRP计划 |
|---|---|---|---|---|---|---|
| 1 | 1 | 厂商采购 | 采购入库 | 是 | 否 | 否 |
| 2 | 2 | 代理商进货 | 采购入库 | 否 | 否 | 否 |
| 3 | 3 | 采购退回 | 其他入库 | 否 | 否 | 否 |
|   |   |   |   |   |   | 是 |

图 10-16 "采购类型"窗口

5.回到"参照"窗口,双击"厂商采购",如图10-17所示。

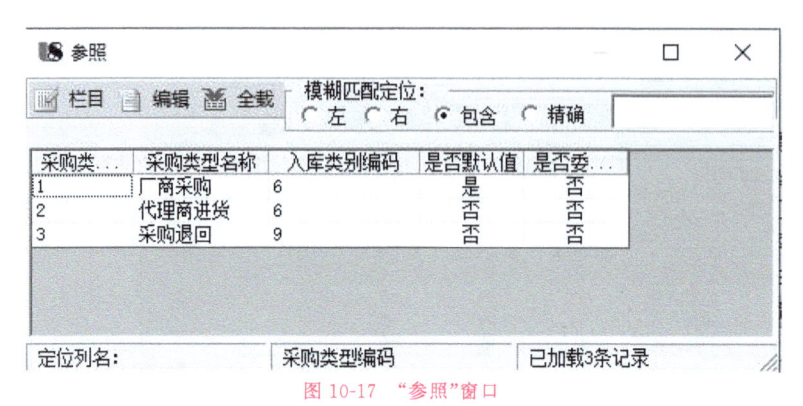

图10-17 "参照"窗口

6.在"存货编码"栏输入"01",或选择"甲材料",在"数量"栏输入"100.00",在"原币单价"栏输入"24.00",如图10-18所示。

图10-18 采购专用发票

7.与第一笔业务相同,录入第二笔业务和第三笔业务的采购专用发票。

### 应用提示

采购发票是从供货单位取得的进项发票及发票清单。若启用采购系统,则采购发票在采购系统中录入,在应付系统中进行审核记账。在采购系统中录入的发票在应付系统中不能修改、删除,只能在采购系统中进行修改操作。若没有启用采购系统,则采购发票在应付系统中录入,它的修改、删除与应付单相同。

## 二　第三笔业务处理——填写采购普通发票

1.执行"基础设置"→"基础档案"→"存货"→"存货分类"命令,进入"存货分类"窗口,单击"增加"按钮,输入"04 劳务"后保存并退出。打开"存货档案"对话框,在"存货分类"中选择"劳务",单击"增加"按钮,"存货编码"输入"06","存货名称"输入"运输费","计量单位组"选择"1-基本计量单位","主计量单位"选择"4-公里","存货属性"选择"外购""应税劳务",保存后退出。

2.在应付款管理系统中,执行"应付单据处理"→"应付单据录入"命令,进入"单据类别"对话框。单击"单据类型"栏的下三角按钮,选择"采购普通发票",如图 10-19 所示。单击"确定"按钮,进入"普通发票"窗口。

图 10-19　"单据类别"对话框

3.单击"增加"按钮,修改开票日期为"2021-01-12",在"供应商"栏选择"亚龙",在"原币金额"栏输入"100.00",在"税率"栏输入"9.00",如图 10-20 所示。单击"保存"按钮。

4.录入第四笔业务的采购专用发票,如图 10-21 所示。

图 10-20　录入采购普通发票

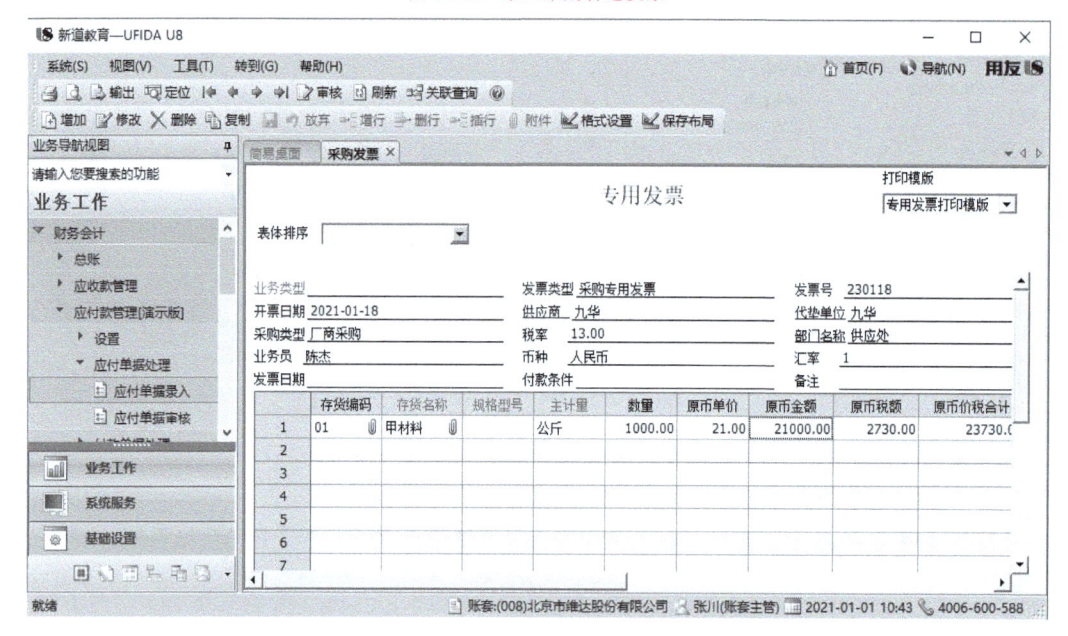

图 10-21　录入采购专用发票

## 三　第五笔业务处理——修改采购专用发票

1.在应付款管理系统中,执行"应付单据处理"→"应付单据录入"命令,打开"单据类别"对话框。单击"确定"按钮,进入"专用发票"窗口。

2.再单击"上一张"按钮,找到发票号为"230106"的发票。

3.单击"修改"按钮,将"原币单价"修改为"23",单击"保存"按钮,如图10-22所示。

# 项目十 应付款管理系统

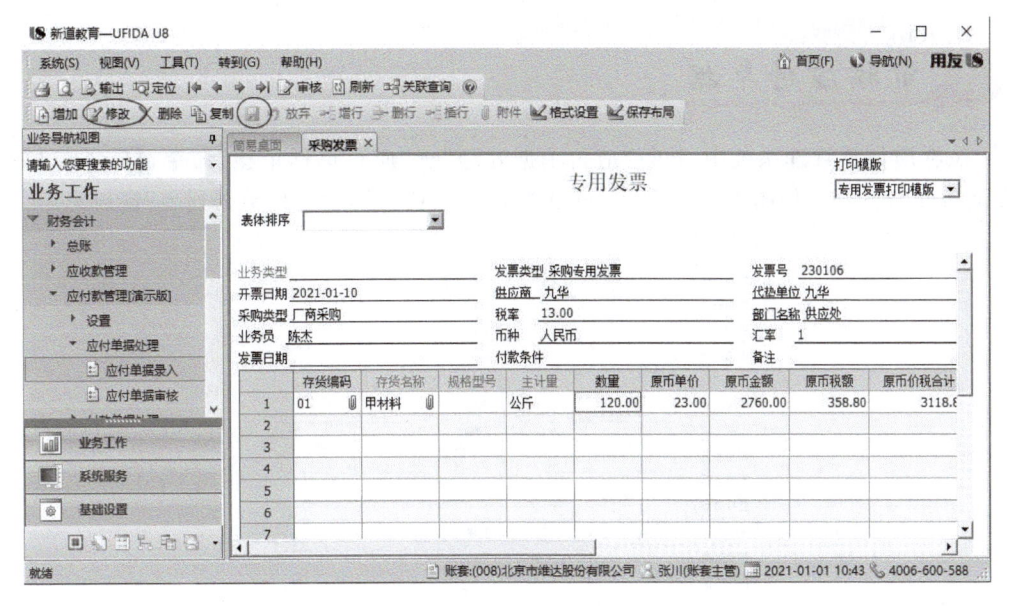

图 10-22 修改采购专用发票

## 四 第六笔业务处理——删除采购专用发票

1.在应付款管理系统中,执行"应付单据处理"→"应付单据录入"命令,打开"单据类别"对话框。单击"确定"按钮,进入"专用发票"窗口。

2.再单击"上一张"按钮,找到发票号为"230118"的发票。

3.单击"删除"按钮,系统提示"单据删除后不能恢复,是否继续?",如图 10-23 所示。

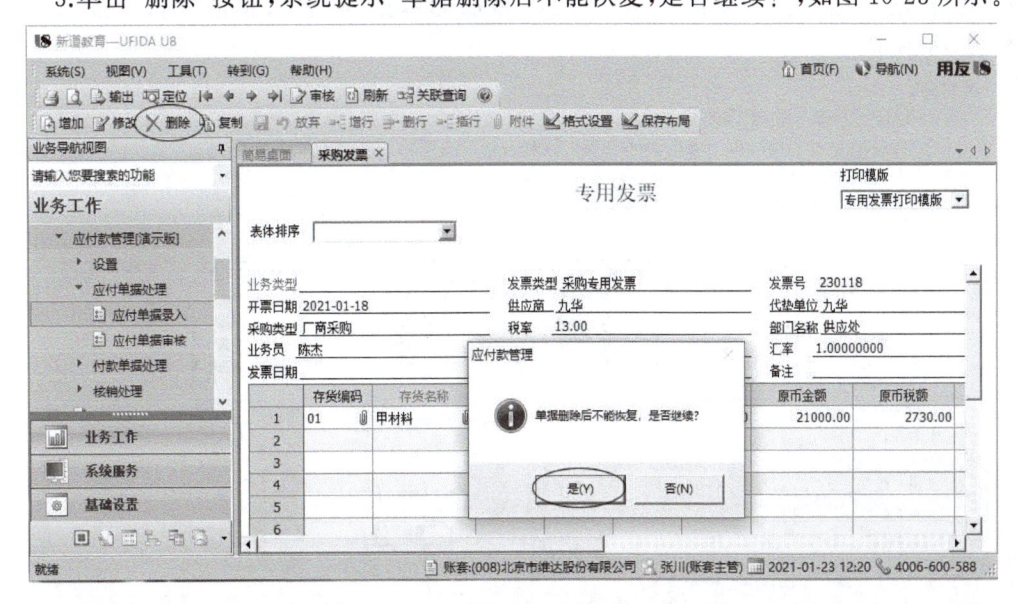

图 10-23 采购专用发票删除提示

4.单击"是"按钮。

235

## 五 审核应付单据

1.在应付款管理系统中,执行"应付单据处理"→"应付单据审核"命令,打开"应付单查询条件"对话框,如图10-24所示。单击"确定"按钮,进入"应付单据列表"窗口。

图10-24 "应付单查询条件"对话框

2.在"应付单据列表"窗口中,单击"全选"按钮。

3.单击"审核"按钮,系统提示"本次审核成功单据[4]张",单击"确定"按钮。如图10-25所示。

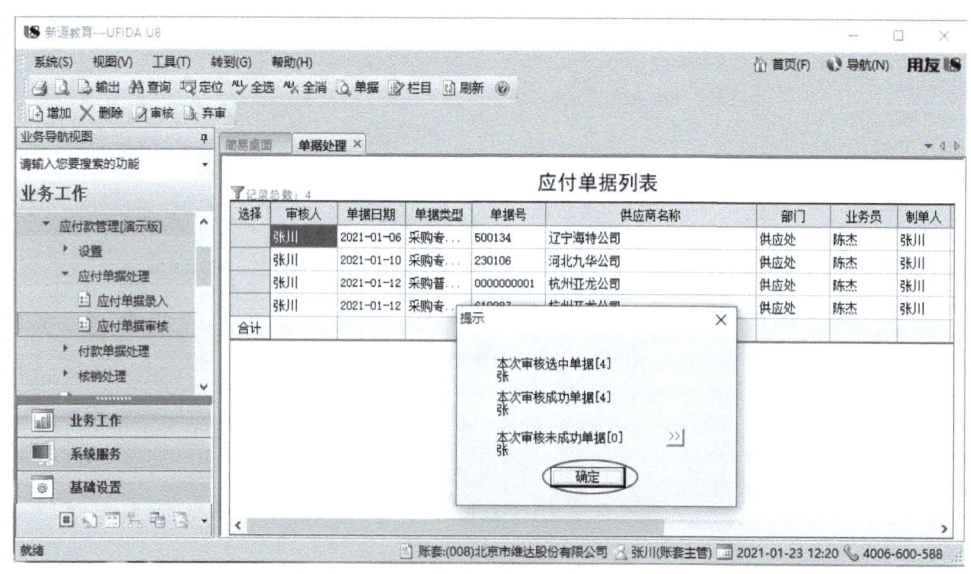

图10-25 审核成功提示

## 六 制单

1.在应付款管理系统中,执行"制单处理"命令,打开"制单查询"对话框。
2.在"制单查询"对话框中,选中"发票制单",如图10-26所示。

图10-26 "制单查询"对话框

3.单击"确定"按钮,进入"采购发票制单"窗口。单击"全选"按钮,单击"凭证类别"栏下三角按钮,选择"转账凭证",如图10-27所示。

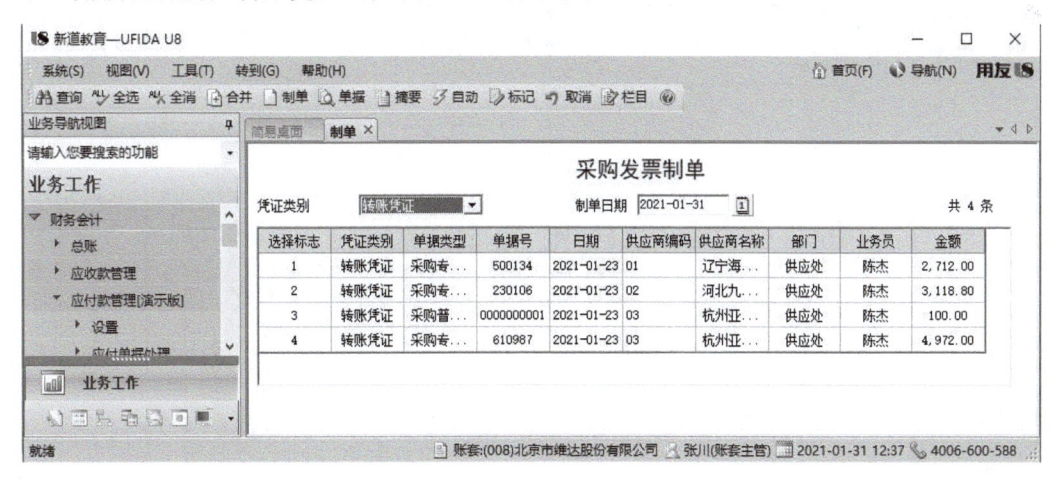

图10-27 "采购发票制单"窗口

4.单击"制单"按钮,生成第一张转账凭证,单击"保存"按钮,如图10-28所示。单击"下一张"按钮,生成下张凭证。生成凭证如图10-29至图10-31所示。

237

图 10-28 向海特公司购货制单

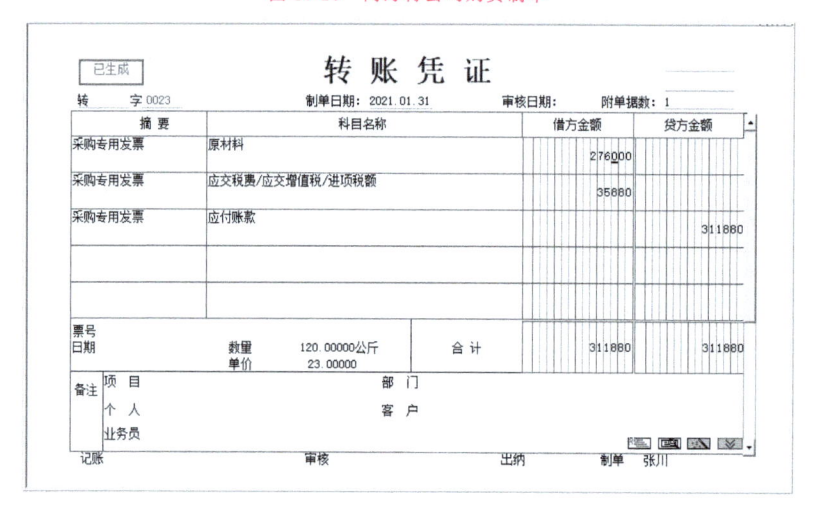

图 10-29 向九华公司购货制单

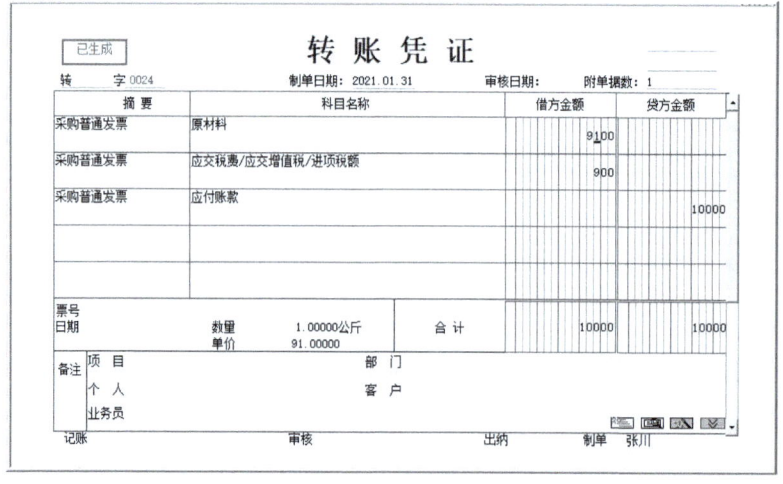

图 10-30 向亚龙公司购货运费制单

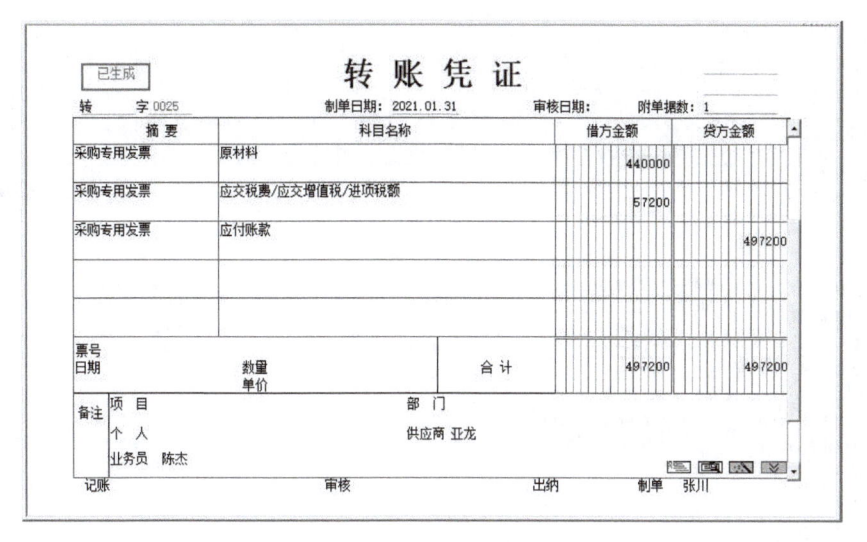

图 10-31　向亚龙公司购货制单

5.在总账系统进行审核和记账。

## 应用提示

本系统的控制科目可在其他系统进行制单,在其他系统制单则会造成应付款管理系统与总账系统对账不平。

在本系统制单时,若要使用存货核算系统的控制科目,则需要在总账系统选项中选择"可以使用存货核算系统控制科目"选项。

制单日期系统默认为当前业务日期。制单日期应大于等于所选的单据的最大日期,但小于当前业务日期。

如果同时使用了总账系统,所输入的制单日期应该满足总账制单日期要求,即大于同月同凭证类别的日期。一张原始单据制单后,将不能再次制单。

## 七　第七笔业务处理——填写付款单

1.在应付款管理系统中,执行"付款单据处理"→"付款单据录入"命令,进入"付款单"窗口。

2.单击"增加"按钮,修改日期为"2021-01-26",供应商选择"亚龙",结算方式选择"信汇",在"金额"栏输入"5 248.00",在"摘要"栏输入"购买材料及支付运费",单击"科目"栏,修改为"2202",单击"保存"按钮,如图10-32所示。

3.继续录入第二张付款单,如图10-33所示。

图 10-32　录入付款单(1)

图 10-33　录入付款单(2)

## 八、审核付款单

1.在应付款管理系统中，执行"付款单据处理"→"付款单据审核"命令，打开"结算单过滤条件"对话框，如图10-34所示。

2.单击"确定"按钮，进入"收付款单列表"窗口，单击"全选"按钮。单击"审核"按钮，系统提示"本次审核成功单据[2]张"，单击"确定"按钮，如图10-35所示。

图10-34 审核付款单

图10-35 审核成功提示

## 九 核销付款单

1. 在应付款管理系统中，执行"核销处理"→"手工核销"命令，打开"核销条件"对话框。

2. 在"供应商"栏输入"01-辽宁海特公司"，单击"确定"按钮，进入"单据核销"窗口，如图10-36所示。

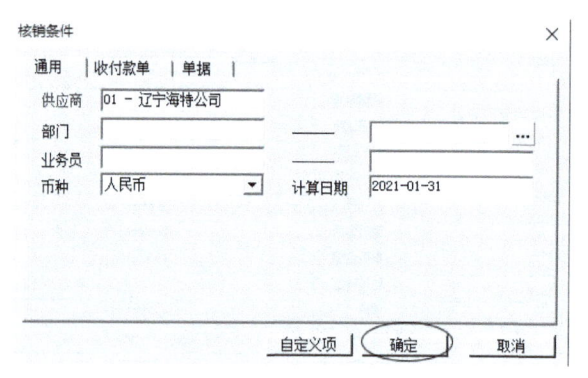

图10-36 "核销条件"对话框

3. 双击要核销的单据，单击"保存"按钮，系统自动核销。

4. 在"供应商"栏输入"03-杭州亚龙公司"，单击"确定"按钮，进入"单据核销"窗口，如图10-37所示。双击要核销的两条记录，"本次结算"栏显示数据，单击"保存"按钮。

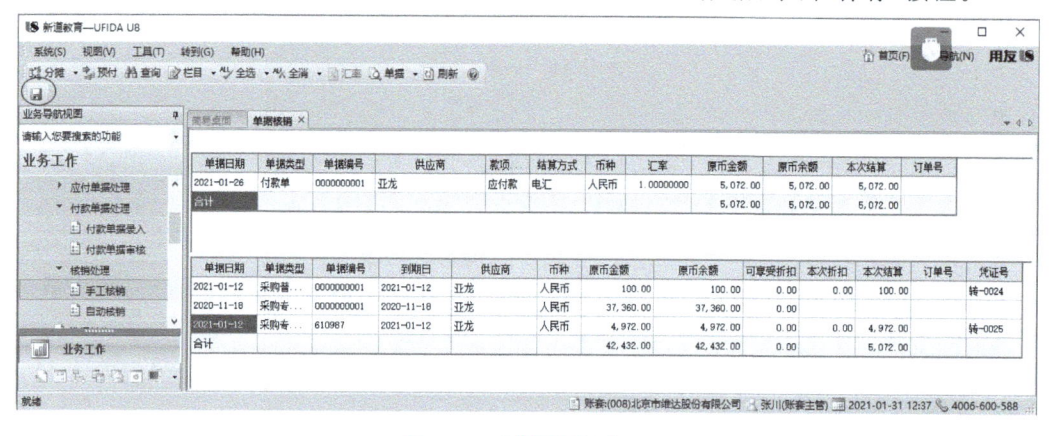

图10-37 "单据核销"窗口

## 十 制单

1. 在应付款管理系统中，执行"制单处理"→"制单查询"命令，打开"制单查询"对话框，选中"收付款单制单"，如图10-38所示。

2. 单击"确定"按钮，进入"收付款单制单"窗口，单击"全选"按钮，凭证类别选择"付款凭证"，如图10-39所示。

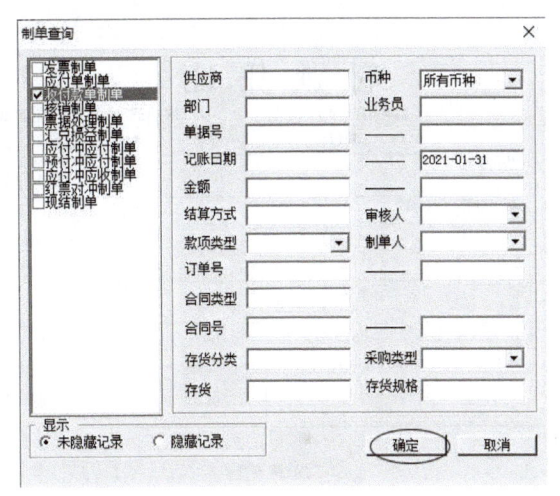

图10-38 "制单查询"对话框

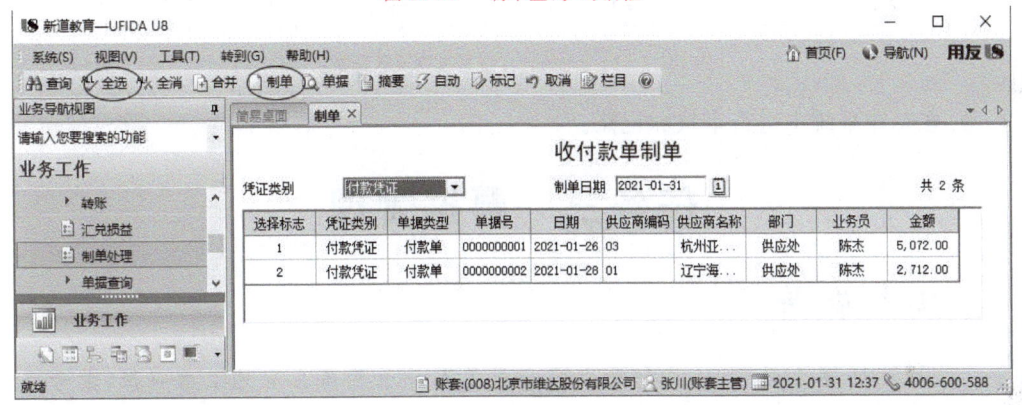

图10-39 "收付款单制单"窗口

3.单击"制单"按钮,单击"保存"按钮,如图10-40所示。进入下一张,保存后,如图10-41所示。

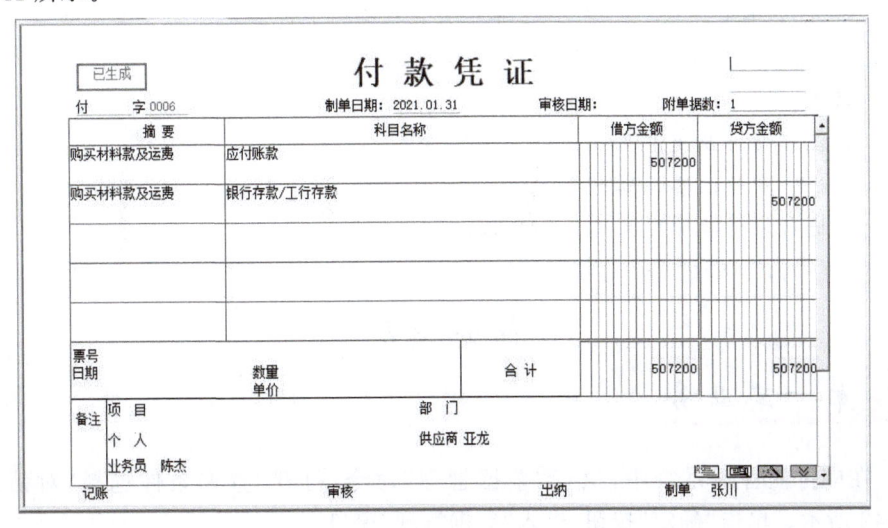

图10-40 向海特公司付款制单

图 10-41　向亚龙公司支付材料款及运费制单

4.在总账系统中进行审核和记账。

# 任务三　票据管理

## 任务资料

1.2021年1月5日,向河北九华公司签发并承兑商业承兑汇票一张,票号00091,面值50 000元,到期日4月5日。

2.2021年1月8日,向杭州亚龙公司签发并承兑银行承兑汇票一张,票号00092,面值37 360元,到期日6月8日。

3.2021年1月25日,将2021年1月5日向河北九华公司签发并承兑商业承兑汇票(票号00091)进行结算。

要求:

1.正确增加商业汇票;

2.进行商业汇票结算;

3.进行应付款管理系统月末结账。

## 任务指导

### 一、第一笔业务

1.在应付款管理系统中,执行"票据管理"命令,打开"查询条件选择"对话框,如图10-42所示。单击"确定"按钮,进入"票据管理"窗口。

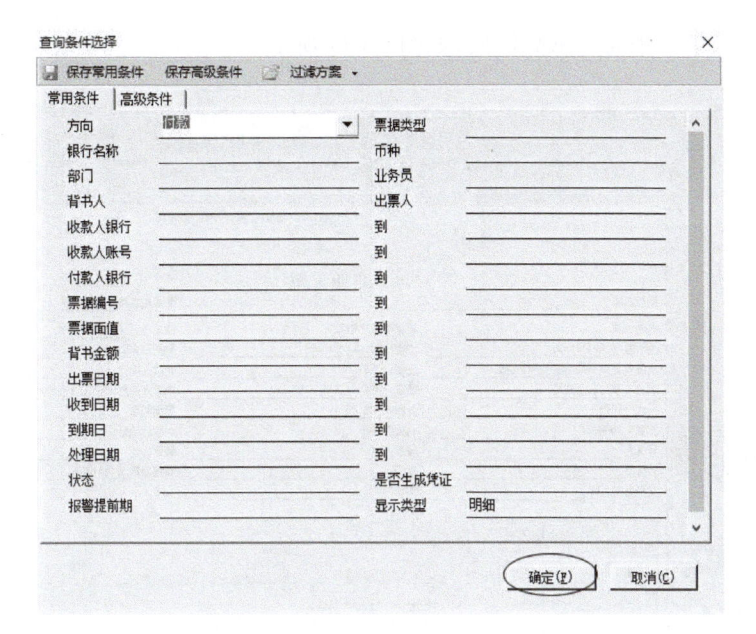

图10-42 "查询条件选择"对话框

2.单击"增加"按钮,进入"商业汇票"窗口,在"票据编号"栏输入"00091",票据类型选择"商业承兑汇票"。单击"结算方式"栏下三角按钮,选择"商业承兑汇票",在"收款人"栏输入"河北九华公司",在"金额"栏输入"50 000.00",出票日期选择"2021-01-05",在"到期日"栏输入"2021-04-05",在"票据摘要"栏输入"支付九华材料款",单击"保存"按钮。如图10-43所示。

图10-43 商业汇票(1)

## 3.继续录入第二张商业承兑汇票,如图10-44所示。

图10-44 商业汇票(2)

## 二 第三笔业务

1.在应付款管理系统中,执行"票据管理"命令,打开"查询条件选择"对话框,单击"确定"按钮,进入"票据管理"窗口。

2.单击"选择"栏,选中向河北九华公司签发并承兑的商业承兑汇票,单击"结算"按钮,打开"票据结算"对话框,如图10-45所示。

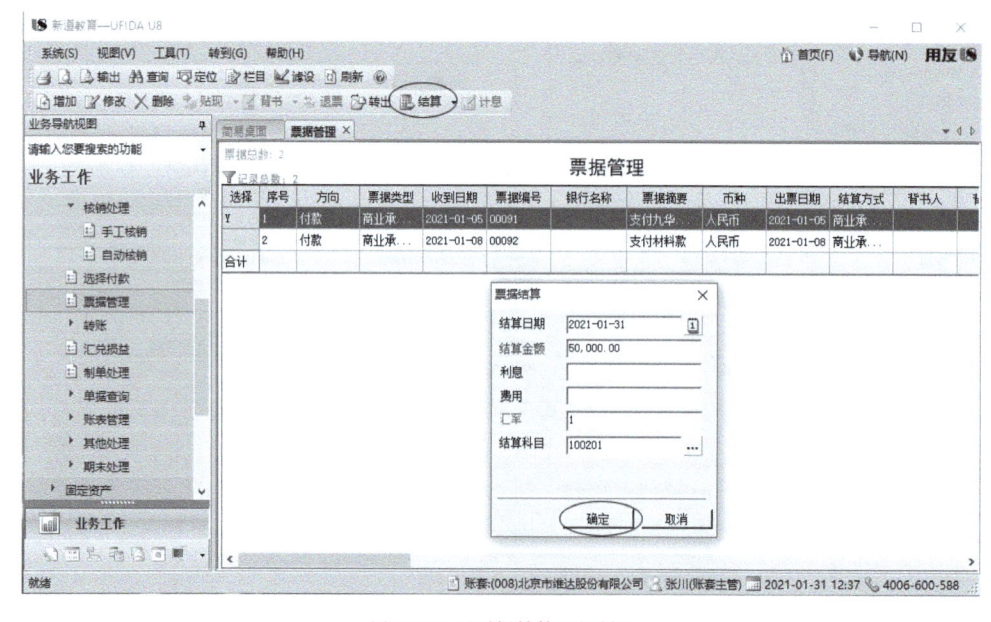

图10-45 "票据结算"对话框

3.修改结算日期为"2021-01-31",输入结算金额"50 000.00",输入结算科目"100201",单击"确定"按钮。系统提示"是否立即制单",单击"是"按钮。如图10-46所示。

4.生成一张记账凭证,调整凭证类型为"付款凭证",单击"保存"按钮,显示如图10-47所示。

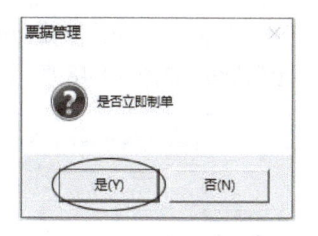

图10-46 制单提示

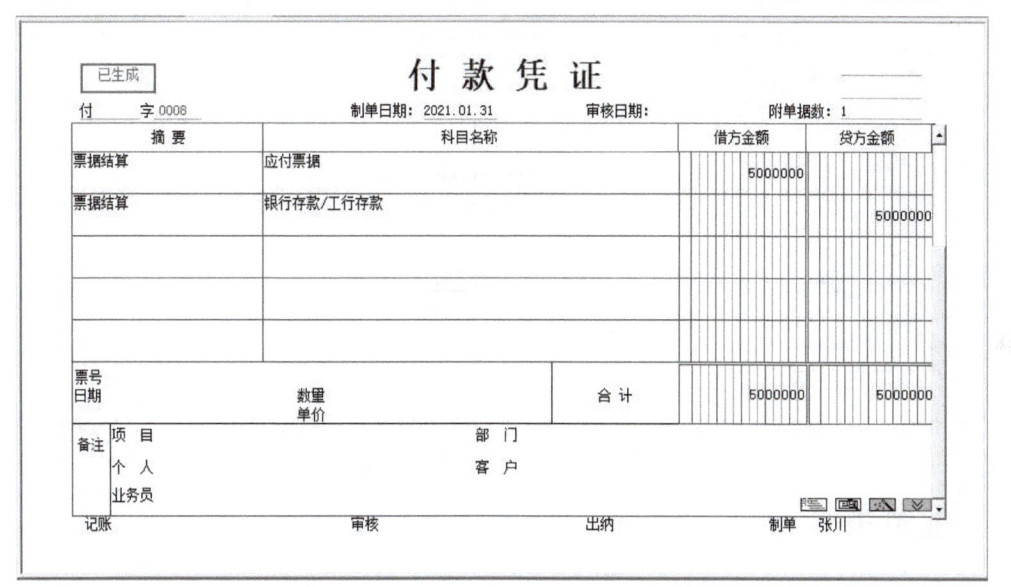

图10-47 生成付款凭证

## 应用提示

结算日期:结算日期是对票据进行结算的时间。结算日期的输入方法有直接输入或根据日历参照输入的方法。

结算金额:应该直接输入结算金额。

利息:如果应付票据为带息票据,应直接在此输入利息。如果是不带息票据,可以保持此栏为空。

费用:费用是在进行结算单据时所发生的相关费用,可以直接输入。如果没有发生费用,此栏可以为空。

结算科目:结算科目是票据结算时的对应科目,一般为银行存款科目。

## 三 审核付款单

1.在应付款管理系统中,执行"付款单据处理"→"付款单据审核"命令,打开"付款单过滤条件"对话框,单击"确定"按钮,进入"收付款单列表"窗口。

2.单击"全选"按钮,单击"审核"按钮,系统提示"本次审核成功单据[2]张",单击"确定"按钮,如图10-48所示。

图10-48 审核成功提示

## 四 制单

1.在应付款管理系统中,执行"制单处理"命令,打开"制单查询"对话框,选中"收付款单制单",如图10-49所示。单击"确定"按钮,进入"收付款单制单"窗口。单击"凭证类别"栏下三角按钮,选择"转账凭证",再单击"全选"按钮。

图10-49 "制单查询"对话框

2.单击"制单"按钮,出现第一张凭证,单击"保存"按钮,单击"下一张"按钮,单击"保存"按钮,如图10-50和图10-51所示。

3.在总账系统中进行审核和记账。

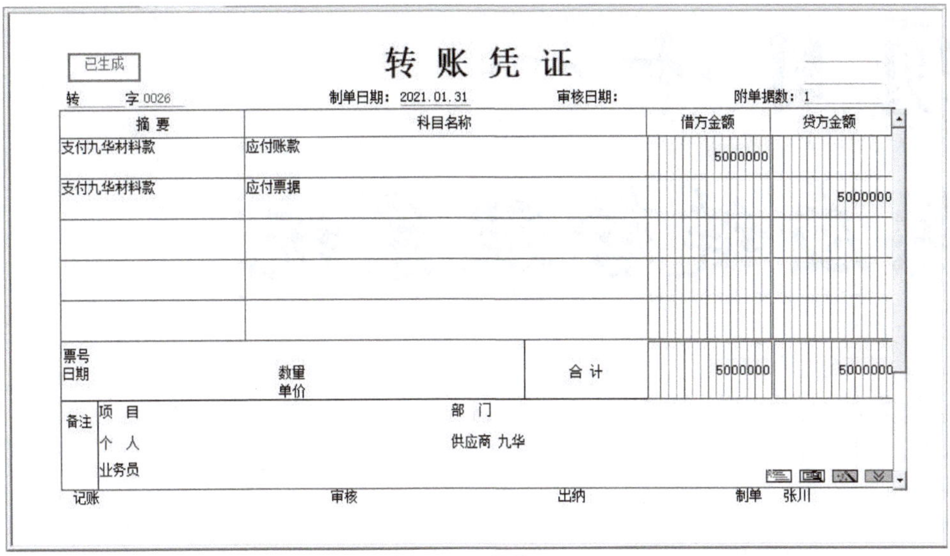

已生成

转账凭证

转 字 0026 制单日期：2021.01.31 审核日期： 附单据数：1

| 摘要 | 科目名称 | 借方金额 | 贷方金额 |
|---|---|---|---|
| 支付九华材料款 | 应付账款 | 5000000 | |
| 支付九华材料款 | 应付票据 | | 5000000 |
| | | | |
| | | | |
| | | | |
| 票号 日期 | 数量 单价 合计 | 5000000 | 5000000 |

备注 项 目 部 门

个 人 供应商 九华

业务员

记账 审核 出纳 制单 张川

图 10-50 制单(1)

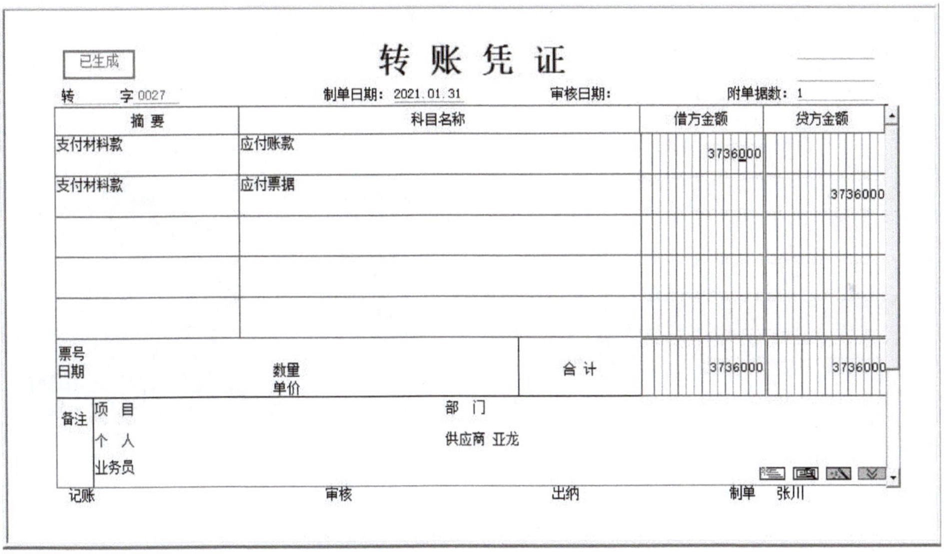

已生成

转账凭证

转 字 0027 制单日期：2021.01.31 审核日期： 附单据数：1

| 摘要 | 科目名称 | 借方金额 | 贷方金额 |
|---|---|---|---|
| 支付材料款 | 应付账款 | 3736000 | |
| 支付材料款 | 应付票据 | | 3736000 |
| | | | |
| | | | |
| | | | |
| 票号 日期 | 数量 单价 合计 | 3736000 | 3736000 |

备注 项 目 部 门

个 人 供应商 亚龙

业务员

记账 审核 出纳 制单 张川

图 10-51 制单(2)

## 五 月末结账

1.在应付款管理系统中，执行“财务会计”→“应付款管理”→“期末处理”→“月末结账”命令，打开“月末处理”对话框，双击“一月”后“结账标志”栏，出现“Y”，单击“下一步”按钮。

2.单击“完成”按钮，系统提示“1 月份结账成功”，单击“确定”按钮。

# 项目十一
# 供应链管理系统

**知识目标**
1.掌握企业不同的销售方式和特征；
2.掌握企业不同的采购方式和特征；
3.掌握企业库存管理的要求和方法。

**技能目标**
1.能进行供应链管理系统的初始化处理；
2.能进行供应链管理系统的日常业务处理；
3.能进行供应链管理系统的期末处理。

**素养目标**
1.具有服务意识，能帮助业务部门进行业务情况分析；
2.具有成本观念，能帮助业务部门进行管理。

# 任务一　供应链管理系统的基础设置

## 任务资料

1. 仓库档案（表11-1）

表 11-1　仓库档案

| 仓库编号 | 仓库名称 | 计价方式 |
|---|---|---|
| 01 | 原材料库 | 先进先出法 |
| 02 | 成品库 | 先进先出法 |

2. 基础科目设置

存货科目设置（表11-2）

表 11-2　存货科目设置

| 仓库 | 存货名称 | 存货科目编码 |
|---|---|---|
| 原材料库 | 甲材料 | 1402 |
| 原材料库 | 乙材料 | 1402 |
| 原材料库 | 丙材料 | 1402 |
| 成品库 | A产品 | 140501 |
| 成品库 | B产品 | 140502 |

对方科目设置（表11-3）

表 11-3　对方科目设置

| 收发类别 | 对方科目编码 |
|---|---|
| 采购入库 | 100201 |

**要求：**
完成供应链管理系统的初始设置。

## 任务指导

1. 引入"项目十"结束后账套
2. 登录企业应用平台

以"201 张川"的身份注册登录企业应用平台，启用采购管理、销售管理、库存管理、存货核算子系统，启用日期为2021-02-01。

3. 设置基础信息

（1）执行"基础档案"→"业务"→"仓库档案"命令，进入"仓库档案"窗口。

（2）单击"增加"按钮。进入"增加仓库档案"窗口，输入仓库编码"01"、仓库名称"原材料库"、计价方式"先进先出法"，如图11-1所示。单击"保存"按钮保存设置。

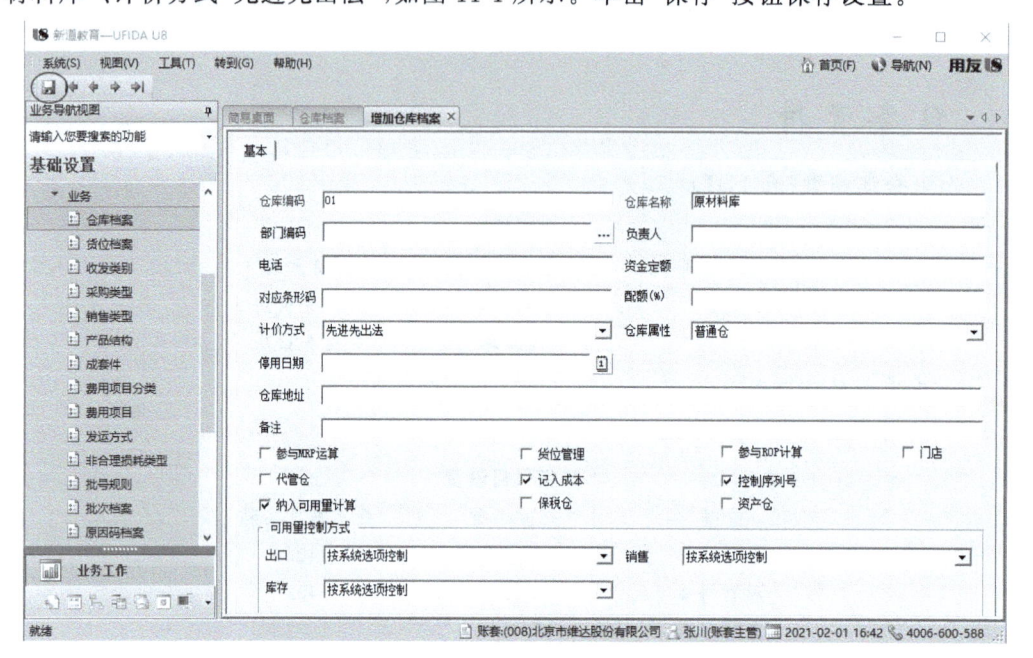

图11-1 "增加仓库档案"窗口

（3）同理输入"成品库"的相关内容。

4.设置基础科目

（1）存货核算科目设置

①从企业应用平台中进入存货核算系统。

②执行"供应链"→"存货核算"→"初始设置"→"科目设置"→"存货科目"命令，进入"存货科目"窗口，输入仓库编码"01"、仓库名称"原材料库"、存货编码"01"、存货名称"甲材料"、存货科目编码"1402"。

③单击"增加"按钮，输入其他科目资料，如图11-2所示。

| 仓库编码 | 仓库名称 | 存货分类编码 | 存货分类名称 | 存货编码 | 存货名称 | 存货科目编码 | 存货科目名称 |
|---|---|---|---|---|---|---|---|
| 01 | 原材料库 | | | 01 | 甲材料 | 1402 | 在途物资 |
| 01 | 原材料库 | | | 02 | 乙材料 | 1402 | 在途物资 |
| 01 | 原材料库 | | | 05 | 丙材料 | 1402 | 在途物资 |
| 02 | 成品库 | | | 03 | A产品 | 140501 | A产品 |
| 02 | 成品库 | | | 04 | B产品 | 140502 | B产品 |

图11-2 存货科目设置结果

(2)对方科目设置

①从企业应用平台中进入存货核算系统。

②执行"供应链"→"存货核算"→"初始设置"→"科目设置"→"对方科目"命令,进入"对方科目"窗口,输入收发类别编码"6"、收发类别名称"采购入库"、存货分类编码"01"、存货分类名称"原材料"、对方科目编码"100201"。结果如图11-3所示。

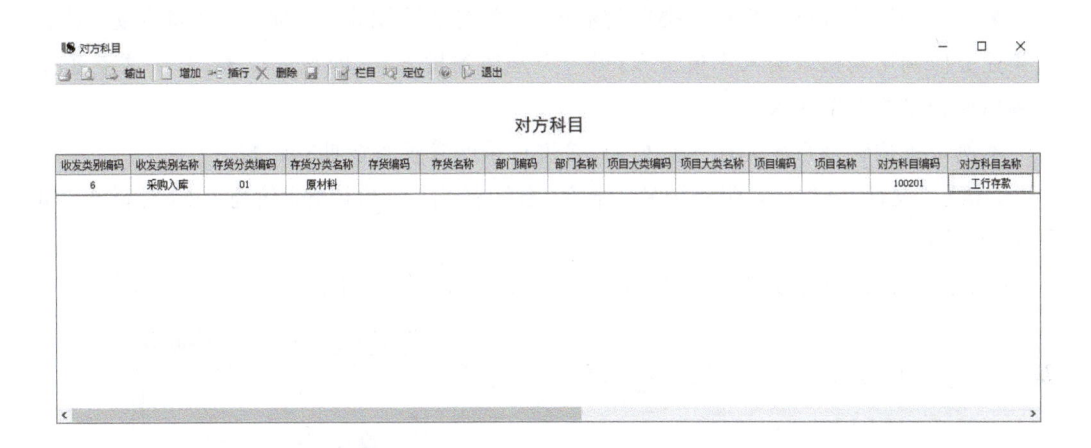

图11-3 对方科目设置结果

## 任务二　供应链管理系统的期初余额录入

### 任务资料

1. 采购管理系统期初数据(无)
2. 销售管理系统期初数据(无)
3. 库存和存货管理系统期初数据(表11-4)

表11-4　库存和存货管理系统期初数据

| 仓库名称 | 存货名称 | 数量 | 金额 |
|---|---|---|---|
| 原材料库 | 甲材料 | 10 112 | 240 860 |
| 成品库 | A产品 | 100 | 7 500 |
|  | B产品 | 1 000 | 55 000 |

要求:

完成供应链管理系统的期初数据处理。

## 任务指导

### 一、录入采购管理系统期初数据

采购管理系统有可能存在两类期初数据：一类是货到票未到，即暂估入库业务，对于这类业务应调用期初采购入库单录入；另一类是票到货未到，即在途业务，对于这类业务应调用期初采购发票录入。

本例中采购管理系统无期初数据，直接进行采购管理系统期初记账。

1．执行"设置"→"采购期初记账"命令，系统弹出"期初记账"信息提示对话框，如图11-4所示。

2．单击"记账"按钮，系统弹出"期初记账完毕！"信息提示对话框，如图11-5所示。

图11-4 "期初记账"信息提示对话框　　　　图11-5 期初记账完毕提示

3．单击"确定"按钮，返回采购管理系统。

### 应用提示

采购管理系统如果不执行期初记账，无法开始日常业务处理，因此，如果没有期初数据，也要执行期初记账。

采购管理系统如果不执行期初记账，库存管理系统和存货核算系统不能记账。采购管理系统若要取消期初记账，执行"设置"→"期初记账"命令，单击"取消记账"按钮即可。

### 二、录入库存管理和存货核算期初数据

各个仓库存货的期初余额既可以在库存管理系统中录入，也可以在存货核算系统中录入。因涉及总账对账，所以建议在存货核算系统中录入。

### 1.录入存货核算期初数据并记账

(1)进入存货核算系统,执行"初始设置"→"期初数据"→"期初余额"命令,进入"期初余额"窗口。

(2)仓库选择"01原材料库",单击"增加"按钮,输入存货编码"01"、数量"10 112.00"、金额"240 860.00"。如图11-6所示。

图11-6　存货核算期初余额窗口(原材料库)

(3)仓库选择"02成品库",单击"增加"按钮,输入存货编码"03"、数量"100.00"、金额"7 500.00"。

(4)仓库选择"02成品库",单击"增加"按钮,输入存货编码"04"、数量"1 000.00"、金额"55 000.00"。如图11-7所示。

图11-7　存货核算期初余额窗口(成品库)

(5)单击"记账"按钮,系统对所有仓库进行记账,然后系统弹出"期初记账成功!"信息提示对话框。要查看情况,可单击"汇总"按钮,显示全部存货资料。

### 2.录入库存管理期初数据

(1)进入库存管理系统,执行"初始设置"→"期初数据"→"期初结存"命令。

(2)选择"原料库",单击"修改"按钮,再单击"取数"按钮,如图11-8所示。然后单击"保存"按钮。录入完成后,单击"审核"按钮,系统弹出"审核成功"信息提示对话框,如图11-9所示。单击"确定"按钮。

图11-8 "库存期初"窗口(原材料库)

(3)同理,通过取数方式输入其他仓库存货期初数据。完成后,单击"对账"按钮,弹出"库存与存货期初对账查询条件"对话框,如图11-10所示。核对库存管理系统和存货核算系统的期初数据是否一致。若一致,系统弹出"对账成功!"信息提示对话框,如图11-11所示。

(4)单击"确定"按钮。

图11-9 审核成功提示

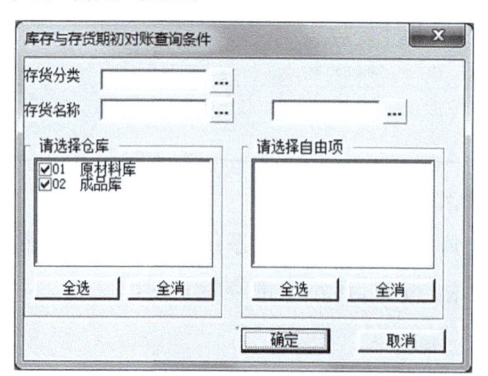

图11-10 "库存与存货期初对账查询条件"对话框

图11-11 对账成功提示

# 任务三　供应链管理系统的日常业务处理

## 任务资料

1. 本月发生如下采购业务

(1) 2月8日，供应处业务员向海特公司询问甲材料的价格，原币单价25元/公斤，觉得价钱合适，随后向公司上级主管提出请购要求，请购数量1 000公斤，业务员据此填制请购单。

(2) 2月8日，上级主管同意向海特公司订购甲材料1 000公斤，原币单价25元/公斤，要求15日到货，业务员据此填制订单。

(3) 2月15日，收到所订购的甲材料，填制到货单。

(4) 2月15日，将收到的货物验收入原材料库。填制采购入库单。

(5) 2月20日，收到该笔货物的增值税专用发票一张。

(6) 2月31日，业务部门将采购发票交给财务部门，财务部门确定此业务所涉及的应付账款及采购成本、材料明细账。

2. 本月发生如下销售业务

(1) 2月16日，大连胜利公司想购买A产品100件，向销售处了解价格，销售处报价120元/件，填制并审核报价单。

(2) 2月16日，该客户了解情况后，要求订购100件，要求发货时间为2月16日，填制并审核销售订单。

(3) 2月16日，销售处从成品库向大连胜利公司发出其所订货物，填制并审核发货单。

(4) 2月16日，依据发货单填制销售出库单。

(5) 根据发货单开具专用发票一张。

(6) 2月28日，业务部门将销售专用发票交给财务部门，财务部门结转此业务的收入及成本。

要求：
完成供应链管理系统的日常业务处理。

## 任务指导

### 一　普通采购业务

以"204 王明雨"的身份注册进入采购管理系统。

**1. 在采购管理系统中填制并审核采购请购单**

(1) 选择"供应链"中的"采购管理"，再选择"请购"中的"请购单"。

（2）单击"增加"按钮，日期选择"2021-02-08"，请购部门选择"供应处"，存货编码选择"01"，输入数量"1 000.00"，无税单价"25.00"，供应商为"海特"，如图11-12所示，然后单击"审核"按钮审核。

图11-12 "采购请购单"窗口

### 2.在采购管理系统中填制并审核采购订单

选择"采购订货"，进入"采购订单"窗口，单击"增加"按钮，单击"生单"下的"请购单"，单击"确定"按钮，双击需要参照的采购请购单，单击"确定"按钮，完成了将采购请购单的相关信息代入采购订单的任务，调整"税率"为"13.00"，单击"保存"按钮，然后审核。结果如图11-13所示。

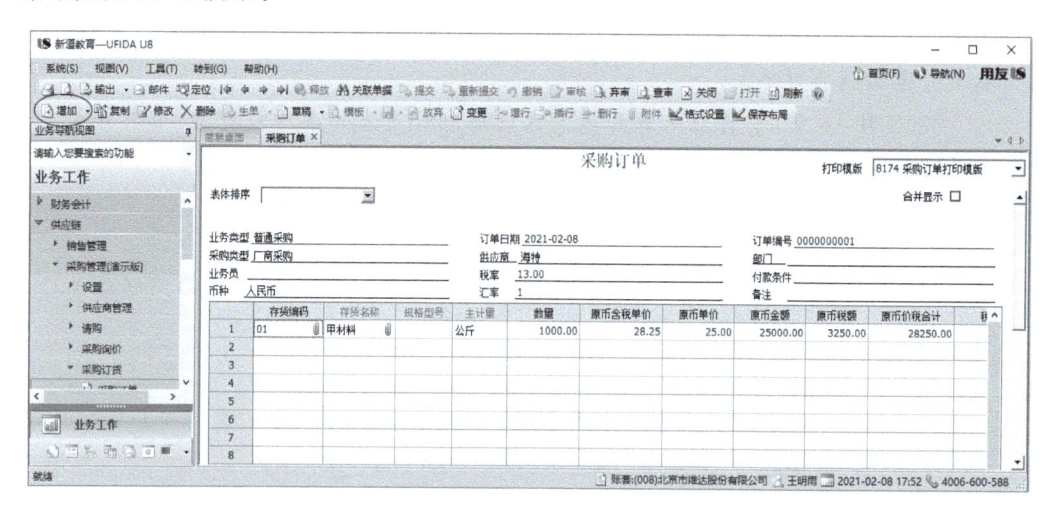

图11-13 "采购订单"窗口

### 3.在采购管理系统中填制并审核到货单

选择"采购到货"，进入"到货单"窗口，单击"增加"按钮，单击"生单"下的"采购订单"，单击"确定"按钮，双击需要参照的采购订单，单击"确定"按钮，补充相关信息后，单击"保存"按钮，然后审核。结果如图11-14所示。

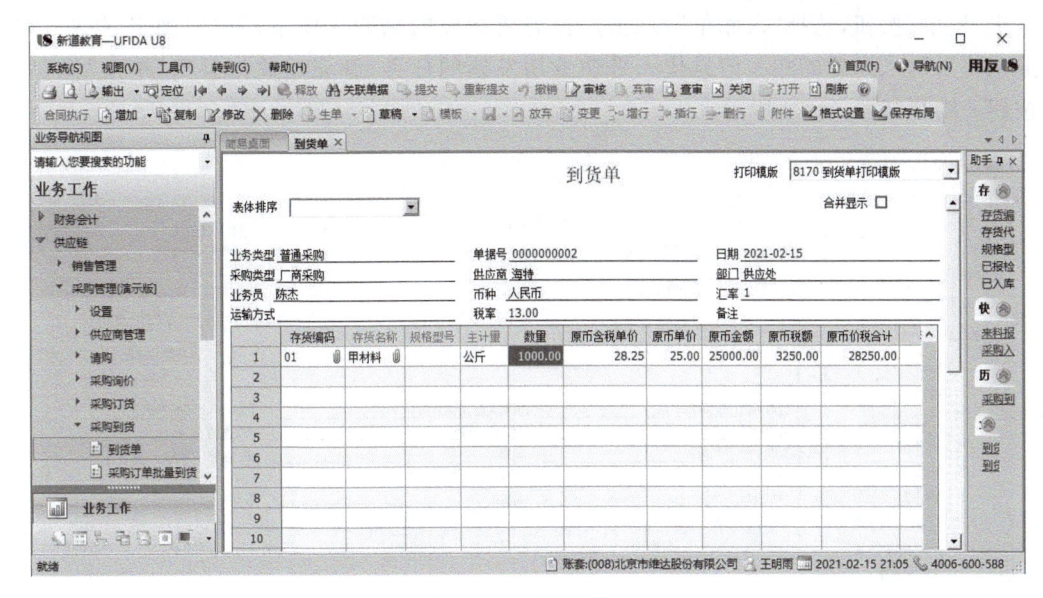

图11-14 "到货单"窗口

4.在库存管理系统中填制并审核采购入库单

进入"库存管理"系统，选择"入库业务"中的"采购入库单"，进入"采购入库单"窗口。单击"生单"按钮，选择"采购到货单"，单击"确定"按钮，双击选择需要参照的采购到货单，仓库选择"原材料库"，单击"保存"按钮，然后审核。结果如图11-15所示。

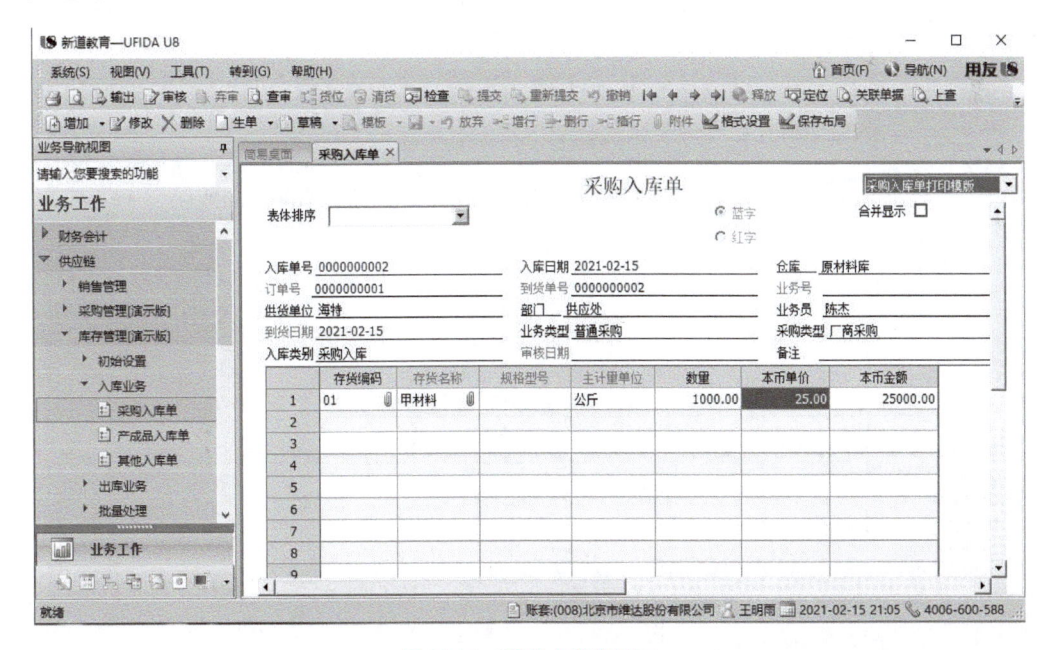

图11-15 "采购入库单"窗口

5.在采购管理系统中填制专用采购发票并执行采购结算

(1)进入"采购管理"系统，选择"采购发票"中的"采购专用发票"，单击"增加"按钮，单击"生单"按钮,选择"入库单",双击选择需要参照的采购入库单,单击"确定"按钮,完成了将采购入库单的相关信息代入采购专用发票的任务,补充相关信息后,单击"保存"按钮。结果如图 11-16 所示。

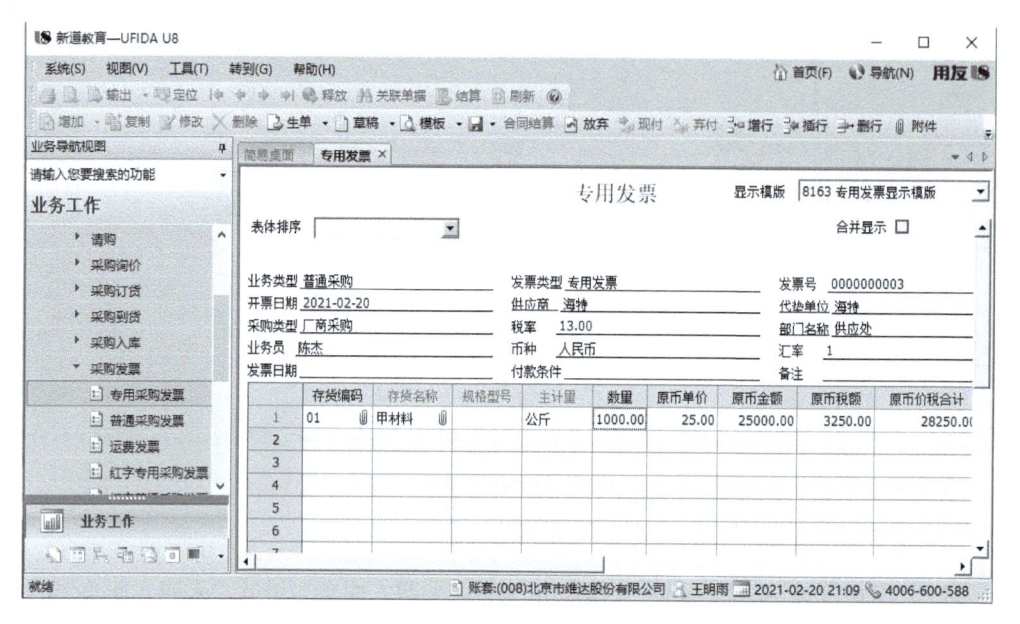

图 11-16 "专用发票"窗口

(2)进入"采购结算"中的"手工结算"。单击"选单"按钮,进入"手工结算"窗口,如图 11-17 所示。

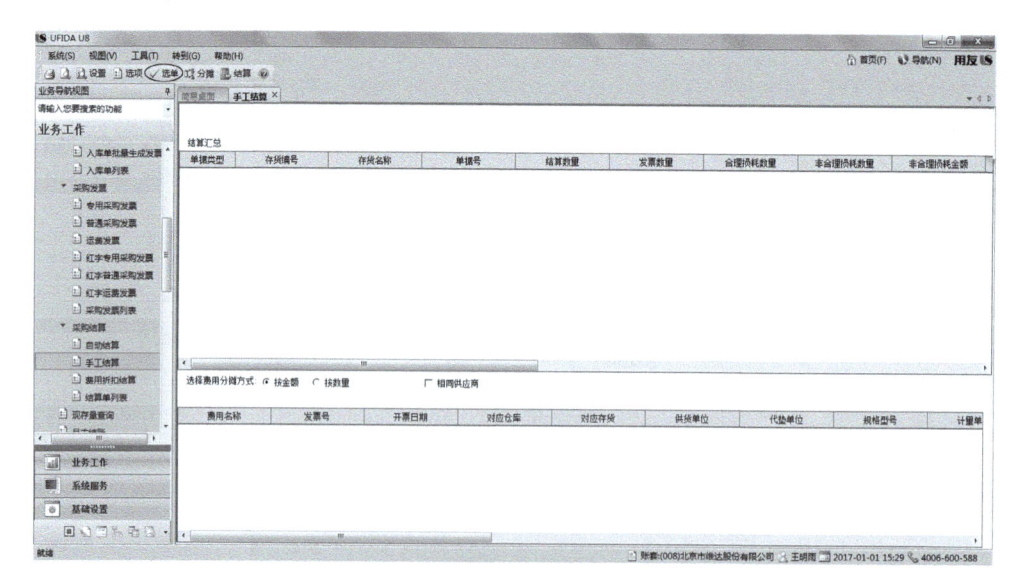

图 11-17 "手工结算"窗口(1)

(3)单击"查询"按钮,筛选出"采购发票"和"采购入库单",分别选择需要结算的发票和入库单,单击"确定"按钮,如图 11-18 所示。单击"结算"按钮,完成结算。如图 11-19 所示。

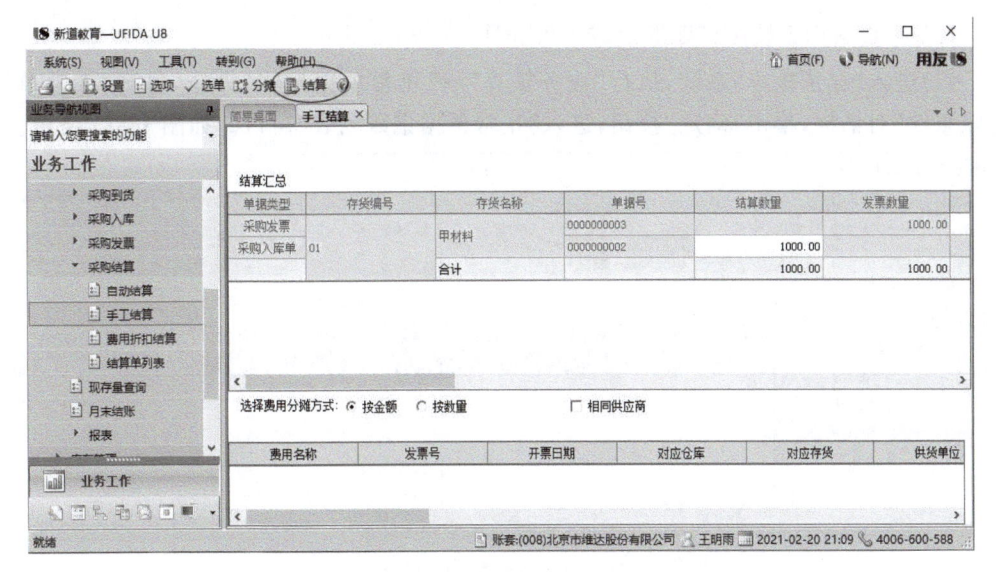

图 11-18 "手工结算"窗口(2)

6.在应付款管理系统中审核采购专用发票并生成应付凭证

(1)进入"应付款管理"系统,执行"应付单据处理"→"应付单据审核"命令,打开"单据过滤条件"对话框,单击"确定"按钮,进入"应付单据列表"窗口,双击需要审核的单据,单击"审核"按钮,弹出提示窗口后,单击"确定"按钮。

(2)执行"应付款管理"→"制单处理"命令,打开"制单查询"对话框,选择"发票制单",单击"确定"按钮,进入制单窗口,单击"全选"按钮,单击"制单"按钮,进入"填制凭证"窗口,选择"凭证类别"和"制单日期",如图11-20所示,单击"保存"按钮。

图 11-19 结算完成

图 11-20 "填制凭证"窗口

### 7.在存货核算系统中记账并生成入库凭证

(1)进入"存货核算"系统,执行"业务核算"→"正常单据记账"命令,打开"正常单据记账条件"对话框,单击"确定"按钮,进入"正常单据记账列表"窗口。如图11-21所示。

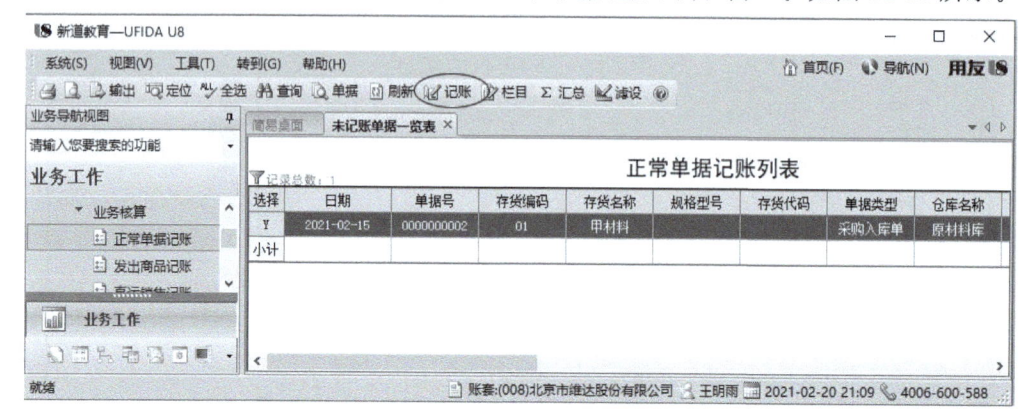

图11-21 "正常单据记账列表"窗口

(2)双击选中要记账的单据,单击"记账"按钮,系统弹出"记账成功。"信息提示对话框。如图11-22所示。单击"确定"按钮。

图11-22 记账成功提示

### 8.在应付款管理系统中生成凭证

(1)进入"存货核算"系统,执行"财务核算"→"生成凭证"命令。单击"选择"按钮,选择"采购入库单",单击"确定"按钮,如图11-23所示。

图11-23 选择采购入库单

(2)进入"未生成凭证单据一览表"窗口,双击选择要生成凭证的单据,单击"确定"按钮。单击"生成"按钮,进入"填制凭证"窗口,如图11-24所示。单击"保存"按钮,凭证成功保存。

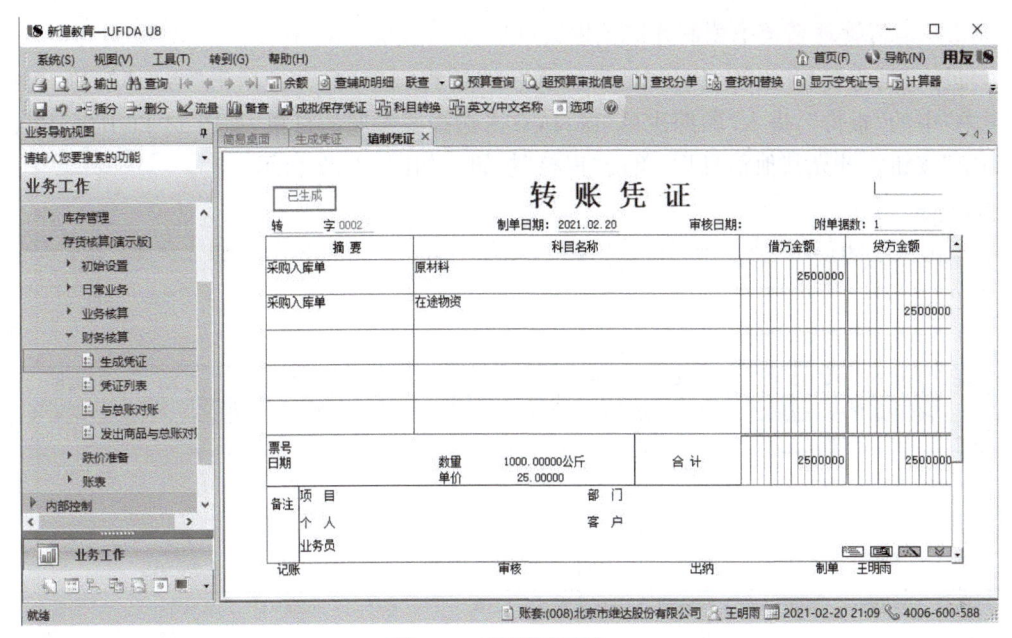

图 11-24 "填制凭证"窗口

## 二 普通销售业务

以"205 李志诚"的身份注册进入采购管理系统。

### 1.在销售管理系统中填制并审核销售报价单

进入"销售管理"系统,执行"销售报价"→"销售报价单"命令。单击"增加"按钮,填写报价单,日期选择"2021-02-16",输入客户简称"胜利"、存货编码"03"、数量"100.00"、报价"120.00",然后单击"审核"按钮。如图 11-25 所示。

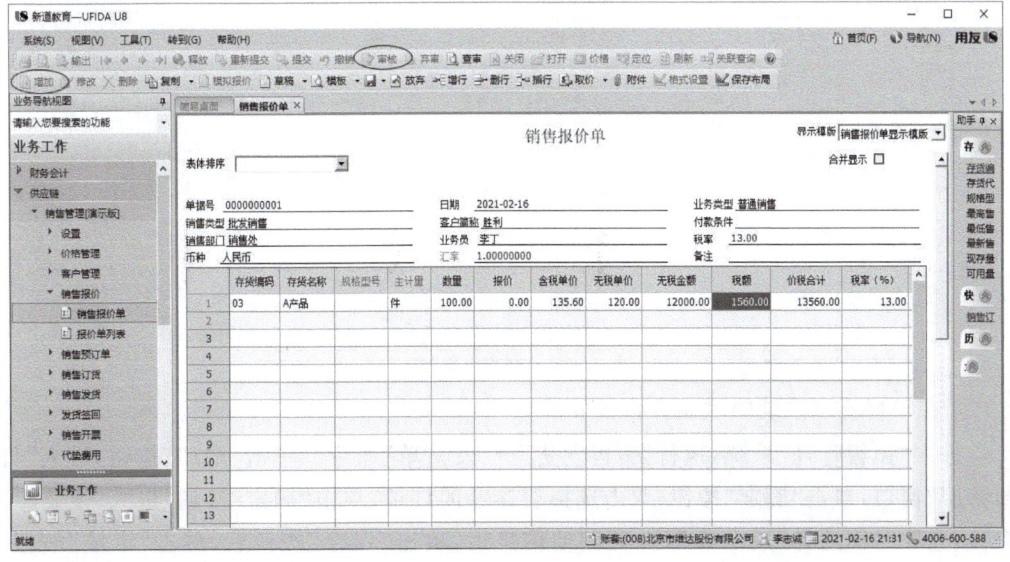

图 11-25 "销售报价单"窗口

### 2.在销售管理系统中填制并审核销售订单

进入"销售管理"系统,执行"销售订货"→"销售订单"命令。单击"增加"按钮,选择"生单"中的"报价",进入"参照生单"窗口,双击选择要参照的订单,如图11-26所示,单击"确定"按钮。补充其他信息后,单击"审核"按钮。如图11-27所示。

图11-26 订单参照报价单

图11-27 "销售订单"窗口

### 3.在销售管理系统中填制并审核发货单

进入"销售管理"系统,执行"销售发货"→"发货单"命令。单击"增加"按钮,进入"订单参照"窗口,单击"确定"按钮,双击选择要参照的订单,单击"确定"按钮,进入"发货单"窗口,仓库名称选择"成品库",补充其他信息后,单击"保存"按钮后,单击"审核"按钮。如图11-28所示。

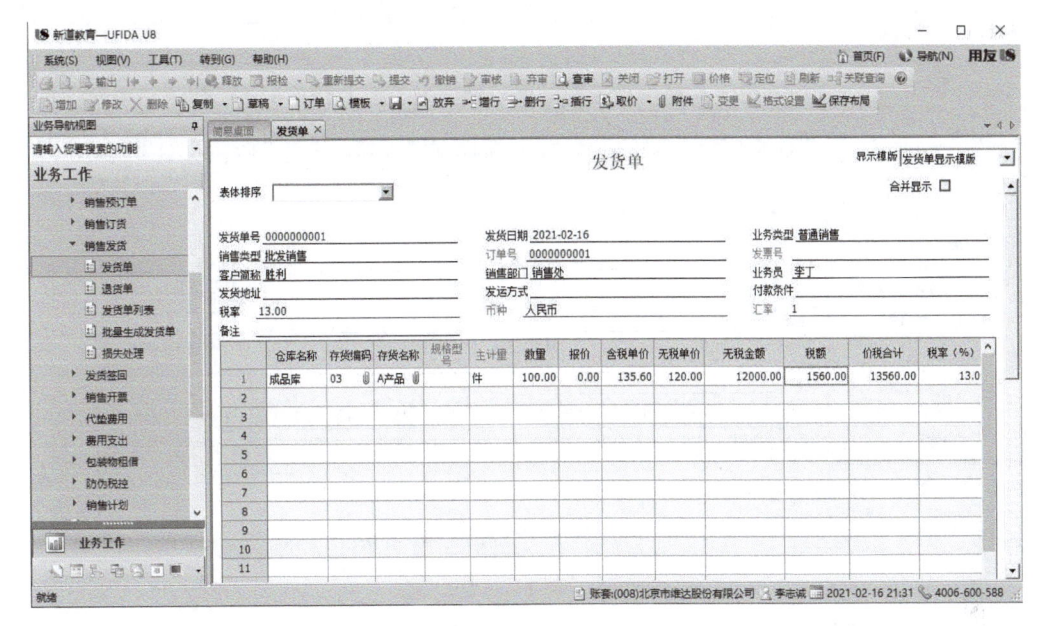

图 11-28 "发货单"窗口

**4.在库存管理系统中审核出库单**

进入"库存管理"系统,执行"出库业务"→"销售出库单"命令。单击"生单"按钮,选择"销售生单",单击"确定"按钮,选择"记录"后,单击"确定"按钮,返回至"销售出库单"窗口,输入"单价"为"75.00"后,单击"保存"按钮,单击"审核"按钮。如图 11-29 所示。

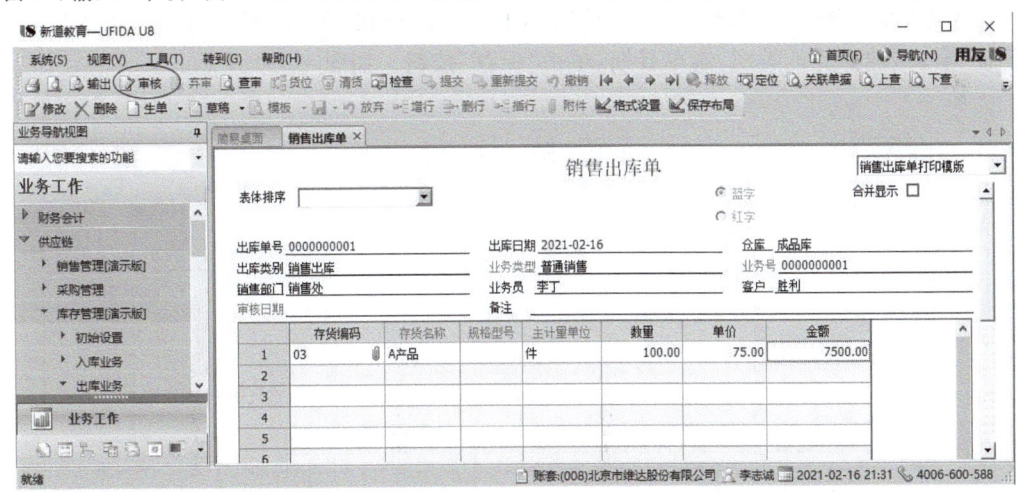

图 11-29 "销售出库单"窗口

**5.在销售管理系统中填制并复核销售专用发票**

进入"销售管理"系统,执行"销售开票"→"销售专用发票"命令。单击"增加"按钮,单击"取消"按钮,关闭查询条件选择,选择"生单"中的"销售发货单",进入"发票参照发货单"窗口,单击"确定"按钮,双击选择发货单,单击"确定"按钮。补充其他信息后,单击"保存"按钮,然后单击"复核"按钮,如图 11-30 所示。

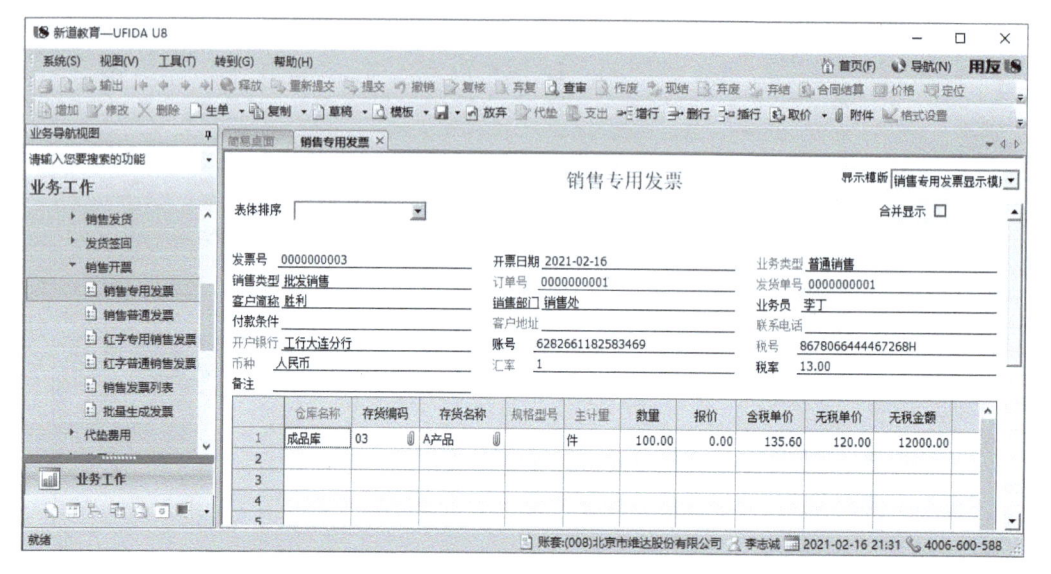

图 11-30 "销售专用发票"窗口

**6.在应收管理系统中审核销售专用发票并制单**

(1)进入"应收管理"系统,执行"应收单据处理"→"应收单据审核"命令,进入"应收单过滤"窗口,单击"确定"按钮,进入"应收单据列表"窗口,双击选择需要的销售专用发票,单击"审核"按钮,单击"确定"按钮。

(2)执行"应收款管理"→"制单处理"命令,打开"制单查询"对话框,选择"发票制单",单击"确定"按钮。选择"转账凭证",单击"全选"按钮,单击"制单"按钮,进入"填制凭证"窗口,选择凭证类别、制单日期,单击"保存"按钮。如图 11-31 所示。

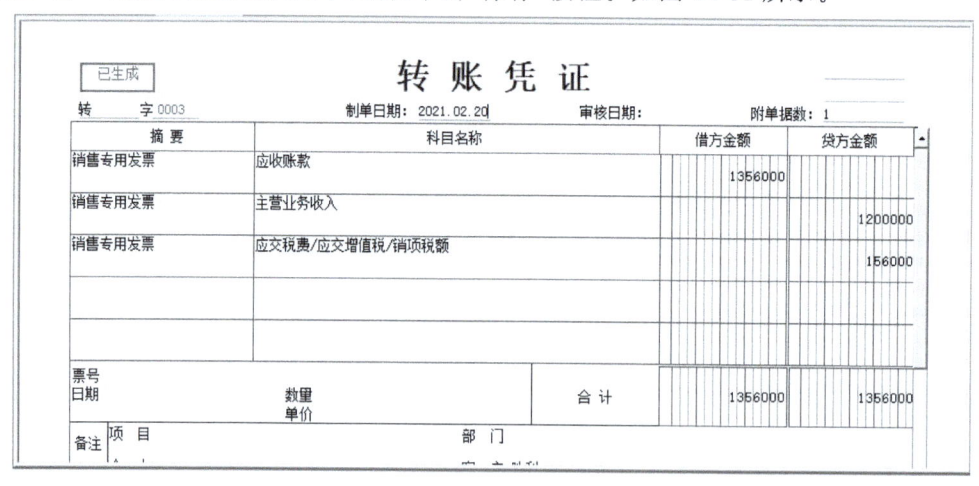

图 11-31 "填制凭证"窗口

**7.在存货核算系统中执行正常单据记账并制单**

(1)进入"存货核算"系统,执行"业务核算"→"正常单据记账"命令,单击"确定"按钮,进入"正常单据记账列表"窗口,如图 11-32 所示。选择要记账的单据,单击"记账"按钮,系统提示"记账成功"。

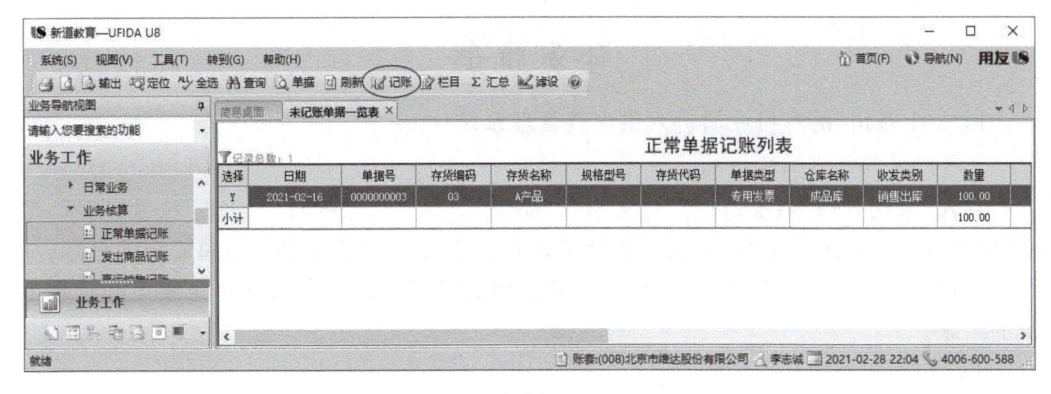

图 11-32 "正常单据记账列表"窗口

（2）执行"财务核算"→"生成凭证"命令。单击"选择"按钮，选择相应的销售专用发票，单击"确定"按钮，进入"未生成凭证单据一览表"窗口，双击选择要生成凭证的单据，单击"确定"按钮，进入"生成凭证"窗口，选择"转账凭证"，补充对方科目为"6401"，单击"生成"按钮，进入"填制凭证"窗口，单击"保存"按钮。如图 11-33 所示。

图 11-33 "填制凭证"窗口

## 任务四　供应链管理系统的期末处理

### 任务资料

1.进行采购管理系统结账；
2.进行销售管理系统结账；
3.进行库存管理系统结账；
4.进行存货核算系统结账。

## 任务指导

以"201 张川"的身份注册进入供应链管理系统。

### 1.进行采购管理系统结账

进入"采购管理"系统,执行"月末结账"命令,选择要结账的月份,如图 11-34 所示,单击"结账"按钮,系统提示"请确认本年度是否有业务已经全部完成但还未关闭的订单,如果有,请您先关闭订单再做结账工作。是否关闭订单?",单击"否"按钮,完成采购管理系统的结账。

### 2.进行销售管理系统结账

进入"销售管理"系统,执行"月末结账",单击"结账"按钮,系统提示"请确认本年度是否有业务已经全部完成但还未关闭的订单,如果有,请您先关闭订单再做结账工作。是否关闭订单?",单击"否"按钮,完成销售管理系统的结账。如图 11-35 所示。

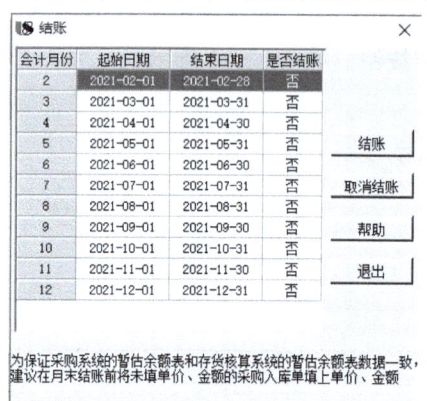

图 11-34　采购管理系统月末结账

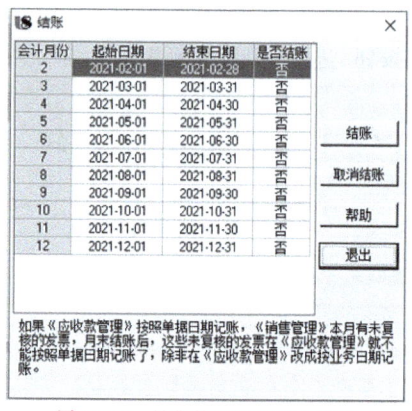

图 11-35　销售管理系统月末结账

### 3.进行库存管理系统结账

进入"库存管理"系统,执行"月末结账"命令,单击"结账"按钮,在弹出的提示框中,单击"是"按钮,结账完毕,如图 11-36 所示。

### 4.进行存货核算系统结账

(1)进入"存货核算"系统,执行"业务核算"→"期末处理"命令,如图 11-37 所示,选中进行期末处理的所有仓库,单击"处理"按钮后,系统提示"期末处理完毕!"。单击"确定"按钮。

图 11-36　库存管理系统月末结账

图 11-37　存货核算期末处理

(2)进入"存货核算"系统,执行"业务核算"→"月末结账"命令,单击"结账"按钮,系统提示"月末结账完成! 若想进行下月业务,请在'系统'菜单中选择'重新注册'进行下月处理!",单击"确定"按钮,完成了存货核算系统的结账处理。

# 项目十二 综合实训

**知识目标**
1. 熟悉企业全面管理各项要素；
2. 明确各子部门之间数据勾稽关系；
3. 系统掌握业务在不同部门之间处理流程。

**技能目标**
1. 能正确进行各子系统初始化处理；
2. 能正确进行企业日常业务处理；
3. 能正确进行各子系统的月末处理。

**素养目标**
1. 具有工作细致、严谨踏实的工作作风；
2. 具有诚实守信的职业品质；
3. 具有良好的工作纪律和团队合作精神。

## 一、单位概况

1.账套信息:账套号"班级+学号";账套名称:万龙公司;启用日期:2021年1月。
2.单位信息:单位名称为"万龙公司",单位简称为"万龙",税号为"111122223333"。
3.核算类型:企业类型为"工业",行业性质为"2007年新会计制度科目","按行业性质预置科目",其他系统默认。
4.基础信息:存货、客户及供应商均分类,有外币核算。
5.编码方案:
(1)客户分类和供应商分类的编码方案为22。
(2)部门的编码方案为12。
(3)存货分类的编码方案为2233。
(4)会计科目的编码方案为42222。
(5)结算方式的编码方案为12。
(6)其他编码项目保持不变。
6.数据精度:保持系统默认设置。
7.系统的启用:"总账""工资""固定资产"系统,启用日期为2021-01-01。
8.人员分工
(1)账套主管:901"自己的姓名"拥有"账套主管"的全部权限。
(2)会计:902"元方"拥有"总账、UFO报表、固定资产、工资"的全部权限。
(3)出纳:903"方园"拥有"出纳签字和出纳"的全部权限。
(提示:系统时间和操作时间均为2021.01.01,使用admin在【系统管理】中操作)

## 二、账套初始化资料

### (一)基础档案设置(使用901,操作日期2021.01.01)

1.部门及人员档案(表12-1)

表12-1　　　　　部门及人员档案

| 部门编码 | 部门名称 | 职员姓名 | 职员属性 |
|---|---|---|---|
| 1 | 管理部 | 001 王小刚 | 管理人员 |
| 2 | 生产车间 | 002 王波 | 生产管理人员 |
| 2 | 生产车间 | 003 陈欣 | 生产管理人员 |
| 2 | 生产车间 | 004 魏刚 | 生产管理人员 |
| 2 | 生产车间 | 005 王工 | 生产管理人员 |
| 3 | 财务部 | 006 张川 | 管理人员 |
| 3 | 财务部 | 007 于方 | 管理人员 |
| 3 | 财务部 | 008 李民 | 管理人员 |
| 4 | 供应部 | 009 李平 | 管理人员 |

(续表)

| 部门编码 | 部门名称 | 职员姓名 | 职员属性 |
|---|---|---|---|
| 5 | 销售部 | 010 周杰 | 销售人员 |

2.客户分类及客户档案(表12-2)

表12-2　　　　　　　　客户分类及客户档案

| 客户编码 | 客户简称 | 所属分类 | 税号 | 开户银行 | 账号 |
|---|---|---|---|---|---|
| 001 | 夏雨公司 | 01 黑龙江 | 1000001 | 工行 | 111 |
| 002 | 万花贸易公司 | 02 辽宁 | 2000001 | 中行 | 222 |
| 003 | 美师达公司 | 03 北京 | 3000001 | 建行 | 333 |
| 004 | 静文公司 | 04 上海 | 4000001 | 招行 | 444 |

3.供应商分类及供应商档案(表12-3)

表12-3　　　　　　　　供应商分类及供应商档案

| 供应商编码 | 供应商简称 | 所属分类 | 税号 | 开户银行 | 账号 |
|---|---|---|---|---|---|
| 001 | 达达公司 | 东北 | 312345 | 工行 | 101 |
| 002 | 利华公司 | 华北 | 312346 | 中行 | 232 |
| 003 | 建德公司 | 华东 | 312347 | 建行 | 115 |
| 004 | 加美商行 | 西北 | 312348 | 招行 | 236 |

4.设置外币:美元;固定记账汇率:8.272

5.凭证类型:记账凭证

6.结算方式

(1)支票

101 现金支票

102 转账支票

(2)电汇

(3)银行汇票

(4)银行本票

(5)其他结算方式

7.会计科目及期初余额表

(1)增加、修改会计科目,并指定现金(1001)为现金总账科目、银行存款(1002)为银行总账科目。

(2)填制总账期初余额(表12-4)

表12-4　　　　　　　　　　　总账期初余额

| 科目编码 | 科目名称 | 外币/单位 | 辅助账类型 | 方向 | 数量 | 期初余额 |
|---|---|---|---|---|---|---|
| 1001 | 库存现金 | | 日记账 | 借 | | 377 540.00 |
| 1002 | 银行存款 | | | 借 | | 12 726 806.00 |
| 100201 | 工行存款 | | 日记账、银行账 | 借 | | 12 726 806.00 |
| 100202 | 中行存款 | 美元 | 日记账、银行账 | 借 | | |
| 1012 | 其他货币资金 | | | 借 | | 100 000.00 |
| 101201 | 外埠存款 | | | 借 | | 100 000.00 |

(续表)

| 科目编码 | 科目名称 | 外币/单位 | 辅助账类型 | 方向 | 数量 | 期初余额 |
|---|---|---|---|---|---|---|
| 1122 | 应收账款 | | 客户往来 | 借 | | 1 400 000.00 |
| 1221 | 其他应收款 | | | 借 | | 7 000.00 |
| 122101 | 其他借款 | | | 借 | | |
| 122102 | 私人借款 | | 个人往来 | 借 | | 7 000.00 |
| 1231 | 坏账准备 | | | 贷 | | |
| 1403 | 原材料 | | | 借 | | |
| 140301 | A材料 | 公斤 | | 借 | 5 000 | 50 000.00 |
| 140302 | B材料 | 公斤 | | 借 | 500 | 10 000.00 |
| 1405 | 库存商品 | | | 借 | | 400 000.00 |
| 140501 | 甲 | 件 | | 借 | 100 | 100 000.00 |
| 140502 | 乙 | 件 | | 借 | 600 | 300 000.00 |
| 1511 | 长期股权投资 | | | 借 | | 500 000.00 |
| 151101 | 股票投资 | | | 借 | | 500 000.00 |
| 1513 | 长期债权投资 | | | 借 | | 1 000 000.00 |
| 151301 | 债券投资 | | | 借 | | 1 000 000.00 |
| 1601 | 固定资产 | | | 借 | | 1 205 000.00 |
| 1602 | 累计折旧 | | | 贷 | | |
| 1604 | 在建工程 | | | 借 | | 100 000.00 |
| 1701 | 无形资产 | | | 借 | | 120 000.00 |
| 2001 | 短期借款 | | | 贷 | | 300 000.00 |
| 2231 | 应付利息 | | | 贷 | | 20 000.00 |
| 2202 | 应付账款 | | 供应商往来 | 贷 | | 1 300 000.00 |
| 2221 | 应交税费 | | | 贷 | | |
| 222101 | 应交增值税 | | | 贷 | | |
| 22210101 | 进项税额 | | | 贷 | | |
| 22210102 | 销项税额 | | | 贷 | | |
| 222102 | 应交所得税 | | | 贷 | | |
| 2211 | 应付职工薪酬 | | | 贷 | | 50 000.00 |
| 221101 | 工资 | | | | | |
| 221102 | 福利费 | | | | | 50 000.00 |
| 2501 | 长期借款 | | | 贷 | | 1 000 000.00 |
| 2701 | 长期应付款 | | | | | 101 346.00 |
| 4001 | 实收资本(或股本) | | | 贷 | | 16 000 000.00 |
| 4101 | 盈余公积 | | | 贷 | | |
| 410101 | 法定盈余公积 | | | 贷 | | |
| 4104 | 利润分配 | | | 贷 | | |
| 410401 | 未分配利润 | | | 贷 | | |
| 410402 | 提取法定盈余公积 | | | 贷 | | |
| 5001 | 生产成本 | | | | | |
| 500101 | 基本生产成本 | | | 借 | | 775 000.00 |

(续表)

| 科目编码 | 科目名称 | 外币/单位 | 辅助账类型 | 方向 | 数量 | 期初余额 |
|---|---|---|---|---|---|---|
| 50010101 | 甲产品 | | | 借 | | 375 000.00 |
| 50010102 | 乙产品 | | | 借 | | 400 000.00 |
| 5101 | 制造费用 | | | 借 | | |
| 510101 | 工资 | | 部门核算 | 借 | | |
| 510102 | 福利费 | | 部门核算 | 借 | | |
| 510103 | 电话费 | | 部门核算 | 借 | | |
| 510104 | 折旧费 | | 部门核算 | 借 | | |
| 510105 | 其他 | | | 借 | | |
| 6001 | 主营业务收入 | | | 贷 | | |
| 600101 | 甲 | 件 | | 贷 | | |
| 600102 | 乙 | 件 | | 贷 | | |
| 6401 | 主营业务成本 | | | 借 | | |
| 640101 | 甲 | 件 | | 借 | | |
| 640102 | 乙 | 件 | | 借 | | |
| 6602 | 管理费用 | | | 借 | | |
| 660201 | 工资 | | 部门核算 | 借 | | |
| 660202 | 福利费 | | 部门核算 | 借 | | |
| 660203 | 电话费 | | 部门核算 | 借 | | |
| 660204 | 折旧费 | | 部门核算 | 借 | | |
| 660205 | 办公费 | | 部门核算 | 借 | | |
| 660206 | 其他 | | | 借 | | |
| 6603 | 财务费用 | | | 借 | | |

(3)应收账款明细余额表(表12-5)

表 12-5　　　　　　　　　　　应收账款明细余额表

| 日期 | 凭证号 | 客户单位名称 | 摘要 | 方向 | 金额 |
|---|---|---|---|---|---|
| 2020-12-31 | | 夏雨公司 | 销售商品 | 借 | 1 200 000.00 |
| 2020-12-31 | | 万花贸易公司 | 销售商品 | 借 | 200 000.00 |

(4)其他应收款——个人明细余额表(表12-6)

表 12-6　　　　　　　　　其他应收款——个人明细余额表

| 日期 | 凭证号 | 部门 | 职员 | 摘要 | 方向 | 金额 |
|---|---|---|---|---|---|---|
| 2020-12-31 | | 管理部 | 王小刚 | 出差借款 | 借 | 5 000.00 |
| 2020-12-31 | | 生产车间 | 陈欣 | 出差借款 | 借 | 2 000.00 |

(5)应付账款明细余额表(表12-7)

表 12-7　　　　　　　　　　　应付账款明细余额表

| 日期 | 凭证号 | 供应商单位名称 | 摘要 | 方向 | 金额 |
|---|---|---|---|---|---|
| 2020-12-07 | | 达达公司 | 购买商品 | 贷 | 1 200 000.00 |
| 2020-12-29 | | 利华公司 | 购买材料 | 贷 | 100 000.00 |

**8.总账参数设置**

(1)"凭证"页签中选中"制单序时控制""可以使用应收应付受控科目""自动填补凭证断号""凭证编号方式—系统编号"参数、"出纳凭证必须经由出纳签字""允许修改、作废他人填制的凭证"。

(2)"账簿""会计日历""其他"页签均按系统默认值。

### (二)经济业务及期末处理

日期为2021.01.31,使用902填制凭证,903出纳签字,901审核、记账,本账套不用主管签字。

1.1月4日,提取现金800元。

2.1月5日,管理部王小刚借2 000元出差。财务开出现金支票,票号为101。

3.1月6日,供应部支付业务招待费1 200元,转账支票号为201。

4.1月7日,银行汇款120 000元准备到华东采购材料。

5.1月8日,收到采购员交来的发票等报销凭证93 600元,其中采购A材料8 000公斤,价格为10元/公斤,共计80 000元,税费为13 600元,材料已验收入库,多余款项已交回。

6.1月9日,收到夏雨公司转账支票1张,面值为1 200 000元,用以归还货款。

7.1月10日,归还利华公司欠货款100 000元,转账支票号为205。

8.1月12日,向夏雨公司出售甲产品200件,销售价格为1 800元/件,共计360 000元,增值税税率为13%,共计61 200元,已办妥托收手续。

9.结转1月12日业务销售成本,销售成本1 000元/件。

10.1月13日,向万花贸易公司销售乙产品30件,销售价格为1 000元/件,销售成本为500元/件,现金折扣条件为2/10,N/30,增值税税率为13%,产品交付并办妥托收手续。

11.结转1月13日业务销售成本。

12.1月15日,万花贸易公司按2/10现金折扣方式回款34 398元,702元作为财务费用入账。银行已转来收账通知。

13.1月20日,收到BB集团投资资金10 000美元。

14.1月26日,管理部购买200元的办公用品。

15.1月份,本月工资业务处理(详见269页 三、薪资管理)

16.1月份,本月固定资产业务处理(详见270-271页 四、固定资产管理)

17.自定义转账:1月31日,计提短期借款利息,按短期借款期末余额的0.2%计提当月借款利息。(期末处理)

18.结转制造费用(甲、乙产品各分配50%),结转生产成本(本月完工甲产品300件,成本单价1 000元/件;本月完工乙产品500件,成本单价500元/件)。(期末处理)

19.结转汇兑损益:期末汇率为8.270。 借:财务费用——汇兑损益;贷:银行存款——中行。

20.结转期间损益。(期末处理)

21.计提所得税费用。(期末处理)
22.将所得税费用结转到本年利润。(期末处理)
23.按本年利润的5%提取法定盈余公积。(期末处理)
24.将本年利润转到利润分配——未分配利润。(期末处理)
25.将提取的法定盈余公积转到利润分配——未分配利润。(期末处理)
26.1月31日,月末结账(薪资、固定资产先结账,总账最后结)

## 三 薪资管理

**(一)工资初始化(使用902,操作日期2021.01.01)**

启用工资:选择单类别、扣税、其他系统默认,启用时期为2021年1月1日。

**(二)基础档案(使用902,操作日期2021.01.01)**

1.银行名称:工商银行支行,银行账号定长为6位
2.工资项目(表12-8)

表12-8　　　　　　　　工资项目

| 工资项目 | 类型 | 长度 | 小数点 | 增减及其它 |
| --- | --- | --- | --- | --- |
| 基本工资 | 数字 | 8 | 2 | 增项 |
| 岗位工资 | 数字 | 8 | 2 | 增项 |
| 岗位津贴 | 数字 | 8 | 2 | 增项 |
| 住房补贴 | 数字 | 8 | 2 | 增项 |
| 交补 | 数字 | 8 | 2 | 增项 |
| 应发合计 | 数字 | 8 | 2 | 增项 |
| 病假天数 | 数字 | 3 |  | 其它 |
| 病假扣款 | 数字 | 8 | 2 | 减项 |
| 事假天数 | 数字 | 3 |  | 其它 |
| 事假扣款 | 数字 | 8 | 2 | 减项 |
| 扣款合计 | 数字 | 8 | 2 | 减项 |
| 实发合计 | 数字 | 8 | 2 | 增项 |

3.人员档案(表12-9)

表12-9　　　　　　　　人员档案

| 部门名称 | 人员 | 人员类别 | 性别 | 银行账号 |
| --- | --- | --- | --- | --- |
| 管理部 | 001 | 王小刚 | 管理人员 | 男 | 100001 |
| 生产车间 | 002 | 王波 | 生产管理人员 | 男 | 100002 |
| 生产车间 | 003 | 陈欣 | 生产管理人员 | 男 | 100003 |
| 生产车间 | 004 | 魏刚 | 生产管理人员 | 女 | 100004 |
| 生产车间 | 005 | 王工 | 生产管理人员 | 女 | 100005 |
| 财务部 | 006 | 张川 | 管理人员 | 男 | 100006 |

(续表)

| 部门名称 | 人员 | 人员类别 | 性别 | 银行账号 |
|---|---|---|---|---|
| 财务部 | 007 | 于方 | 管理人员 | 男 | 100007 |
| 财务部 | 008 | 李民 | 管理人员 | 女 | 100008 |
| 供应部 | 009 | 李平 | 管理人员 | 女 | 100009 |
| 销售部 | 010 | 周杰 | 销售人员 | 男 | 100010 |

4.工资计算公式

应发合计＝基本工资＋岗位工资＋岗位津贴＋住房补贴＋交补

病假扣款＝病假天数×6元/天

事假扣款＝事假天数×20元/天

交补：销售部和供应部人员100元、其他部门人员50元

5.个人所得税基数：5 000元

**(三)本月工资计算表（使用902，操作日期2021.01.31，见表12-10）**

表12-10　　　　　　　　　工资计算表

| 姓名 | 基本工资 | 岗位工资 | 岗位津贴 | 住房补贴 | 病假天数 | 病假扣款 | 事假天数 | 事假扣款 |
|---|---|---|---|---|---|---|---|---|
| 王小刚 | 3 900 | 295 | 320 | 195 | | | | |
| 王波 | 4 600 | 295 | 320 | 195 | | | | |
| 陈欣 | 810 | | | | | | | |
| 魏刚 | 3 900 | 295 | 320 | 195 | | | | |
| 王工 | 4 200 | 295 | 320 | 195 | | | | |
| 张川 | 3 900 | 295 | 320 | 195 | | | | |
| 于方 | 1 800 | 290 | 320 | 195 | 4 | 24 | 2 | 40 |
| 李民 | 3 200 | 295 | 320 | 195 | 4 | 24 | 2 | 40 |
| 李平 | 3 200 | 295 | 320 | 195 | 4 | 24 | | |
| 周杰 | 1 500 | 280 | 320 | 158 | 4 | 24 | 2 | 40 |

**(四)分配工资费用（使用902，操作日期2021.01.31）**

**(五)结账**

将"病假天数""事假天数""病假扣款""事假扣款"设为清零项。

## 四 固定资产管理

**(一)固定资产初始化（使用902，操作时期2021.01.01）**

启用固定资产系统：主要折旧方法为平均年限法(一)；折旧分配周期为1个月；资产类别编码长度为2-1-1-2；自动编号(类别编号＋序号，序号长度3位)；与总账系统进行对账科目(1601固定资产、1602累计折旧)。

## (二)基础设置

### 1.选项修改

选择"业务发生后立即制单"和"月末结账前一定要完成制单登账业务";录入固定资产缺省入账科目"1601"和累计折旧缺省入账科目"1602"。

### 2.固定资产类别

01.房屋及建筑物;02.专用设备;03.交通设备;04.办公设备。

### 3.使用状况:默认系统设置

### 4.增减类别:默认系统设置

### 5.部门档案及对应折旧科目(表12-11)

表12-11 部门档案及对应折旧科目

| 部门 | 折旧科目 |
| --- | --- |
| 管理部 | 550204 |
| 生产车间 | 410504 |
| 财务部 | 550204 |
| 供应部 | 550204 |
| 销售部 | 5501 |

## (三)录入原始卡片(表12-12)

表12-12 原始卡片

| 名称 | 类别 | 部门 | 使用年限 | 开始使用日期 | 原值 | 净残值率 |
| --- | --- | --- | --- | --- | --- | --- |
| 厂房 | 01 | 生产车间 | 0年 | 2018-12-01 | 800 000 | 5% |
| A机器 | 02 | 生产车间 | 6年 | 2018-12-01 | 60 000 | 3% |
| B机器 | 02 | 生产车间 | 6年 | 2018-12-01 | 60 000 | 3% |
| 奥迪车 | 03 | 管理部 | 10年 | 2018-12-01 | 250 000 | 5% |
| 面包车 | 03 | 供应部 | 4年 | 2018-12-01 | 9 000 | 5% |
| 电脑 | 04 | 财务部 | 4年 | 2018-12-01 | 13 000 | 3% |
| 电脑 | 04 | 销售部 | 4年 | 2018-12-01 | 13 000 | 3% |
| 合计 | | | | | 1 205 000 | |

注:原始卡片增加方式均为"直接购入"的方式,使用状况均为"在用",各卡片折旧方法均为"平均年限法(一)"。

## (四)日常及期末业务(使用902,操作日期2021.01.31)

1.当月28日购买办公用品传真机一台,价值2 852元,管理部使用,使用年限5年,采用平均年限法(一)折旧,净残值率为3%。

2.当月29日购进笔记本电脑一台,价值20 000元,属于专用设备,供应部使用,使用年限4年,净残值率为3%,采用平均年限法(一)折旧。

3.计提折旧。

4.结账。

## 五、UFO报表(一)(使用901,操作日期2021.01.31)

1. 自动生成"资产负债表",存为"1月份资产负债表.xls"。
2. 自动生成"利润表",存为"1月份利润表.xls"。

## 六、UFO报表(二)(使用901,操作日期2021.01.31)

画一张货币资金表并取数,存为"1月份货币资金表.xls"(表12-13)。

表12-13　　　　　　　　　货币资金表

单位名称：　　　　　　　年　　月　　日　　　　　单位:元

| 项目 | 行次 | 期初数 | 期末数 |
|---|---|---|---|
| 库存现金 | 1 | | |
| 银行存款 | 2 | | |
| 合　计 | 3 | | |

制表人：

标题:"货币资金表"设置为黑体、14号、居中。
表头:"单位名称"和"年""月""日"设置为关键字。
表体:设置为楷体、12号、居中。
表尾:"制表人:"设置为宋体、10号。